W0003734

ro
ro
ro

Wirtschaftskrise, Armut und Reichtum, Aktienkurse und Bilanzen, Gewerkschaften und Tarifverträge, Arbeitslosenquote und Globalisierung, Zinsen und Inflation, Unternehmer und «Heuschrecken», GATT und G8 – angesichts der vielen Zahlen und Begriffe fällt es uns oft schwer, uns in der Welt der Wirtschaft zurechtzufinden. Doch was in ihr passiert, das geht uns alle an, schließlich hat sie nie den Alltag derartig dominierend bestimmt wie heute. Wer legt die Höhe der Löhne und Gehälter fest? Wie kommen Preise zustande? Womit bekämpft man Inflation? Kann der Staat mehr einnehmen, indem er Steuern senkt? Wie funktioniert die Börse? Und wer profitiert vom weltweiten Handel?

Die Tagesschau führt ebenso anschaulich wie kompetent durch unsere Welt der Wirtschaft.

Die Tagesschau erklärt die Wirtschaft

Das Wissensbuch

Detlef Gürtler
in Zusammenarbeit
mit der Redaktion der
Tagesschau

Mit Bildern von
Aljoscha Blau

Rowohlt Taschenbuch Verlag

Veröffentlicht im Rowohlt Taschenbuch Verlag,
Reinbek bei Hamburg, Januar 2010

Lizenziert durch Studio Hamburg
Distribution & Marketing GmbH
Koordination Petra Rönnfeldt
Umschlaggestaltung ZERO Werbeagentur, München,
nach einem Entwurf von any.way, Hamburg
(Titelillustration: Aljoscha Blau)
Register Per Brandt
Lithographie Cleeves Reprotechnik, Hamburg
Satz aus der Thesis
bei KCS GmbH, Buchholz bei Hamburg
Druck und Bindung CPI – Clausen & Bosse, Leck
Printed in Germany
ISBN 978 3 499 62419 3

Inhalt

Vorwort

Nichts ist spannender als Wirtschaft – sagen die Börsianer und verfolgen begeistert, wie die Fieberkurve eines Aktienkurses oder einer Inflationsrate nach oben oder unten zuckt. Der Rest der Menschheit ist nicht unbedingt derselben Meinung. Ist ein Champions-League-Endspiel oder ein Harry-Potter-Film nicht viel aufregender? Die Grundregeln allen wirtschaftlichen Handelns sind schließlich so wenig spannend, wie etwas nur sein kann: mit möglichst wenig Kosten möglichst hohen Nutzen erzielen und mehr einnehmen als ausgeben.

Nichts ist wichtiger als Wirtschaft – sagen die Politiker, klopfen ihren Parteifreunden auf die Schulter, wenn die den Menschen zu Arbeit und Wohlstand verhelfen, und verwenden ihren wirtschaftlichen Sachverstand als zentrales Argument im Wahlkampf. «It's the economy, stupid» («Es ist die Wirtschaft, Dummkopf»), war der Slogan, mit dem Bill Clinton 1992 die Präsidentschaftswahl in den USA gewann. Mit «Arbeit, Arbeit, Arbeit» entschied Gerhard Schröder die Bundestagswahl 2002 für sich und mit «Sozial ist, was Arbeit schafft» Angela Merkel die Wahl von 2005.

Nichts ist komplizierter als Wirtschaft – sagen die meisten Menschen. Weil in China die Wirtschaft so rasant wächst, werden bei uns Bier und Butter teurer, eine Krise auf dem amerikanischen Immobilienmarkt zwingt deutsche Regierungen in Berlin, Düsseldorf und Dresden, mit einigen Milliarden Euro Steuergeldern Banken in Sachsen und Nordrhein-Westfalen vor dem Zusammenbruch zu bewahren, und wenn der eine Ökonom überzeugend begründet, dass höhere Löhne das Wirtschaftswachstum bremsen, begründet der nächste Ökonom ebenso überzeugend das Gegenteil. Und ein Wust von Zahlen, Tabellen und Kurvendiagrammen führt dazu, dass man viele Wirtschaftsbücher nicht lesen kann, sondern studieren muss.

Dieses Wirtschaftsbuch kommt zwar nicht ganz ohne Zahlen, aber ohne Tabellen und Diagramme aus. Weil Wirtschaft für alle so wichtig ist, will es Wirtschaft für alle verständlich machen. Die Tagesschau stößt dabei an Grenzen. Sie berichtet über die wichtigsten Ereignisse des Tages, aber die Zusammenhänge um das Ereignis herum, seine Wurzeln und seine Folgen finden unmöglich alle in einer Nachrichtensendung Platz. Deshalb soll dieses Buch dabei helfen, ein paar der Fragezeichen, die sich den Zuschauern bei der Tagesschau auftun, in Ausrufezeichen zu verwandeln.

Unsere Reise durch die Welt der Wirtschaft dauert sechs Kapitel. Am Beginn steht ein Griff in den Instrumentenkoffer der Ökonomie. Der Markt ist das universelle Ordnungsprinzip der Wirtschaft. Wo immer Güter knapp sind, bildet sich ein Markt, und immer wieder kommt es dort zum Gleichgewicht zwischen Angebot und Nachfrage – durch den Preis. Allerdings stellt sich das Gleichgewicht nicht immer, von «unsichtbarer Hand» gesteuert, automatisch ein, weshalb jeder Markt Spielregeln braucht und Schiedsrichter, die Regelverstöße ahnden.

Das zweite Instrument im Koffer ist das universelle Tausch- und Schmiermittel der Wirtschaft: Geld. Es regiert zwar nicht die Welt, aber es ist in den 2600 Jahren seit seiner

Erfindung bis in den entferntesten Winkel dieser Erde vorgedrungen. Es gibt allen Gütern einen Preis und hat auch selbst einen – den Zins. Es gibt ihn etwas niedriger, als Sparzins, etwas höher, als Kreditzins, und beide orientieren sich am Leitzins der Zentralbanken, dessen Höhe starken Einfluss auf die wirtschaftliche Entwicklung eines Landes hat.

Das dritte Kapitel steht im Zeichen derjenigen Einrichtung, die mit diesen beiden Instrumenten am virtuosesten spielt: des Unternehmens. Wo immer eine Leistung gegen Geld getauscht wird, sind Unternehmen mit im Spiel – vom einzelnen Selbständigen bis zum Großkonzern mit mehreren hunderttausend Mitarbeitern. Sie haben dabei eines gemeinsam: das Streben nach Profit. Nur ein Unternehmen, das nachhaltig mehr einnimmt, als es ausgibt, kann sich auf Dauer auf den Märkten behaupten. Und weil sie mit innovativen Produkten eine große Chance auf besonders hohe Gewinne haben, treiben Unternehmen den technischen Fortschritt voran.

So wie der wirtschaftliche Erfolg eines Unternehmens an der Höhe des Gewinns (oder Verlusts) gemessen werden kann, wird der wirtschaftliche Erfolg einer Regierung an der Lage der Konjunktur gemessen. Um sie geht es im vierten Kapitel. Nicht dass die Regierung allein dafür verantwortlich wäre, ob die Wirtschaft wächst oder schrumpft, aber ihre Wirtschafts- und ihre Sozialpolitik haben einen starken Einfluss auf die Leistungsfähigkeit der Unternehmen und die Ausgabefreudigkeit der Bürger. So eine Volkswirtschaft reagiert dabei scheinbar gemächlich, legt mal 2,7 Prozent im Jahr zu, lässt mal 0,6 Prozent nach. Aber dieser so gering aussehende Unterschied ist der zwischen Boom und Rezession, zwischen starkem Anstieg und starkem Abbau der Arbeitslosigkeit.

Dass die Arbeitslosenzahlen in Deutschland überhaupt

einmal wieder so stark zurückgehen würden wie in den letzten Jahren, hatten viele schon gar nicht mehr für möglich gehalten. Seit mehr als dreißig Jahren ist der Arbeitsmarkt, Thema des fünften Kapitels, aus den Fugen geraten, und keine Regierung fand ein Rezept dagegen. Weder der Regierung Kohl noch der von Gerhard Schröder gelang es, die Arbeitslosigkeit, wie versprochen, zu halbieren. Jetzt ist die Regierung Merkel auf gutem Weg zu einer solchen Halbierung, und niemand weiß so recht, warum es diesmal so gut klappt. Weshalb vorsichtshalber sowohl die SPD als auch die CDU für den Aufschwung am Arbeitsmarkt verantwortlich sein will. Die Gewerkschaften natürlich ebenfalls – und die Arbeitgeber sowieso.

Für den Aufschwung der Weltwirtschaft, die im Zentrum des sechsten und letzten Kapitels steht, wollen hingegen viel weniger Parteien und Institutionen verantwortlich sein. Denn seit einigen Jahren hat die Globalisierung ein Image, das wesentlich schlechter ist als ihre Resultate. Die sind nämlich einerseits großartig: Hunger und Armut sind weltweit auf dem Rückzug, Staaten wie Indien und China erleben ein Wirtschaftswunder, wie es allenfalls die älteren von uns noch aus den fünfziger Jahren kennen. Doch die zunehmende weltwirtschaftliche Arbeitsteilung bringt nicht nur Gewinner hervor, sondern auch Verlierer, und daraus entstehen Proteste und Gegenbewegungen.

«Die Tagesschau erklärt die Wirtschaft»: in jedem Kapitel mit einer ausführlichen Einleitung und einem Stichwortteil, in dem 15 bis 20 zentrale Begriffe zum jeweiligen Thema erläutert werden – von A wie Aktie oder Ausbildung bis Z wie Zoll. Im Text sind diese Stichworte dort, wo sie eine besondere Rolle spielen, kursiv gesetzt. Man kann über das Register am Ende des Buches zu den Seiten finden, auf denen mehr über die einzelnen Themen zu erfahren ist; man kann zunächst diejenigen Kapitel aufschlagen, die einen besonders interessieren, jedes ist auch verständlich, wenn man die anderen noch nicht kennt; und natürlich kann man das Buch ganz normal vom Anfang bis zum Schluss durchlesen. Um dann vielleicht, hoffentlich, bestimmt sagen zu können: Nichts ist einfacher als Wirtschaft.

1. Markt · Einleitung

+++ Nach dem kräftigen Preisanstieg bei Milch werden auch Käse, Butter und Quark massiv teurer. Bis Anfang 2008 werde es immer wieder Preisanstiege bei Milchprodukten geben, zum Teil um bis zu 50 Prozent, sagte der Geschäftsführer des Milchindustrieverbandes, Michael Brandl, in Bonn. Einen festen Stichtag für den Preisanstieg gebe es aber nicht. (Tagesschau-Meldung vom 28. August 2007) +++

Wie sehr wir uns an die Marktwirtschaft gewöhnt haben, merken wir am schmerzlichsten dann, wenn sie einmal nicht zu funktionieren scheint. Im Sommer 2007 hatten wir einen solchen Fall. Nach mehreren Jahrzehnten, in denen die Lebensmittel scheinbar unaufhaltsam billiger wurden, stiegen am 1. August die Preise für Milch und Butter um bis zu 50 Prozent. Ein bisschen Preiserhöhung hätte uns ja nicht gewundert. Aber so viel auf einmal? Und in allen Geschäften gleichzeitig? Da konnte doch wohl irgendwas nicht stimmen.

Aufgeschreckte Politiker beschwerten sich über Preistreiberei, die Wettbewerbshüter des Bundeskartellamts überprüften den Vorgang – und stellten fest, dass offenbar doch alles stimmte. Eine der einfachsten Grundregeln der Marktwirtschaft hatte gegriffen: Wenn die *Nachfrage* höher ist als das *Angebot*, steigt der *Preis*. Vor allem in Asien nimmt seit einigen Jahren der Appetit auf Milchprodukte so rapide zu, dass die Industrie mit den Lieferungen kaum hinterherkommt. Deshalb zogen die Preise auf dem Weltmarkt an und damit auch im Supermarkt.

Je begehrter ein Produkt, desto höher der Preis. Das lernt man sozusagen im Grundkurs Marktwirtschaft, und daran sind wir von klein auf gewöhnt. Das Ungewohnte im Sommer 2007 war, dass Milch und Butter so heftig und überall zugleich teurer wurden. Aber obwohl das wie ein finsterer Plan der großen Handelsketten aussah, lief auch hier alles nach marktwirtschaftlichen Regeln ab – wenn auch als Ergebnis einer etwas komplizierteren Abfolge von Ereignissen als bei «normalen» Preiserhöhungen.

Die ging ungefähr so: Da viele Menschen regelmäßig Milch und Butter kaufen, können sie sich gut deren Preise merken. Wer sich Preise merkt, der kann sie leicht vergleichen, weshalb sich viele anhand dieser Preise ein Bild von der Preiswürdigkeit eines Lebensmittelgeschäfts machen. Und weil es den meisten Kunden so vorkommt, als wäre ein Supermarkt mit billiger Butter und billiger Milch auch insgesamt besonders billig, tun die Händler alles, um diese Produkte so günstig wie möglich anbieten zu können. Zu diesen für Händler und Kunden besonders wichtigen sogenannten Eckartikeln gehören neben Butter und Milch auch Kaffee, Hackfleisch, Toastbrot und Schokolade. Faktisch orientieren sich alle Händler bei diesen Produkten an den Preisen der großen Discounter wie Aldi oder Lidl. Wenn bei denen die steigenden Preise auf dem Weltmarkt zu höheren Preisen im Laden führen, ziehen alle anderen nach.

Natürlich ist es nicht logisch, aus den Preisen einiger weniger Produkte auf das Preisniveau eines gesamten Supermarkts zu schließen. Aber wenn es um die Preise geht, reagieren Kunden nicht unbedingt logisch – nur in der ökonomischen Theorie gibt es den *Homo oeconomicus*, der immer völlig rational Kosten und Nutzen abwägt. Schon eine einzige Sekunde Nachdenken müsste jedem von uns klarmachen, dass kein Verkäufer da draußen in der Welt uns etwas schenken möchte, und doch lassen wir uns immer wieder von Sonderangeboten oder Bonus-Artikeln dazu verlocken, mehr auszugeben, als wir wollten.

Selbst wenn wir im Sommer 2007 mit den Zähnen knirschten, während wir uns das teurere Päckchen Butter in den Einkaufskorb legten, haben wir dabei trotzdem ein gutes Geschäft gemacht – sagen die Ökonomen. Denn hier greift ein anderes ihrer einfachen Grundgesetze: Ein Handel kommt nur dann zustande, wenn sowohl der Käufer als auch der Verkäufer meinen, durch dieses Geschäft besser dazustehen als vorher. Schließlich können wir uns keine Geldstücke aufs Brötchen legen, und der Händler kann seine Angestellten nicht mit Butter bezahlen. Also tauschen wir Geld gegen Butter und können unser Frühstücksbrötchen schmieren. Und weil dieses Grundgesetz prinzipiell bei jedem Tausch von Ware gegen Geld gilt, ist der Markt – theoretisch – ein permanenter Erzeuger von guter Laune.

+++ Macht und Verantwortung der Käufer standen heute im Mittelpunkt des ersten Deutschen Verbrauchertages in Berlin. Das neue Diskussionsforum wird vom Bundesverband der Verbraucherzentralen organisiert. Dessen Vorsitzende Müller kritisierte, der mündige Verbraucher sei angesichts des Informations- und Bildungsdefizits noch keine Realität. (Tagesschau-Meldung vom 9. Juli 2007) +++

Wenn allerdings Ökonomen im Fernsehen auftreten, sind sie meist alles andere als gut gelaunt. Mal überreichen sie mit ernstem Gesicht kiloschwere Gutachten an einen Minister, mal ermahnen sie mit ebenso schwerer Miene die Regierung, die *Gewerkschaften*, die Zentralbank oder die Verbraucher, also uns, etwas Bestimmtes zu tun oder, das häufiger, zu unterlassen. Wann kommt es schon mal vor, dass ein Ökonom bei solcher Gelegenheit sagt, alles laufe prima mit dem Staat und der Wirtschaft und wir könnten ruhig so weitermachen wie bisher?

Dass sie permanent mahnend den Zeigefinger erheben, ist kein Wunder, denn sie haben zwar ein an sich perfektes System, müssen es aber trotzdem ständig vor Störungen bewahren. Dieses perfekte System ist der Markt. Der Markt ist ein universelles Ordnungsprinzip, das man in allen Ländern zu allen Zeiten für alle Produkte anwenden kann. Überall gibt es Nachfrage: Menschen wollen etwas kaufen; und überall gibt es Angebot: Menschen wollen etwas verkaufen – ob das Sandwich am Bahnhofskiosk, das Benzin an der Zapfsäule oder die Eintrittskarte für ein Rolling-Stones-Konzert, ob das halbe Pfund Butter im Supermarkt oder eine *Aktie* der Deutschen Bank. Und damit die einen und die anderen Menschen zusammenkommen, werden Angebot und Nachfrage durch den Preis in Einklang gebracht. Der eine will so viel wie möglich verdienen, der andere so wenig wie möglich ausgeben, und wenn sie sich über den Preis einig geworden sind, hat der Markt funktioniert. Das geschieht weltweit jeden Tag ein paar Milliarden Mal. Am Sonntag nicht ganz so oft, da haben die meisten Geschäfte und die *Börsen* geschlossen.

Der Markt ist eine der ältesten Erfindungen der Menschheit. Es gibt ihn, seit es Städte gibt, also seit ungefähr zehntausend Jahren. In einer Stadt konnte nicht mehr jeder Einwohner seine Nahrungsmittel selber sammeln oder anbauen; er war auf das Obst, Fleisch und Gemüse der Bauern aus dem Umland angewiesen. Diese wiederum hatten ein Interesse an den handwerklichen Erzeugnissen, die in der Stadt hergestellt wurden, zum Beispiel Kleider, Körbe, Werkzeuge und Waffen. Apropos Waffen: Der Markt war und ist die effizienteste Möglichkeit, auf friedlichem Weg in den Besitz von Dingen zu kommen, die man gerne haben möchte, aber nicht selbst herstellen kann. Wer nichts zum Tausch anbieten konnte oder wollte, verfiel gerne auf eine der unfriedlichen Möglichkeiten: Diebstahl, Raub oder gar Krieg. Deshalb wurde praktisch zeitgleich mit der Stadt und dem Markt die Stadtmauer erfunden.

Im 19. Jahrhundert, als die Städte und die Fabriken ins Unermessliche wuchsen, wurde aus einer Wirtschaft mit einigen Märkten die Marktwirtschaft. Deren Prinzipien hat 1776

der schottische Philosoph Adam Smith formuliert. Sein Buch «Über den Wohlstand der Nationen» enthielt sozusagen die Weltformel der Ökonomie: Das einfache Zusammenspiel von Angebot und Nachfrage verwandelt das eigensüchtige Gewinnstreben der vielen Einzelnen in ein allgemeines Wohl. Darauf bezieht sich das berühmte Bild von der «unsichtbaren Hand» des Marktes. Ein Bäcker, so argumentierte Smith, backe sein Brot nicht, um uns zu ernähren, sondern um einen möglichst hohen Gewinn zu erzielen. Das schafft er aber nur, wenn wir bei ihm kaufen. Also muss er sich darum bemühen, uns mit gutem und frischem Brot zu versorgen. «Und er wird in diesem wie auch in vielen anderen Fällen von einer unsichtbaren Hand geleitet, um einen Zweck zu fördern, den zu erfüllen er in keiner Weise beabsichtigt hat ... ja, gerade dadurch, dass er das eigene Interesse verfolgt, fördert er häufig das der Gesellschaft nachhaltiger, als wenn er wirklich beabsichtigt, es zu tun.»

Auch wenn wir nur noch einen kleinen Teil unserer Einkäufe auf dem Marktplatz tätigen: Das Grundprinzip von Angebot, Nachfrage und dem sie verbindenden Preis gilt überall dort, wo wir für etwas Geld ausgeben oder Geld einnehmen wollen. Und damit gelten die Regeln des Marktes heute für einen weit größeren Bereich des Alltags als in früheren Epochen. Denn als die allermeisten Menschen noch von der Landwirtschaft lebten, verbrachten sie ihre Arbeitszeit vorwiegend damit, Nahrungsmittel für den eigenen Bedarf anzubauen – auf den Markt kamen nur die Überschüsse. Wir hingegen verbringen unsere gesamte Arbeitszeit damit, Geld zu verdienen, und in unserer Freizeit geben wir es wieder aus.

Damit dieses Erfolgsrezept funktioniert, muss zu Angebot und Nachfrage noch eine weitere Zutat hinzukommen: der *Wettbewerb*. Das Gewinnstreben des Bäckers wird uns nämlich nur dann gutes und günstiges Brot bescheren, wenn wir die Möglichkeit haben, zur Konkurrenz zu gehen. Gibt es nur einen Bäcker, kann er den Preis so sehr erhöhen, wie er will, und dem Mehl schon mal ein bisschen Sägemehl beimischen. Doch wenn wir zur Konkurrenz wechseln können, falls uns dort Preis oder Qualität attraktiver erscheint, würde unser Bäcker für ein solches Verhalten sofort durch geringere Umsätze bestraft und recht bald pleitegehen.

Freier Markt und freier Wettbewerb, das sind die entscheidenden Faktoren, die in den vergangenen zwei Jahrhunderten zu einem beispiellosen *Wachstum* von Wirtschaft und Wohlstand geführt haben. Nicht nur für die Bäcker, auch für alle anderen *Unternehmer* ist das unbequem: Sie müssen ständig damit rechnen, dass ein Konkurrent auftaucht, der bessere oder billigere Waren auf den Markt bringt. Deshalb sind sie geradezu gezwungen, ihre Produkte und Herstellungsverfahren weiterzuentwickeln, um die Qualität zu steigern und den Preis senken zu können. Doch was für den

Unternehmer anstrengend ist, ist gut für die Verbraucher und ein Segen für die Volkswirtschaft.

Aber Unternehmer sind auch nur Menschen. Deshalb versuchen manche von ihnen immer wieder, sich das Leben leichter – und profitabler – zu machen. Sie bilden zum Beispiel mit ihren Konkurrenten ein verbotenes *Kartell*, einigen sich untereinander, sich nicht gegenseitig zu unterbieten, und setzen damit überhöhte Preise durch. Oder, genau umgekehrt, sie drängen die Wettbewerber, etwa durch *Dumping*, aus dem Markt oder kaufen sie auf, um hinterher, wenn kein anderer Anbieter mehr übrig ist, ein *Monopol* zu haben und die Preise nach Belieben anheben zu können. Dieser Vorwurf wird seit vielen Jahren dem amerikanischen Software-Hersteller Microsoft gemacht.

+++ Der jahrelange Kartellstreit zwischen der EU und dem US-Konzern Microsoft scheint beigelegt. Man werde sich künftig an die Auflagen aus Brüssel halten, teilte der weltgrößte Software-Konzern mit. Die EU-Kommission hatte eine Millionen-Geldbuße gegen Microsoft verhängt. Der Vorwurf: Das Unternehmen nutze sein Monopol beim Betriebssystem Windows aus, um Konkurrenz vom Markt zu drängen. (Tagesschau-Meldung vom 22. Oktober 2007) +++

Manche gefährden gar die Gesundheit ihrer Mitarbeiter oder Kunden, um billiger produzieren zu können. In vielen Industriebetrieben im Asien des 20. und 21. Jahrhunderts müssen Jugendliche und Kinder unter ähnlich unmenschlichen Arbeitsbedingungen leiden wie in den Fabriken und Bergwerken im Europa des 19. Jahrhunderts. In Deutschland kommt es vor, dass ungenießbares Gammelfleisch an Dönerbuden verkauft oder umetikettiert wird und in den Kühlregalen landet, und über China wird immer wieder gemeldet, dass einige dort produzierte Spielwaren giftiges Blei enthalten.

Ja, in der Marktwirtschaft gibt es Menschen, die für ihren Profit über Leichen gehen. Doch kann man solche Auswüchse nicht «dem» Kapitalismus oder «der» Marktwirtschaft zuschreiben. Die Marktwirtschaft an sich ist weder gut noch schlecht. Gut oder schlecht, effizient oder unmenschlich wird sie durch die Regeln, die auf den einzelnen Märkten gelten. Wenn man die Märkte sich selbst überlässt, bedeutet das nämlich nicht, dass es keine Regeln gibt – sondern dass

der Stärkste sie festlegt. Den Extremfall stellt das Law and Order des Wilden Westens dar: Der Sheriff sorgt dafür, dass die Menschen sicher schlafen können, und die Wirtschaft regelt sich von alleine. Die Ökonomen nennen ein solches System einen «Nachtwächterstaat» und sprechen vom Prinzip des «Laisser-faire»: Der Staat mischt sich nicht in die Wirtschaft ein und lässt den Unternehmen freie Hand.

Das Gegenmodell zu diesem radikalen *Liberalismus* ist der allumfassende Versorgungsstaat mit einer *Planwirtschaft*, wie sie einst in den kommunistischen Diktaturen Osteuropas herrschte. Der Staat legte alle fünf Jahre fest, welche Produkte die einzelnen Betriebe in welcher Menge herzustellen hatten. Er kümmerte sich nicht nur um die ungestörte Nachtruhe, sondern auch um Essen, Trinken, Wohnen, Kleidung – was schnell zu Versorgungsengpässen in all diesen Bereichen führte. In der DDR etwa mussten die Bürger mehr als zehn Jahre auf einen Telefonanschluss oder ein Auto war-

+++ Die großen Preisunterschiede für Waren und Dienstleistungen in Europa beschäftigen die EU-Kommission. Sie hat festgestellt, dass zum Beispiel Strom und Gas in Deutschland teurer sind als in den meisten anderen EU-Ländern. In Griechenland und Italien kosten Milchprodukte überdurchschnittlich viel. Künftig sollen regelmäßige Studien dem Verbraucher einen Überblick verschaffen. (Tagesschau-Meldung vom 31. Januar 2008) +++

ten. Mal gab es in den Läden keine Strumpfhosen, mal keine Erdbeermarmelade, und stets mangelte es an Bananen.

Der Wilde Westen ist seit einem Jahrhundert Geschichte, der real existierende Sozialismus seit bald zwanzig Jahren. Inzwischen hat sich fast überall auf der Welt eine Arbeitsteilung durchgesetzt: Die Politik bestimmt die Spielregeln, Behörden und Gerichte achten darauf, dass sich alle daran halten, und solange Käufer und Verkäufer, Arbeitnehmer und Arbeitgeber das tun, können sie nach eigenem Ermessen handeln. «Wir werden nur so lange eine freie Unternehmungswirtschaft haben, als wir von Staats wegen über die Freiheit wachen», brachte vor einem halben Jahrhundert der damalige Bundeswirtschaftsminister Ludwig Erhard beide Seiten der Medaille auf den Punkt.

Über die wichtigsten Spielregeln, mit denen die einzelnen Märkte und die Marktwirtschaft insgesamt funktionsfähig erhalten werden können, sind sich die meisten Staaten im Grundsatz einig. Hier folgen fünf davon:

- **Im Zweifel für das Privateigentum.** Volkswirtschaften, in denen der größte Teil des Warenangebots von Privatunternehmen hergestellt wird, sind innovativer, flexibler und reicher als vorwiegend von staatlichen Stellen gelenkte Gesellschaften. Wer das Profitstreben aus der Wirtschaft eliminieren möchte, wird vermutlich den Wohlstand gleich mit abschaffen.
- **Wenn eine Ware oder Dienstleistung nur von einem angeboten wird, dann sollte dieser eine der Staat sein.** So gerne private Unternehmen auch ein Monopol hätten, weil sie dann die Gewinne besonders weit nach oben schrauben könnten, so unbeliebt sind sie bei Bürgern und Regierungen. Manchmal jedoch ist ein Monopol die mit Abstand effizienteste Angebotsform. Das gilt beispiels-

weise beim Strom-, Schienen- und Kanalisationsnetz. Es gibt viele gute Gründe dafür, solche teuren und komplexen Netze nur einmal zu errichten; bei Aufbau, Wartung und Betrieb dieser Einrichtungen handelt es sich um ein sogenanntes natürliches Monopol. Fast überall auf der Welt werden sie entweder vom Staat selbst betrieben oder doch zumindest von ihm streng kontrolliert. Hingegen ist es durchaus möglich, dass mehrere Wettbewerber darum konkurrieren, eine Dienstleistung über ein solches Netz anzubieten. In Deutschland geschieht das etwa auf den Märkten für Strom und Telekommunikation sowie bei der Eisenbahn.

- **Wenn die Spielregeln einem Mitspieler das Spiel erleichtern oder erschweren, so sollten diese Regeln auch für alle anderen Mitspieler gelten.** Als in Deutschland beispielsweise vor einigen Jahren die Mautpflicht für Lastwagen auf Autobahnen eingeführt wurde, gab es Diskussionen darüber, ob diese Benutzungsgebühr für alle Lastwagen oder nur für solche aus dem Ausland gelten sollte. Die Deutschen von der Benutzungsgebühr zu befreien hätte die Wettbewerbsbedingungen für ausländische Anbieter stark verschlechtert, deshalb gilt jetzt: gleiche Maut für alle. Doch das mit den gleichen Regeln für alle klappt nicht immer. So beschweren sich die Konkurrenten der Deutschen Post, dass diese von der Mehrwertsteuer befreit ist, während alle anderen Briefzusteller diese Steuer zahlen müssen.
- **Man darf sich nicht auf Kosten anderer bereichern.** Dabei geht es nicht nur um Vergehen wie Betrug oder Diebstahl, sondern auch um all jene Fälle, in denen Unternehmer ihren Profit steigern, indem sie ihre Kunden, ihre Belegschaft oder die Umwelt gefährden. Es gibt dementsprechend eine Fülle gesetzlicher Vorschriften zu Verbraucher-, Arbeits- und Umweltschutz.

+++ Die Europäische Kommission will gegen die Steuervorteile der Deutschen Post vorgehen. Sie hat deshalb ein Verfahren gegen die Bundesregierung eingeleitet. Nach Ansicht der Kommission muss für Paketdienste und andere Dienstleistungen eine Mehrwertsteuer entrichtet werden – genauso wie es bei privaten Postdienstleistern der Fall sei. Die Befreiung der Post von der Mehrwertsteuer verzerre den Wettbewerb. (Tagesschau-Meldung vom 10. April 2006) +++

- **Wer sich einen Vorteil verschaffen will, indem er sich nicht an die Regeln hält, muss dafür so hart bestraft werden, dass er es sich das nächste Mal anders überlegt und auch Nachahmer abgeschreckt werden.** Anfang 2007 verhängte die Europäische Kommission Bußgelder in Höhe von fast einer Milliarde Euro gegen fünf Fahrstuhlproduzenten: Zehn Jahre lang hatten sie sich bei Großaufträgen heimlich abgesprochen und dadurch von ihren Kunden überhöhte Preise kassiert. In den USA können auch schon bei viel kleineren Verstößen extrem hohe Geldstrafen verhängt werden. So verurteilte ein US-Gericht 1992 die Restaurantkette McDonald's, der damals 81-jährigen Stella Liebeck 640 000 Dollar Schadenersatz zu zahlen, weil sie sich in einem Restaurant der Kette an einem zu heißen Kaffee verbrüht hatte.

Wie streng diese und andere Spielregeln formuliert sein sollen und wie weit sie in das freie Spiel der Kräfte auf den Märkten eingreifen dürfen, ist allerdings zwischen den Staaten umstritten. Von Deutschland aus gesehen wirkt die Wirtschaftspolitik der USA manchmal wie Wilder Westen – und von dort aus gesehen kann es scheinen, als habe in Deutschland der Sozialismus gesiegt. Aber es geht dabei nicht darum, welches System das andere besiegt, sondern darum, wie ein und dasselbe System, die Marktwirtschaft, am besten gestaltet werden kann.

Auch innerhalb eines Staates besteht beileibe keine Einigkeit darüber, wie viel Freiheit auf den Märkten herrschen darf und wie viel Kontrolle sein muss. In Deutschland war beispielsweise die Frage, ob der Staat den Händlern ihre Ladenöffnungszeiten vorschreiben soll, jahrzehntelang umstritten. Ja, er soll, um die Beschäftigten vor zu langen Arbeitszeiten zu schützen, sagte der Bundestag 1956 und verabschiedete das Ladenschlussgesetz: Montag bis Freitag von 7 bis 18.30 Uhr, Samstag bis 14 Uhr, einmal im Monat bis 18 Uhr, mehr war nicht erlaubt.

Viele Verbraucher und Ökonomen waren damit überhaupt nicht einverstanden: die Verbraucher, weil sie nach der Arbeit kaum noch Zeit für Einkäufe hatten und man sich am Samstag in den Kaufhäusern auf die Füße trat, die Ökonomen, weil sie hierin einen zu tiefen Eingriff des Staates in die unternehmerische Freiheit sahen. Doch die Gewerkschaften fürchteten bei einer Ausweitung der Öffnungszeiten Nachteile für die Beschäftigten und kämpften um den Erhalt des Ladenschlussgesetzes. Auch die meisten Einzelhändler waren mit dem Gesetz durchaus zufrieden. Schließlich kaufen die Leute nicht einfach mehr ein, nur weil die Geschäfte länger geöffnet sind, aber die Personalkosten der Händler steigen, wenn sie statt um 18.30 Uhr erst um 20 oder 22 Uhr schließen – oder die Arbeitsbelastung für den Ladeneigentümer, wenn sein Geschäft so klein ist, dass er kein Personal beschäftigen kann. Deshalb blieb das Ladenschlussgesetz mit geringfügigen Änderungen mehr als 45 Jahre in Kraft.

Dass die gesetzliche Begrenzung der Ladenöffnungszeiten (außer der Sonntagsruhe) heute in den meisten Bundesländern praktisch aufgehoben ist, liegt nicht zuletzt am Auftreten eines neuen Wettbewerbers, dem Handel übers Internet. Das Internet hat nämlich rund um die Uhr geöffnet und verfügt über ein größeres Angebot als selbst das größte Kaufhaus. Wer früher gezwungen war, schnell, schnell vor Ladenschluss seine Einkäufe zu erledigen oder sich durch dicke Versandhauskataloge zu wälzen, hatte jetzt eine bequeme Alternative. Hätte man weiter an einem frühen Ladenschluss festgehalten, wären im Einzelhandel also Umsätze und Arbeitsplätze verlorengegangen. Seit im Jahr 2006 die Zuständigkeit für den Ladenschluss vom Bund auf die

Länder übertragen wurde, gibt es denn auch kaum noch Ladenschlussgesetze, sondern fast nur noch Ladenöffnungsgesetze.

Der Kampf um die Ladenöffnungszeiten ist lediglich ein Beispiel von vielen. Regeln, die die Politik für einzelne Märkte aufstellt, werden immer wieder heftig diskutiert. Ob *Mindestlohn* oder Handwerksordnung, ob Kennzeichnungspflicht für Lebensmittelzusatzstoffe oder für chemische Gefahrgüter, ob Fallpauschalen für Krankenhäuser oder Steuerbefreiung für Flugbenzin: Man wird es nie allen recht machen können, und die politischen Parteien werden sich auch weiterhin darüber streiten, wo und wie sehr der Staat eingreifen muss. Aber wenn sich zwei oder drei von ihnen zusammentun wollen, um eine Regierung zu bilden, müssen sie all ihre Streitpunkte in einem gemeinsamen Koalitionsvertrag klären. Und bei diesen Verhandlungen wird gefeilscht und geschachert – als wäre man auf einem Markt.

**+++ Der Fett-, Zucker- und Salzgehalt vieler Lebensmittel soll für den Verbraucher künftig einfacher erkennbar sein. Das sehen die Eckpunkte für eine neue Kennzeichnungs-Regelung vor, die Bundesverbraucherschutzminister Seehofer vorgestellt hat. Der Kaloriengehalt soll demnach auf der Vorderseite der Lebensmittelverpackungen angegeben werden. Die Richtlinien sind Teil des Aktionsplans der Bundesregierung gegen falsche Ernährung und Übergewicht.
(Tagesschau-Meldung vom 16. Oktober 2007) +++**

1. Markt · Stichworte

Angebot

Die eine Hälfte des Marktes – die Menge all jener Güter oder Leistungen, die zum Verkauf stehen – nennt man Angebot. Wie viel davon tatsächlich den Besitzer wechselt, hängt vor allem von der anderen Hälfte ab: der *Nachfrage*.

Im Ladenregal oder im Katalog sieht das Angebot wie eine feste Größe aus. Jedes Produkt hat einen fixen *Preis*, nur manchmal gibt es Sonderangebote. Aber auf die ganze Volkswirtschaft gesehen, verändert sich das Angebot bei allen Gütern ständig: Je mehr man mit einem Produkt, zum Beispiel Mountainbikes, verdienen kann, desto mehr Unternehmen werden versuchen, es ebenfalls herzustellen. Doch sobald das Angebot stärker zunimmt als die Nachfrage, schlägt die Entwicklung um – die Preise fallen. Wenn beim Preis, der auf dem Markt zu erzielen ist, die ersten Anbieter keinen Gewinn mehr machen können, geben sie ihre Produktion auf. Es kommen weniger Mountainbikes in die Läden, die Preise ziehen wieder an – und immer so weiter im Zickzack. Weil dieses Auf und Ab mit mal zu hohem und mal zu niedrigem Angebot besonders gut auf dem Markt für Schlachtschweine zu beobachten ist, spricht man hier auch vom «Schweinezyklus».

Es kommt zwar vor, dass Preis und Menge so genau passen, dass sich beides eine Zeit lang nicht verändert, aber ein solcher Zustand ist selten von Dauer: Weil Ölpreis oder Löhne steigen, müssen die Hersteller ihre Preise erhöhen; weil die heimische Währung teurer wird, kommen ausländische Anbieter neu auf den Markt, für die sich das bisher nicht lohnte; oder das bisherige Angebot wird durch neuartige Produkte nach und nach ersetzt, wie etwa der Röhren- durch den Flachbildfernseher.

Wenn man von einem Ökonomen sagt, er sei angebotsorientiert, so heißt das übrigens nicht, dass er sich besonders um die Erforschung des Angebots kümmert. Er plädiert vielmehr für eine Wirtschaftspolitik, von der vor allem die Anbieterseite des Marktes profitiert, also die Unternehmen. Das lässt sich unter anderem mit sinkenden Unternehmenssteuern und Sozialausgaben, mit weniger staatlichen Vorschriften und nur leicht oder gar nicht steigenden Löhnen erreichen.

Börse

Sie ist sozusagen die Königsklasse der Märkte und der einzige Markt, über den täglich im Fernsehen berichtet wird. Jeden Werktag kommen an den Börsen der Welt Millionen von Menschen zusammen, um von morgens bis abends nichts anderes zu tun, als zu kaufen und zu verkaufen. Papiere im Wert von mehreren hundert Milliarden Euro wechseln dabei täglich den Besitzer, oft sogar mehrmals täglich. Früher, und manchmal auch heute noch, lief das auf Zuruf, aber meistens reicht inzwischen ein Mausklick, um ein Aktien- oder Anleihenpaket gegen Geld zu tauschen.

Während der Markt eine uralte Einrichtung ist, ist die Börse vergleichsweise jung. Die ersten Börsen entstanden Anfang des 16. Jahrhunderts im heutigen Belgien, wo sich damals das Zentrum für den Warenhandel zwischen dem Norden und dem Süden Europas befand. Auf klassischen Märkten kommt ein Handel nur zustande, wenn sich ein Käufer findet, der für das Produkt eine Verwendung hat: Wer eine

Suppe kochen will, braucht Salz, ein Schneider, der Leinenhosen nähen möchte, Leinen. Ein Börsenhändler hingegen konnte ganze Schiffsladungen Salz oder Leinen kaufen, mit denen er selbst nichts anzufangen wusste – wenn er darauf spekulierte, dass jemand ihm diese Waren für einen höheren Preis wieder abkaufen würde. Nach einem ähnlichen Prinzip funktionieren heute noch die Warenbörsen in aller Welt.

Eine wesentlich wichtigere Rolle spielen mittlerweile jedoch die ab dem 17. Jahrhundert aufkommenden Wertpapierbörsen. Hier werden Anleihen oder *Aktien*, also Anteile von Unternehmen, gehandelt. Ihren für die Volkswirtschaft wichtigsten Zweck erfüllen solche Börsen, wenn neue Anleihen oder Aktien ausgegeben werden: Dadurch lässt sich das Geld von vielen einzelnen Anlegern so bündeln, dass riesige Summen zusammenkommen, die das Unternehmen für *In-*

vestitionen nutzt. Schon mit kleinsten Beträgen kann man so Miteigentümer an den größten *Konzernen* der Welt werden. Das in einer Volkswirtschaft vorhandene *Kapital* strömt dabei dorthin, wo sich die Anleger die besten Bedingungen erhoffen.

Nach dieser Sammelaktion ist dann das Feld frei für die *Spekulation*: Die einmal am Markt befindlichen Wertpapiere können nach Belieben gekauft und verkauft werden. Steigt der Preis einer Aktie, also ihr Kurs, weit über den ursprünglichen Ausgabepreis, hat das Unternehmen, das diese Aktien ausgegeben hatte, dadurch keinen direkten Vorteil, da es vom Kursgewinn nichts abbekommt. Erst wenn es das nächste Mal wieder Geld an der Börse einsammeln will, kann es von gestiegenen Kursen profitieren, da es dann seine neuen Aktien zu einem höheren Preis verkaufen kann und für die Abgabe gleich vieler Eigentumsanteile mehr Kapital erhält.

+++ Der EADS-Hauptaktionär DaimlerChrysler will einen Teil seiner Aktien verkaufen. Ein Konsortium aus privaten und öffentlichen Investoren übernimmt den Anteil. Dabei soll der deutsche Einfluss auf das deutsch-französische Unternehmen gewahrt bleiben. (Tagesschau-Meldung vom 9. Februar 2007) +++

Crash

Wer nicht gerade selbst sein Geld an der Börse investiert hat, für den ist das, was dort passiert, nicht besonders aufregend: Kurse gehen ein paar Zehntelprozent rauf und runter, ein Index, in dem die Kurse vieler *Aktien* zusammengefasst sind, beschreibt auf den Bildschirmen der Aktienhändler eine Zickzackkurve, und nur bei wirklich wichtigen Nachrichten wie einem Regierungswechsel oder einer Leitzinsänderung schlägt sie ein bisschen heftiger nach oben oder unten aus. Doch manchmal wird aus einem solchen Zacken eine Klippe: Die Kurse stürzen immer weiter ab, Warnlampen blinken, aus Hektik wird Panik, und in der Tagesschau rückt die Börse von den hinteren Rängen auf den vordersten Platz – ein Crash hat

+++ Die Turbulenzen an den internationalen Aktien- und Finanzmärkten dauern an. Führende Börsen in Asien rutschten tief ins Minus. Zeitweise musste der Handel dort unterbrochen werden. Die US-Notenbank reagierte auf die zunehmende Angst vieler Anleger sowie Befürchtungen vor einem Wirtschaftsabschwung. Sie senkte den Leitzins um 0,75 Prozentpunkte. (Tagesschau-Meldung vom 22. Januar 2008) +++

sich ereignet. 1998 gab es einen in Russland und Asien, 1990 in Japan, 1987 in den USA, 1873 in Deutschland und Österreich, und 1929 und 2000 einen in der ganzen Welt.

Ganz gleich, welche Nachrichten den Zusammenbruch der Aktienkurse auslöst haben, technisch passierte immer dasselbe: Mehr und mehr Anleger wollen ihre Aktien loswerden, und niemand will mehr kaufen. Dadurch sackt der Preis nach unten, und bevor sich wieder ein Käufer findet, kann die Aktie zwanzig, dreißig, vierzig oder mehr Prozent an Wert verlieren. Während normalerweise die Verkäufer einen derart niedrigen Preis nicht akzeptieren, kommt er beim Crash zustande, weil sie wortwörtlich «um jeden Preis» verkaufen wollen – nichts wie raus aus dem Markt! Eine Börse in Panik ist genauso schwer aufzuhalten wie ein durchgehendes Pferd.

Aber so wie ein Blitz nie aus heiterem Himmel kommt, hat auch ein Crash seine Vorzeichen: Der Preis für eine Aktie oder für den gesamten Markt ist immer weiter nach oben gegangen und hat dadurch immer mehr Menschen auf der Suche nach dem schnellen Geld angezogen. Die Vernünftigen schütteln irgendwann den Kopf und steigen aus, aber die anderen treiben die Kurse weiter nach oben, bis die Entwicklung kippt.

Ein Crash an der Börse kann zum Einbruch der Volkswirtschaft, einer Rezession, führen. Muss aber nicht. Der Börsenkrach vom Oktober 1929 in New York (der übrigens nicht am sprichwörtlichen «Schwarzen Freitag», sondern an einem Montag stattfand) war der Auslöser für die bis 1933 dauernde Weltwirtschaftskrise – der «Schwarze Montag» am 19. Oktober 1987 ließ die Kurse an den US-Börsen zwar ins Bodenlose fallen, aber in der Welt außerhalb des Börsensaals blieb er praktisch ohne Folgen.

Dumping

Jeder macht gerne Schnäppchen. Manchmal allerdings fragt man sich fassungslos, wie bei dem Niedrigpreis, den man da gerade zahlt, Händler und Hersteller auf ihre Kosten kommen sollen. Und manchmal tun sie das auch wirklich nicht: Der Verkaufspreis liegt niedriger als die Summe aus Herstellungs- und Transportkosten. Das ist völlig legal und in Ordnung, wenn es sich um das Verramschen von Restposten oder Ware zweiter Wahl handelt, etwa im *Schlussverkauf*. Anders liegt der Fall, wenn für normale Produkte ein derart niedriger *Preis* verlangt wird. Das nennt sich Dumping und ist verboten.

Warum muss man Kaufleuten überhaupt verbieten, Waren mit Verlust zu verkaufen? Weil ihnen dieser kurzfristige Verlust langfristig Gewinn verspricht, zum Beispiel dadurch, dass sie mit Dumping-Preisen ihre Konkurrenten ruinieren. Bleibt nur noch ein Anbieter übrig, hat der ein *Monopol* und kann die Preise so sehr anheben, wie er möchte. Dumping kann also überaus lukrativ sein, ist aber unfair und deshalb ein Fall für das Gesetz gegen unlauteren Wettbewerb.

Nicht nur zwischen einzelnen Unternehmen, sondern auch zwischen Staaten kann es zum Dumping-Vorwurf kommen. Wenn beispielsweise ein Land den *Export* heimischer Produkte dadurch fördert, dass es dem Hersteller für die Ausfuhren *Subventionen* zahlt. Dann kann der seine Ware im Ausland billiger anbieten als auf dem heimischen Markt, sichert durch den Export Arbeitsplätze, gefährdet oder vernichtet damit aber Arbeitsplätze bei den ausländischen Wettbewerbern. Die *Welthandelsorganisation* hat daher genau festgelegt, was noch erlaubte Exportförderung ist und was bereits verbotenes Dumping und welche Gegenmaßnahmen ein Land treffen kann, um sich dagegen zu wehren.

+++ Die europäischen Stahlkonzerne bereiten bei der EU eine Klage gegen China vor. In diesem Jahr wird mit einer Verdoppelung der chinesischen Stahlexporte gerechnet. Die europäische Industrie spricht von Dumping-Angeboten. Zum Teil werde der Stahl zu Preisen verkauft, die auch in China nicht die Produktionskosten decken könnten. (Tagesschau-Meldung vom 8. Oktober 2007) +++

Das von den *Gewerkschaften* erfundene Wort «Sozialdumping» bezeichnet hingegen kein Dumping im eigentlichen Sinn. Damit ist gemeint, dass ausländische Konkurrenten, etwa aus Indien, ihre Produkte billiger verkaufen können, weil sie niedrigere soziale Standards haben als die Europäer: weniger Lohn, längere Arbeitszeit, weniger Arbeitsschutz. Das ist sicherlich einer der wichtigsten Gründe für den niedrigen Preis solcher Produkte, aber eben kein Dumping, solange sich der Hersteller an die in seinem Land geltenden Regeln hält und seine Waren mit Gewinn verkauft.

Hedge-Fonds

Wenn es einen Preis für den irreführendsten Namen in der Finanzwelt gäbe, der Hedge-Fonds wäre einer der ersten Anwärter dafür. Denn das englische Wort «hedge» bedeutet «Hecke» (als Substantiv) oder «absichern» (als Verb), Hedge-Fonds müssten also eigentlich eine besonders sichere Form der Geldanlage sein. Sie sind aber genau das Gegenteil, nämlich eine der riskantesten Anlageformen überhaupt – für die Anleger genauso wie für die Weltwirtschaft.

Der Grund, warum Hedge-Fonds diesen Sicherheit versprechenden Namen tragen, ist ihre Absicht, dem Anleger, unabhängig von den starken Kursschwankungen an den Börsen, eine möglichst stabile Rendite, also Erträge auf das eingesetzte Kapital, zu bringen. Wer dieses Ziel einfach und ohne jede Aufregung erreichen will, investiert sein Geld in Sparbücher, Festgelder oder Geldmarktfonds. Wer es aufregender mag, überlässt sein Geld dem Hedge-Fonds-Manager. Der kauft sich dort ein, wo ein Markt am meisten Rendite verspricht, ob *Aktien* oder *Renten* oder *Derivate*, ob Büroimmobilien in Moskau oder Krokodilfarmen in Florida.

Wenn es gewinnversprechender ist, nicht auf steigende, sondern auf fallende Kurse zu setzen, dann macht er auch das – mit dem sogenannten Short Selling: Er leiht sich Aktien oder Wertpapiere, verkauft sie an der Börse, und zum Ende der Leihfrist kauft er dieselbe Anzahl wieder und gibt sie zurück. Wenn während der Leihzeit der Kurs der Aktie fällt, macht der Short Seller Gewinn. Und weil die Rendite besonders hoch wird, wenn man nicht nur mit dem Geld der Anleger spekuliert, sondern auch noch mit Krediten, setzt er oft ein Mehrfaches des ihm eigentlich zur Verfügung stehenden Kapitals ein. Das heißt dann «Hebeln», und so wie damit der erzielbare Gewinn steigt, steigt auch der maximal drohende Verlust, wenn man sich verspekuliert.

Bislang hat zweimal ein Hedge-Fonds das globale Finanzsystem erschüttert. Einmal der Quantum Fonds von George Soros, der 1992 durch Short Selling in Höhe mehrerer Milliarden Dollar die Bank of England dazu zwang, das Britische Pfund abzuwerten. Für Quantum sprang bei dieser einen erfolgreichen Spekulation innerhalb einer Woche etwa eine Milliarde Dollar Gewinn heraus. Sechs Jahre später brachte die Fehlspekulation des Hedge-Fonds LTCM die Finanzmärkte an den Rand des Zusammenbruchs. Der Fonds, zu dessen Direktoren unter anderen zwei Ökonomie-Nobelpreisträger gehörten, hatte etwa das Hundertfache seines Eigenkapitals an den Anleihemärkten investiert – mehr als tausend Milliarden Dollar! Als LTCM außerstande war, seine Kredite zurückzuzahlen, konnte nur eine gemeinsame Aktion der größten Geschäfts- und Notenbanken eine Kettenreaktion und den Kollaps der Finanzmärkte verhindern.

Wegen der (zumindest potenziellen) Gefahren, die von Hedge-Fonds für die Wirtschaft ausgehen, haben vor allem die Wirtschaftspolitiker in den Aufholländern Asiens, aber auch in Europa strengere Regeln für die Kontrolle dieser

+++ Die Finanzminister der Europäischen Union unterstützen den deutschen Vorstoß für eine stärkere Kontrolle von Hedge-Fonds. Bundesfinanzminister Steinbrück sagte nach einem Treffen mit seinen EU-Kollegen, alle seien sich einig, dass es mehr Transparenz geben solle. Die hochspekulativen Finanz-Investoren sollten sich selbst zu einem verbindlichen Verhaltenskodex verpflichten. (Tagesschau-Meldung vom 21. April 2007) +++

Anlage-Unternehmen gefordert. Der bislang letzte Vorstoß in diese Richtung wurde auf dem G-8-Gipfel im Juni 2007 in Deutschland unternommen. Er scheiterte am Widerstand der USA.

Homo oeconomicus

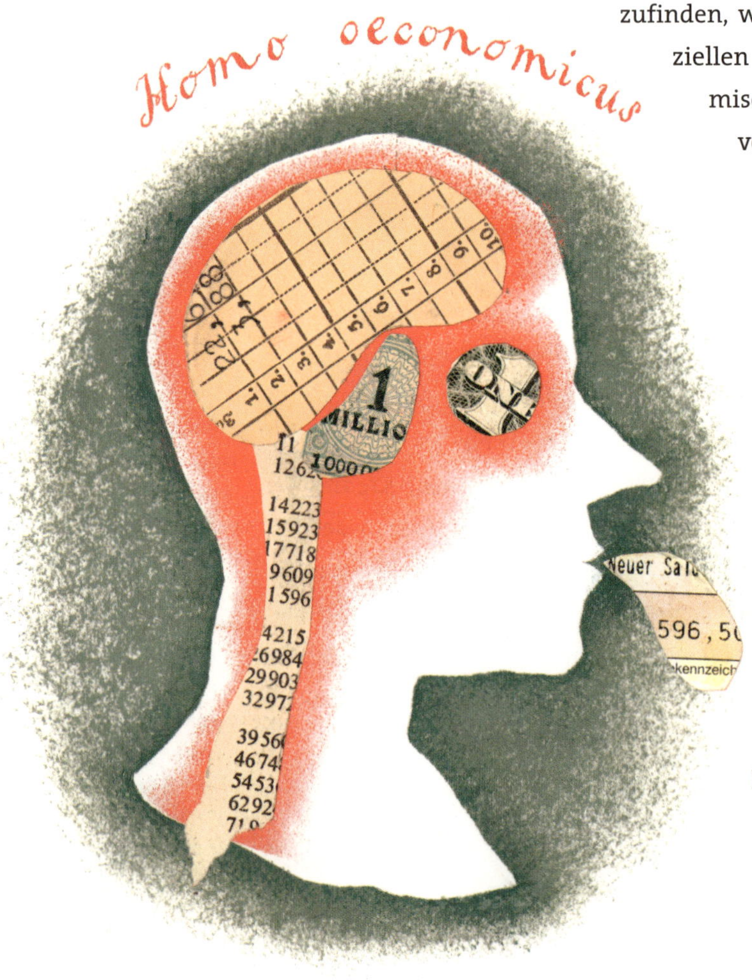

«Homo erectus», «Homo heidelbergensis» oder «Homo neanderthalensis» sind Namen von längst ausgestorbenen menschenähnlichen Gattungen. Der Homo oeconomicus hingegen kann gar nicht aussterben – er hat noch nie existiert. Es gibt ihn nur als Denkmodell der Wirtschaftswissenschaftler. Sie verwenden es, um herauszufinden, wie sich in einer speziellen Situation ein ökonomisch denkender Mensch verhalten müsste. Er würde beispielsweise ein Produkt immer beim günstigsten Anbieter kaufen und niemals Roulette spielen, weil er dabei, rein statistisch, nur verlieren kann. Definiert wird der Homo oeconomicus als Mensch, der stets rational handelt, seinen eigenen Nutzen maximiert und dabei über vollständige Information verfügt, mit anderen Worten: als ein allwissender, gefühlloser Egoist. Eigentlich ist es also gar nicht so schlimm, dass man ihm in der Realität nicht begegnet.

Dass Menschen manchmal unvernünftig oder voreilig handeln und dass sie manchmal nicht nur an sich, sondern auch an andere denken, macht das Leben wesentlich sympathischer und unberechenbarer. Das hat die Ökonomen dazu gezwungen, dem einfachen Modell des Homo oeconomicus gleich ein ganzes Paket von weiteren Theorien zur Seite zu stellen, um genauer beurteilen zu können, wie sich Menschen im wahren Leben tatsächlich entscheiden, unter anderem die Verhaltenstheorie, die Spieltheorie und die Transaktionskostentheorie.

Kartell

Heimliche Treffen in abgeschiedenen Berghütten; Codewörter, in scheinbar unverfänglichen Briefen versteckt; Scheinangebote und schwarze Kassen, und eine Handvoll Eingeweihte verteilen unter sich die illegale Beute. So etwas kommt nicht nur in Mafia-Filmen vor, sondern ist eine ganz normale Verhaltensweise, wenn Unternehmen ein Kartell bilden. Denn dann verabreden die, die sich eigentlich gegenseitig Konkurrenz machen sollten, dass sie lieber die Kunden schröpfen, als einander wehzutun. Und weil das streng verboten ist, suchen die Beteiligten nach Wegen, ihre illegalen Absprachen geheim zu halten.

Besonders häufig findet man Kartelle in Branchen, in denen es nur wenige große Anbieter gibt. Aufgeflogen sind beispielsweise unerlaubte Absprachen bei Produzenten von Vitaminen, Graphitelektroden, Zement, Umspannkondensatoren und Fahrstühlen. Für die Ermittlungsarbeit und die Festlegung der Strafzahlungen ist in Deutschland das Bundeskartellamt und in der EU der Wettbewerbskommissar zuständig.

+++ Führende Süßwarenhersteller stehen im Verdacht, verbotene Preisabsprachen getroffen zu haben. Das Bundeskartellamt bestätigte heute Untersuchungen gegen insgesamt sieben Firmen. Die Preise für Schokoladenprodukte waren in den vergangenen Wochen stark gestiegen. Als Grund nannten die Hersteller unter anderem höhere Rohstoffkosten. (Tagesschau-Meldung vom 11. Februar 2008) +++

Immer wieder wird vermutet, dass Preisabsprachen in einigen anderen Branchen durchaus üblich sind, aber bisher hat man sie keinen entsprechenden Unternehmen nachweisen können. In erster Linie betrifft das die Strom- und die Mineralölkonzerne. Ob sie völlig legal agieren oder nur besonders geschickt die Gesetze umgehen, wird sich möglicherweise nie herausstellen.

Das mächtigste Kartell der Welt allerdings ist durch und durch legal: die OPEC. Die Abkürzung steht für «Organisation der Erdöl exportierenden Länder», die Vereinigung der wichtigsten Ölstaaten von Iran und Saudi-Arabien über Nigeria bis Venezuela. Ihr Entschluss im Jahr 1973, die Ölförderung zu drosseln und den Preis drastisch zu erhöhen, versetzte den Industriestaaten ihren ersten Ölschock. Der zweite Schock mit abrupten Preissteigerungsraten kam um 1980, der dritte begann Ende 2004. Die OPEC kann zwar nicht mehr nach Belieben den Ölpreis nach oben treiben, da auch Nichtmitglieder wie Norwegen oder Russland Rohöl fördern und exportieren; dennoch hat sie einen großen Einfluss auf die Preisentwicklung. Ohne dieses Kartell wären sicherlich seit 1973 ein paar tausend Milliarden Dollar weniger aus den Industrie- in die Ölstaaten geflossen.

Liberalismus

Märkte gibt es überall, wer immer auch regiert. Selbst wenn ein Diktator beschlösse, sie zu verbieten, würde er lediglich erreichen, dass der Austausch zwischen *Angebot* und

Nachfrage nicht mehr auf einem Markt, sondern auf einem Schwarzmarkt stattfindet. Doch umgekehrt gibt es eine politische Strömung, die sich besonders für die Freiheit der Wirtschaft und der Märkte einsetzt – den Liberalismus. Liberale Politiker bemühen sich darum, den Einfluss des Staates auf die Märkte möglichst gering zu halten und die Unternehmen von bürokratischem Ballast und störenden Regeln zu befreien.

Entstanden ist der Liberalismus im späten 17. Jahrhundert in England. Als sein Begründer gilt der Philosoph John Locke. Er hob bereits hervor, wie wichtig der Schutz des Privateigentums vor Raub und Enteignung ist. Erst ein knappes Jahrhundert später fügte Adam Smith das Kernelement des Liberalismus – den freien Wettbewerb – hinzu.

In Europa werden Parteien, die sich als liberal bezeichnen, denn auch in erster Linie von Unternehmern, leitenden Angestellten und Selbständigen gewählt. Und weil diese Gruppen nur einen relativ kleinen Teil der Bevölkerung ausmachen, sind liberale Parteien in der Regel höchstens mittelgroß. Außerdem gibt es bei ihnen meist zwei Flügel, nämlich einen linksliberalen (der für die Freiheit der Menschen eintritt) und einen rechtsliberalen (der sich für die Freiheit der Wirtschaft stark macht). Wenn die deutsche liberale Partei, die FDP, im Bund oder in einem der Bundesländer mit in der Regierung sitzt, bemüht sie sich deshalb üblicherweise darum, sowohl den Posten des Wirtschaftsministers als auch den des Innenministers zu besetzen.

Marketing

Was immer wir im Supermarkt in den Einkaufswagen legen – es gäbe stets mindestens eine Alternative dazu. Meist wesentlich mehr. Ob bei Kartoffeln oder Schokolade, bei Windeln oder Waschmittel, Sekt, Saft oder Limonade – mehrere *Marken* buhlen im Ladenregal um unsere Gunst. Allein beim Bier gibt es in Deutschland mehr als 5000 Marken, aber nur die wenigsten haben es in die Regale der großen Supermarktketten geschafft. Und dafür, dass wir uns ein ganz bestimmtes Produkt kaufen, und das am besten immer wieder, dafür soll die Marketingabteilung des Herstellers sorgen.

Marketing, das ist das Fachwort für alles, was irgendwie damit zu tun hat, wie ein Produkt auf den Markt kommt und dort Erfolg hat. Mit welcher Farbe, Geschmacksrichtung oder Ausstattung hat es die größten Chancen? Wie soll es heißen? Wie wird es verpackt? Für welche Zielgruppe wird es hergestellt? Worin unterscheidet es sich von den Produkten der Konkurrenz? Und wie wird es beworben? Doch die beste Werbung hilft nichts, wenn das Produkt nicht im Laden erhältlich ist. Wie bringt man also die großen Handelsketten dazu, es in ihr Sortiment zu nehmen? Damit ein neues Produkt ein Erfolg wird, müssen ziemlich viele dieser und noch ein paar Dutzend anderer Fragen von Anfang an richtig beantwortet und Fehler vermieden werden. Der Autofirma Rolls-Royce fiel 1965 noch im letzten Moment auf, dass ihr neuestes Modell unter dem ursprünglich geplanten Namen «Silver Mist» in Deutschland kaum verkäuflich wäre – der Wagen wurde in «Silver Shadow» umbenannt.

Übrigens sind nicht nur Unternehmen, die Konsumgüter an uns Endverbraucher verkaufen, auf Marketing angewiesen. Jeder, der irgendwelche Produkte oder Leistungen anbietet, macht in irgendeiner Form Marketing dafür. Ob eine Firma Kräne oder Geldzählmaschinen baut, Lastwagen verleast oder Toilettenhäuschen vermietet: Sie braucht immer Kunden, die für ihr Produkt bezahlen, und sie muss immer Wege finden, diese Kunden anzusprechen, sie zu überzeugen und zu halten.

Manchmal wird auch für Menschen Marketing betrieben. Ein Sänger wie Robbie Williams wird genauso professionell vermarktet wie ein Fußballer wie David Beckham oder eine Schauspielerin wie Iris Berben. Eigentlich muss jeder, der freiberuflich arbeitet, ob als Künstler, Anwalt oder Berater, sich selbst vermarkten, um an seine Kunden und auf seine Kosten zu kommen – und bei allen anderen schadet es auch nichts, darüber nachzudenken, wie man auf andere wirkt und wie man diese Wirkung verbessern könnte. Paris Hilton hat bewiesen, dass man mit gekonntem Eigenmarketing sogar zum Weltstar werden kann, ohne irgendetwas Besonderes zu können oder geleistet zu haben.

Monopol

Es ist der heimliche Traum jedes Unternehmers. In seinem wirklichen Leben setzt ihm die Konkurrenz andauernd zu, er muss noch zum unhöflichsten Kunden nett und freundlich sein, wenn er ihn nicht verlieren will, und ständig schrumpfen seine Gewinnspannen, weil seine Konkurrenten ihn unterbieten. Hätte er dagegen ein Monopol, dann gäbe es keine Konkurrenten mehr. Er könnte so hohe *Preise* verlangen, wie er will, sich endlich goldene Wasserhähne im Bad anbringen lassen, und die Kunden – ja, die Kunden müssten nett und freundlich zu ihm sein, wenn sie ein Exemplar seines kostbaren Monopolprodukts haben wollen. Was für ein Traum!

+++ Der Zusammenschluss der Musiksparten von Sony und Bertelsmann kommt erneut auf den Prüfstand. Das Europäische Gericht erster Instanz erklärte die Genehmigung durch die EU-Kommission 2004 für nichtig. Brüssel habe nicht ausreichend untersucht, ob eine marktbeherrschende Stellung entstehe oder verstärkt werde. (Tagesschau-Meldung vom 13. Juli 2006) +++

Und was für ein Albtraum für den Rest der Menschheit! Wo es keinen Wettbewerb gibt, sind die Preise höher, der Service ist schlechter, und vermutlich lässt auch das Produkt selbst zu wünschen übrig: Wenn der Kunde keine Wahl hat, muss das Unternehmen weniger in Forschung und Entwicklung investieren – kein anderer Zustand ist für den Verkäufer so bequem und für den Käufer so unbequem wie das Monopol. Deshalb achten auch die Wettbewerbshüter des Bundeskartellamts intensiv darauf, dass sich in keiner Branche ein Monopol entwickelt; und wenn es durch die *Fusion* zweier Unternehmen entstehen könnte, kann das Kartellamt den

Zusammenschluss untersagen oder nur unter Auflagen genehmigen.

In einer ganzen Reihe von Branchen gibt es dennoch seit vielen Jahren stabile Monopole: Zu ihnen gehören Wasserversorgung, Müllbeseitigung, öffentlicher Nahverkehr, der Betrieb von Autobahnen, Überlandleitungen oder Friedhöfen. Es handelt sich hierbei in aller Regel um Infrastruktureinrichtungen, die jeder immer wieder in Anspruch nehmen muss und bei denen es volkswirtschaftlich nicht sinnvoll wäre, mehrere davon nebeneinander zu errichten. Die jeweiligen Unternehmen (zumeist im öffentlichen Besitz) unterliegen einer strengen öffentlichen Aufsicht über ihre Kalkulation und ihre Preise. Dadurch soll verhindert werden, dass sie ihre Monopolstellung missbrauchen.

+++ Bundesumweltminister Gabriel macht sich für mehr Wettbewerb auf dem Strommarkt stark. Es müsse dafür gesorgt werden, dass neue Anbieter eine Chance haben, ihren Strom ins Netz zu bringen. Derzeit gehört ein Großteil der Stromleitungen vier Energiekonzernen. Ihnen wird vorgeworfen, Konkurrenten nicht ausreichend Zugang zu gewähren. Falls sich das nicht ändert, erwägt Gabriel eine Trennung: Dann sollen Stromerzeuger nicht zugleich Netzbetreiber sein dürfen. (Tagesschau-Meldung vom 20. September 2006) +++

In den vergangenen Jahrzehnten sind allerdings eine große Zahl ehemaliger Monopolbranchen für den Wettbewerb geöffnet worden, etwa Telekommunikation, Post und Stromversorgung. In all diesen Fällen soll eine *Regulierung*sbehörde dafür sorgen, dass die Neueinsteiger in den jeweiligen Märkten eine faire Chance erhalten, sich im Wettbewerb mit dem vielfach größeren bisherigen Monopolisten zu behaupten.

Nachfrage

Unter Nachfrage versteht man die Menge all jener Güter oder Leistungen, die die Nachfrager kaufen wollen. Und Nachfrager, das sind wir alle – immer dann, wenn wir für etwas Geld in die Hand nehmen. Das tun wir umso häufiger und lieber, je mehr Leistung wir für das gleiche Geld erhalten oder je weniger Geld wir für ein und dieselbe Leistung zahlen müssen. Wenn ein neues Einkaufszentrum zur Eröffnung mit Super-Sonderangeboten lockt, rütteln, wie im Herbst 2007 in Berlin, schon mal ein paar tausend Leute an den Türen und drängeln sich hinein, um sich möglichst viel der attraktiven Beute zu sichern.

Hoher *Preis*, niedrige Nachfrage – niedriger Preis, hohe Nachfrage. So lautet eine der Grundregeln der Ökonomie. Und weil es beim *Angebot* genau umgekehrt ist, kann man diese beiden Zusammenhänge so in ein Koordinatensystem einzeichnen, dass sich Nachfragekurve und Angebotskurve an einem Punkt kreuzen. Dieser Punkt gibt an, bei welchem Verkaufspreis und bei welcher verkauften Menge der Markt im Gleichgewicht ist. Steigt der Preis über diesen Punkt hinaus, bleiben die Verkäufer auf ihrer Ware sitzen, fällt er zu sehr, stehen die Käufer irgendwann vor leeren Regalen.

Eine solche Nachfragekurve kann sich allerdings rasend schnell verändern. Das lässt sich besonders gut bei Mode- oder Saisonartikeln beobachten. Als beispielsweise der Film «Findet Nemo» 2003 in die Kinos kam, waren plötzlich Clownfische der absolute Verkaufsschlager in den Tierhandlungen, die Züchter kamen mit dem Liefern kaum noch nach. Ein Jahr später war die Welle abgeebbt, und heute ist der Clownfisch wieder einer von vielen Fischen im Aquarium der Zoohandlung.

+++ Der DGB-Vorsitzende Sommer hat die beschlossene Rentenerhöhung als nicht ausreichend bezeichnet. Der Schritt reiche nicht aus, um die Kaufkraft der Rentner langfristig zu sichern, sagte er der ‹Bild am Sonntag›. Die Bezüge müssten wieder so stark steigen wie die Wirtschaftskraft. Die Renten sollen zum Juli um 1,1 Prozent angehoben werden. (Tagesschau-Meldung vom 15. März 2008) +++

In der ökonomischen Fachsprache ist eine nachfrageorientierte Wirtschaftspolitik vor allem dadurch gekennzeichnet, dass sie die *Kaufkraft* der Verbraucher erhöhen will. Wenn die Menschen mehr Geld ausgeben, wächst die Wirtschaft, und auch die Unternehmen haben etwas davon, weil sie dann mehr umsetzen. Der gängige Weg zu mehr *Konsum* ist die Erhöhung des verfügbaren Einkommens, in der Regel also eine Steigerung der Löhne, weshalb sich eher die *Gewerkschaften* als die Arbeitgeber für diese Spielart der Wirtschaftspolitik stark machen.

Planwirtschaft

Noch in den fünfziger Jahren des 20. Jahrhunderts war unter den Ökonomen die Frage heiß umstritten, ob es effizienter ist, eine Volkswirtschaft nach einem einzigen großen Plan zu organisieren oder diese Organisation der «unsichtbaren Hand» vieler Millionen Marktteilnehmer zu überlassen. Es war die Zeit, als der «Sputnik» der Sowjetunion den Wettlauf ins All gewann und der sowjetische Staatschef Nikita Chruschtschow die Parole ausgab, der Kommunismus wolle den Kapitalismus «überholen, ohne ihn einzuholen». Und das ökonomische Instrument dazu sollte die Planwirtschaft sein.

Ihr Grundgedanke klingt logisch: Das freie Spiel der Marktkräfte bewirkt eine gigantische Verschwendung, weil alle Unternehmen zusammen viel mehr produzieren, als gebraucht wird, und außerdem ihre Investitionen nicht aufeinander abstimmen. Ein guter Plan hingegen koordiniert sämtliche Waren- und Kapitalströme so, dass Überschussproduktion und Fehlinvestitionen verhindert werden. Die staatlichen Planer können den für die Volkswirtschaft günstigsten Standort des großen Kohlekraftwerks bestimmen und des Stahlwerks, das auf den Strom aus dem Kraftwerk angewiesen ist, und der Auto- und Panzerfabrik, die den Stahl aus dem Stahlwerk brauchen.

Solange es nur um die Investitionen in das ökonomische Rückgrat eines Landes geht, hat die zentrale Planung in der Tat einiges für sich, weshalb die kommunistischen Volkswirtschaften Osteuropas vor fünfzig Jahren auch kurzzeitig schneller wuchsen als die des Westens. Der übliche Planungszeitraum von fünf Jahren passt sehr gut zu solchen Großprojekten. Aber wenn eine Gesellschaft immer komplexer und die Bedürfnisse immer individueller werden, stößt die Planwirtschaft schnell an Grenzen. Was tut man, wenn plötzlich eine der Fabriken ausfällt, deren Produktion der Plan so perfekt auf die der anderen abgestimmt hat? Und wie kann man auf unvorhergesehene Entwicklungen wie Naturkatastrophen, Rohstoffknappheit oder Missernten reagieren?

Im letzten Viertel des 20. Jahrhunderts knirschte es deshalb immer heftiger in den dinosaurierartigen Plangebilden der kommunistischen Staaten. Vieles, was die Menschen haben wollten, gab es nicht, und was es gab, wollten sie oft nicht haben. Die angeblich so verschwenderische Marktwirtschaft hingegen erzeugte nicht nur eine ebenso verschwenderische Warenvielfalt, sondern wirtschaftete dabei auch noch effizienter: Der Ölschock von 1973 etwa führte im Westen viel schneller zu einer energiesparenden Produktion als im schwerfälligen Osten. Mit dem Zusammenbruch des Kommunismus ab 1989 war dann der Wettbewerb zwischen Plan- und Marktwirtschaft entschieden.

Preis

Es war einmal, mehr als zehn Jahre ist das her, da gab es im Fernsehen ein Quiz namens «Der Preis ist heiß». Dort mussten die Kandidaten Preise von Produkten raten, und wer am besten war, gewann am Ende einen besonders großen Warenkorb. Streng genommen hätte es allerdings schon in den neunziger Jahren diese Sendung nicht mehr geben können, denn damals wie heute gelten nur in einem winzigen Teil der großen bunten Warenwelt festgelegte Preise. Dieses Buch gehört dazu, weil bei Büchern der Produzent, also der Verlag, festlegen darf, zu welchem Preis sie im Einzelhandel verkauft werden. Auch bei Zeitschriften, Zigaretten und rezeptpflichtigen Medikamenten gibt es in Deutschland eine Preisbindung. Für rezeptfreie Medikamente wurde sie vor kurzem abgeschafft.

Für alle anderen Waren ist dem Hersteller diese Möglichkeit im Jahr 1974 per Gesetz genommen worden. Er kann eine «unverbindliche Preisempfehlung» geben, aber die Entscheidung darüber, wie viel wir an der Ladenkasse letztlich bezahlen müssen, trifft der jeweilige Einzelhändler. Ein und dasselbe Produkt kann also in jedem Laden für einen anderen Preis angeboten werden. «Der Preis ist heiß» sagt man deshalb heute nicht mehr bei Rateshows, sondern nur noch, wenn man bei der Schnäppchenjagd auf ein außergewöhnlich günstiges Angebot gestoßen ist.

Diese Schnäppchenjagden haben sich in jüngster Zeit mehr und mehr ins Internet verlagert. Spezielle Preisvergleichs-Seiten ermitteln für jedes gewünschte Produkt die im Netz vorhandenen Anbieter und den Preis, den diese jeweils dafür verlangen. Über Bewertungsprofile lässt sich zudem erkennen, ob es sich um einen erfahrenen, bislang seriös arbeitenden Verkäufer handelt. Das ist zwar hilfreich, aber noch keine Garantie: Gerade bei besonders billigen Händlern besteht die Gefahr, dass sie mit dem gezahlten Geld verschwinden, ohne die Ware zu liefern, oder dass sie minderwertige Qualität bieten. Viele Unternehmen, vor allem aus China, haben sich darauf spezialisiert, Raubkopien von Markenprodukten herzustellen. Da ist der Preis dann so heiß, dass sich sowohl Händler als auch Käufer die Finger daran verbrennen können.

+++ Das Bundeskartellamt hat ein Bußgeld von knapp einer halben Million Euro gegen mehrere Apothekerverbände und Pharma-Unternehmen verhängt. Die Behörde wirft ihnen vor, gegen das Wettbewerbsrecht verstoßen zu haben. Die Verbände sollen Ende 2003 auf Vortragsveranstaltungen Apothekern empfohlen haben, die bevorstehende Aufhebung der Preisbindung für verschreibungsfreie Medikamente nicht zu beachten und auf einen Preiswettbewerb zu verzichten. Die Pharma-Firmen sollen die Aktion unterstützt haben. (Tagesschau-Meldung vom 8. Januar 2008) +++

Privatisierung

Immer, wenn ein großes oder kleines Stück aus staatlichem Besitz in nichtstaatliche Hände wechselt, handelt es sich um eine Privatisierung. Und weil der neue Besitzer den fälligen Kaufpreis schließlich – anders als seine *Steuern* – freiwillig bezahlt, hat die Privatisierung sich in den letzten Jahren zu einer der beliebtesten Möglichkeiten entwickelt, dem Staat zu Einnahmen zu verhelfen. Die Zahl der mehrheitlich vom Bund gehaltenen Unternehmen sank zwischen 1991 und 2006 von 136 auf 33.

Sowohl in der Politik als auch bei den Ökonomen sind Privatisierungen umstritten. Die Befürworter meinen, dass private Eigentümer ein Unternehmen besser führen können als der Staat, der seine Privatisierungserlöse zur Schuldentil-

gung einsetzen solle. Die Gegner warnen vor dem Verlust von Kontrollmöglichkeiten und davor, dass der Käufer sich unsozial verhalten könnte. Aber die hohen Milliardenbeträge, die bei der Privatisierung der Deutschen Telekom und der Deutschen Post eingenommen werden konnten, beeindruckten auch die politischen Kritiker. Allein der erste Börsengang der «T-Aktie» im Jahr 1996 brachte Einnahmen von rund zehn Milliarden Euro.

+++ Die Union hat in der Diskussion über den Verkauf der Autobahnen Position bezogen. Der stellvertretende Fraktionsvorsitzende Meister lehnte eine Autobahn-Privatisierung zur Sanierung des Bundeshaushalts ab. In Einmalerlösen liege nicht die Lösung, sagte er der ‹Berliner Zeitung›. (Tagesschau-Meldung vom 17. Oktober 2005) +++

Voraussetzung für eine Privatisierung ist, dass das entsprechende Unternehmen keine hoheitlichen Aufgaben ausübt, also Tätigkeiten, die per Gesetz dem Staat vorbehalten sind. Polizei und Bundeswehr beispielsweise können deshalb nicht privatisiert werden; allenfalls einzelne nicht hoheitliche Tätigkeitsbereiche wie Wareneinkauf, Instandhaltung von Gebäuden oder Fuhrpark kommen dafür in Frage. Solche Projekte heißen PPP, Public Private Partnership.

Manchmal geht eine Privatisierung aber auch richtig schief. So passierte es den Briten mit ihrem Schienennetz, das der Staat 1997 verkauft hatte. Der private Netzbetreiber Railtrack geriet ins Kreuzfeuer der Kritik, weil es aufgrund nachlässiger Wartung der Gleise zu Unfällen gekommen war. Im Jahr 2002 ging Railtrack in Konkurs, die Regierung musste das Schienennetz wieder verstaatlichen.

Zur wohl teuersten Privatisierungsaktion aller Zeiten kam es allerdings in Deutschland. In den Jahren von 1990 bis 1994 wurden nämlich die ehemaligen volkseigenen Betriebe der DDR privatisiert. Eigens hierfür war im Sommer 1990 die Treuhandanstalt eingerichtet worden, die für 8500 Unternehmen mit etwa vier Millionen Beschäftigten neue *Eigentümer* finden sollte. Der Verkaufserlös sollte die Kosten der deutsch-deutschen Wiedervereinigung finanzieren. So zumindest der ursprüngliche Plan. Doch daraus wurde nichts. Die von einem Tag auf den anderen ins kalte Wasser der Marktwirtschaft geworfenen DDR-Betriebe gerieten fast durchweg in existenzgefährdende Krisen. Um überhaupt ein paar industrielle Kerne in Ostdeutschland zu erhalten, musste die Treuhandanstalt, letztlich also der deutsche Staat, an «Verlustausgleich» und «negativen Kaufpreisen» etwa hundert Milliarden Euro draufzahlen.

Regulierung

Wenn das Management eines Autokonzerns die *Preise* für seine Modelle anheben möchte, kann es das einfach tun. Wenn hingegen das Management der Deutschen Bahn mehr Geld für die Fahrkarten im innerdeutschen Fernverkehr verlangen möchte, muss es dafür einen Antrag beim Bundesverkehrsminister stellen. Der prüft, ob die Kosten der Bahn so gestiegen sind, dass höhere Preise gerechtfertigt sind. Falls ja, wird der Antrag genehmigt. Denn anders als der Markt für Automobile ist der für Bahnfahrten in Deutschland reguliert: Die darin tätigen Unternehmen müssen sich bei zentralen Elementen ihrer Geschäftspolitik – Preise, Leistungsangebot, Vertriebswege – an die Vorgaben einer staatlichen Stelle halten.

+++ Die Deutsche Bahn will ihre Preise im Nah- und Fernverkehr sowie für Zusatzangebote zum 1. Januar erhöhen. Das Unternehmen begründete den Schritt heute mit gestiegenen Kosten unter anderem für Strom und Dieseltreibstoff. Auch die Mehrwertsteuererhöhung soll an die Kunden weitergegeben werden. (Tagesschau-Meldung vom 10.10.2006) +++

Regulierung findet überall dort statt, wo der Markt allein versagen würde. Das gilt insbesondere für die Branchen, in denen staatlich verordnete *Monopole* existieren (wie Wasserversorgung und Müllbeseitigung), oder in solchen, in denen es früher derartige Monopole gab und die jetzt behutsam in den offenen Wettbewerb überführt werden sollen (wie Telefon, Post und eben die Bahn). Manchmal ist dafür eine eigene Regulierungsbehörde zuständig (wie bei der Telekommunikation), manchmal ein Ministerium (wie bei der Bahn).

Der wirtschaftliche Nutzen von Regulierungen ist umstritten. In einigen Fällen mag es sinnvoller sein, statt durch staatliche Eingriffe durch eine Öffnung für den Wettbewerb einen funktionierenden Markt zu schaffen. So sind in der Telekommunikationsbranche nach dem Fall des Monopols der Telekom die Preise für Ferngespräche sehr schnell und sehr tief gefallen; die Regulierung des Marktes hat eher dazu beigetragen, die Position des ehemaligen Monopolisten zu sichern. Auf der anderen Seite kann der freie Wettbewerb auch zu schlechteren Ergebnissen führen. In Kalifornien beispielsweise kam es nach der Deregulierung des Strommarktes in den neunziger Jahren zu wesentlich häufigeren Stromausfällen und extrem stark steigenden Preisen. Weil es also keine Zauberformel gibt – im einen Fall kann die Forderung nach «weniger Staat» ebenso schädlich sein wie die nach «mehr Staat» im anderen –, werden Regulierungen weiter politisch heiß umstritten bleiben.

Schlussverkauf

Sachen gibt's, die gibt's gar nicht. Den Schlussverkauf zum Beispiel. Der wurde in Deutschland nämlich am 1. Juli 2004 abgeschafft. Bis zu jenem Tag war es Einzelhändlern nur in zwei Wochen im Januar/Februar und zwei Wochen im Juli/August erlaubt, Saisonartikel stark im *Preis* zu reduzieren, um Platz für die Ware der nächsten Saison zu machen. Zu allen anderen Terminen wäre das als unlauterer Wettbewerb verboten gewesen. Heute hingegen kann jeder Händler frei bestimmen, wann er die Preise purzeln lässt.

Aber obwohl es den Schlussverkauf eigentlich nicht mehr gibt, gibt es ihn eben trotzdem noch. Weil die Kunden es so wollen – die Schlacht um die Wühltische hat so viele ein-

+++ Obwohl es offiziell den Sommerschlussverkauf (SSV) nicht mehr gibt, bieten besonders die großen Kaufhäuser Ende Juli wieder besonders viele Artikel zu reduzierten Preisen an. Das soll Kunden anlocken und die Lager für die neuen Herbst- und Winterkollektionen räumen helfen. (Tagesschau-Meldung vom 24. Juli 2007) +++

gefleischte Fans, dass die Kaufhäuser schlecht beraten wären, sie zu enttäuschen; weil die Unternehmen es brauchen – wenn der Herbst kommt, kauft niemand mehr Sommermode, und was dann noch im Laden hängt, ist ein Jahr später nicht mehr aktuell; und weil es den Medien gefällt – der Beginn des Schlussverkaufs und die Samstage vor Weihnachten sind traditionelle Reportagethemen für Zeitung, Radio und Fernsehen.

Für die Händler ist allerdings der Schlussverkauf trotz des großen Ansturms schon immer ein heikles Geschäft gewesen: Wenn zu viele Kunden darauf warten, dass der Händler den Rotstift zückt, und erst zum Schnäppchenpreis zuschlagen, leidet der Umsatz während der Saison. Außerdem gilt es besonders bei teuren Markenartikeln als gefährlich, im Schlussverkauf die Preise zu senken: Die Käufer könnten sich daran gewöhnen, dass die edlen Stücke auch viel billiger zu haben sind. Deshalb wird oft für den Schlussverkauf spezielle Schnäppchenware geordert, und die Saison-Artikel aus dem Lager werden an Billigketten weiterverkauft.

Soziale Marktwirtschaft

Es gibt derzeit in der Welt der Ökonomen drei Theorien, also Gedankengebäude, die großen Einfluss auf die Wirtschaftspolitik in der Welt haben. Eine kommt aus den USA, eine aus Großbritannien und eine aus Deutschland. Aus den USA kommt Milton Friedmans Monetarismus: Man halte die *Geldmenge* in einem Staat unter Kontrolle und lasse ansonsten die Märkte frei wirtschaften, der Erfolg stelle sich dann von allein ein. Aus Großbritannien kommt der Keynesianismus: Wenn die Konjunktur zu schwach wird, investiere der Staat so lange in die Wirtschaft, bis sie sich wieder erholt. Und aus

Deutschland kommt die Soziale Marktwirtschaft: Man lasse die Politik einen Rahmen vorgeben, in dem die Wirtschaft funktioniert, und da man sich nicht darauf verlassen kann, dass diese von allein menschenwürdige Bedingungen für alle schafft, kümmere der Staat sich um die soziale Absicherung der Bürger.

Das Konzept der Sozialen Marktwirtschaft war in der Zeit des Zweiten Weltkriegs und kurz danach von deutschen Ökonomen wie Wilhelm Röpke, Walter Eucken und Alfred Müller-Armack entwickelt worden. Sie waren auf der Suche nach einem dauerhaft funktionierenden System der Marktwirtschaft, nach zuletzt gleich drei Katastrophen im Abstand von jeweils einem Jahrzehnt: der Hyperinflation der frühen zwanziger Jahre, der Weltwirtschaftskrise der frühen dreißiger Jahre und schließlich der großflächigen Zerstörung im Zweiten Weltkrieg. Die Kombination aus freiem *Wettbewerb* in der ökonomischen Sphäre und fürsorglichem Staat in der sozialen Sphäre erschien da als aussichtsreich. Und Ludwig Erhard, der erste Wirtschaftsminister der neu gegründeten Bundesrepublik Deutschland, setzte die Theorie tatsächlich mit gigantischem Erfolg in die Praxis um.

Auch nunmehr sechzig Jahre später ist der Grundgedanke der Sozialen Marktwirtschaft etwa in Deutschland, den Beneluxländern oder Skandinavien weiterhin erfolgreich: Der Staat hat einige wirksame Instrumente, mit denen er verhindern kann, dass die Unternehmen den Wettbewerb selbst abschaffen (Kartellamt, *Regulierungs*behörden) und dass sie mit gezinkten Karten spielen (Aufsichtsämter), ansonsten jedoch lässt er dem Wirtschaftsgeschehen freien Lauf. Aber er kassiert relativ viel an *Steuern* und Sozialabgaben, um dadurch jedem Bürger ein menschenwürdiges Leben zu sichern.

Erstaunlicherweise wird das Konzept der Sozialen Marktwirtschaft trotz seines überragenden Erfolgs in Deutschland nur in wenigen anderen Ländern umgesetzt: Frankreich etwa legt weiter Wert auf einen großen staatlichen Einfluss auf die Wirtschaft, in Japan obliegt ein großer Teil der sozialen Verantwortung den großen Unternehmen, und in den USA gibt es für viele Menschen praktisch gar keine soziale Absicherung.

Sogar an deutschen Universitäten lernen Ökonomiestudenten viel mehr über Monetarismus und Keynesianismus als über die Soziale Marktwirtschaft. Was auch am einzigen eklatanten Mangel der Theorie der Sozialen Marktwirtschaft liegen dürfte: Sie enthält keine einzige mathematische Formel und kein Koordinatensystem, in dem sich zwei Kurven schneiden – und was sich nicht rechnen lässt, interessiert viele Ökonomieprofessoren nicht.

Wettbewerb

Der größte sportliche Wettbewerb der Welt sind alle zwei Jahre die Olympischen Spiele. Ihr eines Motto: «Dabeisein ist alles». Ihr anderes Motto: «Schneller, höher, weiter». Auf den Wettbewerb in der Marktwirtschaft passt der erste dieser beiden Sätze denkbar schlecht: Dabeisein ist dort nämlich gar nichts. Kein Unternehmen hat etwas davon, wenn es sich um einen Auftrag bemüht, ihn aber nicht bekommt. Jeder Händler ist darauf angewiesen, dass die Menschen ihm etwas abkaufen – wenn sie bei ihm nur schauen und ihr Geld bei den Konkurrenten lassen, kann er seinen Laden schließen. Doch auch bei Olympia scheint Dabeisein nicht ganz so gefragt zu sein: Überall sieht man den Medaillenspiegel der Gewinner, nirgends einen Mitmachspiegel der Dabeigewesenen. Und das Nationale Olympische Komitee

Deutschlands nominiert nur Sportler, deren Leistungen für eine Teilnahme am Finale ausreichen könnten.

Umso mehr passt das andere olympische Motto. Schneller, höher, weiter, sprich: besser als die Konkurrenz zu sein ist in der Marktwirtschaft das Erfolgsrezept schlechthin. Auf diese Weise werden seit zwei Jahrhunderten ständig neue Produkte entwickelt und perfektioniert, haben wir ein *Wachstum* von Wirtschaftsleistung und Wohlstand erlebt, das ohne Beispiel ist. Im Sport sind die Grenzen des «Schneller, höher, weiter» vielfach erreicht: Neue Weltrekorde sind ohne Doping kaum noch möglich. Vielleicht geht auch für die Marktwirtschaft das Wachstum eines Tages zu Ende; aber bisher ist dieser Tag noch nicht in Sicht.

Für die einzelnen Unternehmen, die im Wettbewerb stehen, ist das Wachstum allerdings nicht unendlich. Keiner der Anfang des 20. Jahrhunderts so dominierenden Stahl-, Öl- und Eisenbahnkonzerne gehört heute noch zum Kreis der größten *Konzerne* der Welt, und keines der zehn weltgrößten Unternehmen von heute existierte bereits im Jahr 1900. Es ist offenbar unmöglich, über mehrere Generationen hinweg immer wieder besser als alle Konkurrenten zu sein.

+++ Im vergangenen Jahr haben mehr als eine Million Stromkunden den Anbieter gewechselt. Damit habe sich die Zahl der Wechsler innerhalb eines Jahres verdoppelt. Für 2008 erwartet Kurth eine weitere Verschärfung des Wettbewerbs. (Tagesschau-Meldung vom 18. Januar 2008) +++

500
200

2. Geld · Einleitung

+++ Die Börsianer dürfen aufatmen: Wie erwartet hat die Europäische Zentralbank (EZB) den Leitzins bei vier Prozent belassen. Ob im Oktober an der Zinsschraube gedreht wird, ließ EZB-Präsident Jean-Claude Trichet offen. Volkswirte begrüßten die Entscheidung.
(Tagesschau-Meldung vom 6. September 2007) +++

Da sitzen in einem streng abgeschirmten Raum in Frankfurt am Main 19 Menschen zusammen, diskutieren stundenlang über eine Zahl – 4,0 oder 4,25? – und treffen schließlich eine Entscheidung. Wenn sie «4,25» sagen, sind binnen weniger Minuten alle Unternehmen der Welt zusammengenommen ein paar hundert Milliarden Euro weniger wert, und sagen sie «4,0» ein paar hundert Milliarden Euro mehr. Man könnte fast meinen, man habe es mit Zauberern zu tun.

Aber nein, da geht alles mit rechten Dingen zu. Bei den 19 Menschen handelt sich nämlich um den EZB-Rat, das oberste Entscheidungsgremium der Europäischen Zentralbank. Er legt auf seinen monatlichen Sitzungen den Preis für eine der wichtigsten *Währungen* der Welt fest: den Euro eben. Die Zahl, um die es geht, ist der Zinssatz, den *Banken* zahlen müssen, wenn sie sich von der Zentralbank Geld leihen, und der Zins ist nichts anderes als der Preis des Geldes.

Vom Preis des Geldes hängt nicht nur das Einlagen- und Kreditgeschäft der Banken und Sparkassen ab, die ihre *Zinsen* am Leitzins orientieren, sondern die gesamte Wirtschaft.

Bei hohen Zinsen legen die Verbraucher mehr Geld auf die hohe Kante und geben weniger aus; die Wirtschaft wächst langsamer oder gar nicht. Bei niedrigeren Zinsen hingegen investieren die Unternehmen verstärkt in neue Produkte oder Fabriken und die Anleger in *Aktien*, weil Sparbücher oder festverzinsliche Wertpapiere weniger Ertrag bringen. Und wenn die Wirtschaft ebenso wie das Interesse an Aktien wächst, steigt deren Preis: Wird das Geld billig, wird die Konjunktur lebhaft, und die Aktien werden teuer und umgekehrt.

Geld wirkt also wie ein Schmiermittel für die Wirtschaft. Doch das ist sozusagen nur ein Nebeneffekt. In erster Linie dient es als universelles Tauschmittel. Man kann mit ihm zwar nichts direkt anfangen, aber fast alles dafür kaufen. Das ist auch der Grund, warum es vor etwa 2600 Jahren in einem kleinen Königreich namens Lykien in der heutigen Türkei erfunden wurde: Ein universelles Tauschmittel macht das Leben leichter. Wenn ein Fischer zum Markt in die Stadt ging, um seinen Fang gegen neue Kleider einzutauschen, musste er vor der Erfindung des Geldes jemanden suchen, der genau den umgekehrten Tausch vollziehen wollte. Fand er für seine Fische nur Interessenten, die ihm entweder einen Topf, einen Sack Mehl oder eine Gans zum Tausch anboten, konnte er mit seiner (auch nicht frischer werdenden) Ware wieder von dannen ziehen, oder er entschloss sich, eines der Angebote anzunehmen – und musste überlegen, ob es leichter wäre, den Topf, die Gans oder das Mehl gegen neue Kleider einzutauschen. Nach der Erfindung des Geldes war die Sache viel einfacher: Er konnte den Fisch verkaufen und mit dem Geld in der Hand zum Schneider gehen.

Dass gerade in Lykien und gerade im 6. Jahrhundert v. Chr. das Geld eingeführt wurde, ist kein Zufall. Lykien war erstens ein Handelszentrum – es lag zwischen dem Reich der Perser und dem der Griechen im Schnittpunkt vieler Handelswege –, und es verfügte zweitens über den idealen Stoff, um Geld daraus zu machen: Gold, das man im Fluss Paktolos fand. Die Lykier teilten es in kleine Brocken mit immer demselben Gewicht und drückten als Ausweis der Echtheit ein Bild ihres Königs hinein. Damit hatten sie die ersten Geldmünzen der Welt geschaffen. Und weil diese Münzen bald überall in der antiken Welt in Umlauf kamen, wurde der König, dessen Bild auf ihnen zu sehen war, zum Inbegriff sagenhaften Reichtums: Krösus.

Während des größten Teils seiner Geschichte war Geld nichts anderes als Metallplättchen in standardisierter Form. Die Prägung auf den Münzen war die Garantie dafür, dass dieser Taler, Groschen, Gulden, Sesterz oder Penny genau so viel Kupfer, Silber oder Gold enthielt, wie er enthalten sollte. Garantie ist zwar ein relativer Begriff: Seit es Geld gibt, gibt es auch Falschmünzerei, und oft sogar staatlich verordnet; aber in der Regel waren selbst schlechte Währungen immer noch das gebräuchlichste Tauschmittel. Eine Währung muss schon sehr weit herunterkommen, dass man mit ihr nichts mehr kaufen kann.

+++ In Deutschland sind immer mehr Falschgeldmünzen in Umlauf. Die Bundesbank teilte mit, im vergangenen Jahr seien siebenundsiebzigtausend gefälschte Geldstücke gefunden worden, vor allem 2-Euro-Münzen. So viele waren es noch nie seit Einführung des Euro vor fünf Jahren. Bei den Geldscheinen dagegen wurden deutlich weniger Fälschungen gefunden, oft 50-Euro-Noten. (Tagesschau-Meldung vom 12. Januar 2007) +++

Das kam seit dem 18. Jahrhundert immer häufiger vor, da sich in dieser Zeit der Geldwert vom Metallwert löste. Der erste Schritt hierzu war die Einführung von Papiergeld, das praktisch keinen Materialwert mehr hat, sondern seinen Wert dadurch erhielt, dass der Inhaber es jederzeit in Gold oder Silber umtauschen konnte, was sofort dazu verführte, mehr Geld zu drucken, als tatsächlich Edelmetall vorhanden war. Wenn dann sehr viele Papiergeldbesitzer gleichzeitig auf die Idee kamen, ihre Scheine in Edelmetall zu wechseln, brach dieser sogenannte Gold- oder Silberstandard schnell zusammen.

Der nächste Schritt war deshalb der Verzicht auf die Einlösungspflicht: Geld erhält dabei seinen Wert schlicht dadurch, dass man etwas dafür kaufen kann, es also allgemein akzeptiert wird; und das funktioniert nur, wenn die zentrale Autorität, die das Geld druckt, dieses Vertrauen nicht missbraucht. In Deutschland war das im 20. Jahrhundert leider gleich zweimal der Fall: Anfang der zwanziger Jahre und in der Folge des Zweiten Weltkriegs. 1923 galoppierte die *Inflation* in so rasendem Tempo, dass am Ende ein Hühnerei mehr als zweihundert Milliarden Mark kostete. Die Löhne wurden täglich ausgezahlt, weil das Geld stündlich an Wert verlor, und Städte und Unternehmen gaben Notgeld heraus. Nach dem Zweiten Weltkrieg war die Reichsmark zwar noch bis 1948 formell gültig, aber in den Läden praktisch nichts mehr dafür zu bekommen. Auf den allgegenwärtigen Schwarzmärkten dienten amerikanische Zigaretten als die gängigste Währung – wir haben uns so daran gewöhnt, ein Tauschmittel zu haben, dass wir uns Ersatzgeld schaffen, wenn das eigentliche Geld seinen Zweck nicht mehr erfüllt.

Doch einen Ort gibt es, an dem Geld keine Rolle spielt, an dem die Menschen geldlos glücklich sind. Schauen wir ihn uns etwas genauer an, weil wir dabei erkennen können, warum dieser Zustand für uns Normalsterbliche utopisch bleibt. Dieser Ort ist nämlich der Nicht-Ort, auf Griechisch «U-topia». So heißt der ideale Zukunftsstaat, den der englische Philosoph Thomas Morus im 14. Jahrhundert entwarf und dessen Bürger weder Geld noch Zins kennen. Auch alle anderen großen Utopien der Weltliteratur eiferten in diesem Punkt Morus' Vorbild nach: Ob in Tommaso Campanellas «Sonnenstaat», dem märchenhaften Schlaraffenland oder dem marxistischen Traumbild vom vollendeten Kommunismus, in dem «Jedem nach seinen Bedürfnissen» materielle Güter zugeteilt werden – nirgendwo gibt es Geld, und alle Menschen sind zufrieden mit dem, was sie haben.

In diesen Utopien ist die wichtigste Bedingung für einen geldlosen Zustand erfüllt: Es darf nichts knapp sein. Egal, was die Menschen haben wollen – eine Hose, ein Schloss oder eine Perlenkette –, sie müssen es bekommen können. Einfach so. Weshalb auch alle *Rohstoffe* prinzipiell unbegrenzt vorhanden sein müssten. Eine solche Vorstellung allerdings wäre den meisten Utopisten ziemlich unheimlich gewesen, da in ihrem Idealstaat kein Konsumterror, sondern ewiger Friede herrschen sollte. Deshalb schlugen sie einen anderen Weg zur Geldlosigkeit ein: Die Menschen würden einfach kein Schloss und keine Perlenkette haben wollen, und eine, na gut: zwei Hosen reichen ihnen auch. So sind alle Bedürfnisse befriedigt; oder verboten; oder, besonders praktisch, es sind nur all die Bedürfnisse verboten, die nicht befriedigt werden könnten.

Ein anderer Weg zum geldlosen Glück, bei dem alle Bedürfnisse quasi auf Knopfdruck erfüllt werden können, wurde in der Fernsehserie «Star Trek» verwirklicht. Sie lässt das Raumschiff USS Enterprise im 23. und 24. Jahrhundert durch unendliche Weiten ziehen, und weder Captain James T. Kirk noch sein Nachfolger Jean-Luc Picard müssen sich mit irgendwelchen Geldsorgen herumschlagen. Erreicht haben sie das vor allem durch den Replikator, eine Maschine, die etwa so arbeitet wie die gute Fee im Märchen: Sobald man sich etwas wünscht, stellt sie es her. Wie wenig die Enterprise-Besatzung mit Geld anzufangen weiß, wird in der Episode «Zurück in die Gegenwart» deutlich, in der die Mannschaft aus dem 23. Jahrhundert ins Los Angeles des 20. Jahrhunderts reist und plötzlich mit Dollarscheinen konfrontiert wird.

An der Wunscherfüllungsmaschine Replikator müssen wir wohl noch einige Jahrzehnte oder Jahrhunderte weiterarbeiten. Und zumindest so lange bleiben Güter weiterhin knapp, müssen also auch einen *Preis* haben. Und deshalb

wird sich bis auf weiteres bei uns wohl oder übel (fast) alles ums Geld drehen.

+++ Jedes dritte handelsübliche Olivenöl der höchsten Güteklasse ‹nativ extra› ist laut Stiftung Warentest mangelhaft. Die Verbraucherexperten sprachen heute in Berlin von zum Teil enttäuschenden Ergebnissen: So sei keines der insgesamt 26 geprüften Öle frei von Schadstoffen gewesen. Zugleich wiesen sie darauf hin, dass gutes Olivenöl nicht teuer sein müsse. (Tagesschau-Meldung vom 22. September 2005) +++

Mit seiner Funktion als universelles Tauschmittel erfüllt Geld zugleich noch eine weitere wichtige Aufgabe: Es ordnet unser Bild von der Welt. Weil Geld allen Gütern einen Preis gibt, werden diese für uns vergleichbar. Kaviar kostet mehr als Margarine, ein Auto mehr als ein Fahrrad, der Eintritt für ein Konzert von Madonna mehr als der für ein Spiel von Hansa Rostock.

Nicht immer ist das Teurere auch das Bessere. Bei Qualitätsvergleichen, wie sie beispielsweise die Stiftung Warentest regelmäßig durchführt, können preisgünstige Produkte oft mit den teureren mithalten. Manchmal «rechtfertigt» sich der Preisunterschied schlicht dadurch, dass auf den teureren Produkten ein edles *Marken*-Etikett klebt. Aber gerade bei den billigsten ist die Wahrscheinlichkeit relativ hoch, dass an der Qualität oder der Sicherheit gespart wurde. Haartrockner, die in Flammen aufgehen, Plüschtiere mit scharfkantigem Innenleben und Fahrräder, deren Rahmen knicken wie Streichhölzer, sind mahnende Beispiele dafür, dass ein Preis nicht weiter und weiter und weiter gesenkt werden kann.

+++ Nach den Rückrufaktionen großer Hersteller für in China produzierte Spielwaren kritisiert auch der TÜV die Sicherheit und Schadstoffbelastungen bei Importspielzeug. Der Spielwarenhandel lehnt aber schärfere Methoden ab. (Tagesschau-Meldung vom 21. August 2007) +++

Im Großen und Ganzen gibt es deshalb einen deutlichen Zusammenhang zwischen dem Preis und der Qualität eines Produkts. Wer möchte, dass wir für seine Erzeugnisse mehr Geld ausgeben als für vergleichbare der Konkurrenz, muss uns etwas bieten, das diese höhere Ausgabe wert ist: eine längere Lebensdauer oder eine einfachere Bedienung, ein gefälligeres Design oder ein besseres Image, gesündere Zutaten oder einen besseren Geschmack. Dabei ist allerdings dieser Nutzen eine höchst subjektive Größe. So, wie sich über Geschmack nicht streiten lässt, ist der Nutzen, den der Käufer für sein Geld eintauscht, eine ganz persönliche Angelegenheit – ein Stück Kuchen ist dem Hungrigen mehr wert als dem Satten und eine CD von Tokio Hotel dem Fan mehr als dessen Mutter.

Auf der anderen Seite der Gleichung steht jedoch eine objektive, klar messbare Größe: das Geld, das wir beim Kauf eines Produktes ausgeben. Der Hungrige wie der Satte, der Fan wie dessen Mutter müssen in der Konditorei oder im Musikgeschäft denselben Preis für das Stück Kuchen oder die CD bezahlen. Doch weil jeder andere Prioritäten hat und andere Maßstäbe anlegt, ergibt sich aus der Kombination von subjektivem (Nutz-)Wert des Produkts und objektivem (Tausch-)Wert des Geldes die flirrende Buntheit der Warenwelt.

Manchmal wird sogar der Preis selbst zum wesentlichen Bestandteil des Produktnutzens. Vor allem dann, wenn etwas ganz besonders teuer ist. Für Kaviar oder Austern beispielsweise geben sogar Leute ein kleines Vermögen aus, denen diese teuren Delikatessen überhaupt nicht schmecken – einfach um zu zeigen, dass sie es sich leisten können. Und das Vergnügen, mit einer superschicken Yacht im Hafen von Monaco oder Marbella zu ankern, wäre auch nur halb so groß, wenn diese Spielzeuge nur halb so viel kosten würden. «Geld spielt keine Rolle», signalisiert man damit seiner Umgebung, und das kann natürlich nur behaupten, wer damit im Überfluss versorgt ist. Im 16. Jahrhundert wurde es sogar zum Privileg der Reichen, ungenießbare Speisen zu sich zu nehmen. Denn um sich Pfeffer kaufen zu können, musste man reich sein – teilweise wurde er in Gold aufgewogen! –, und um ihn mit vollen Händen im Kochtopf versenken zu können, superreich. Aus der damaligen Zeit gibt es Kochrezepte, in denen auf ein Kilogramm Wild mehr als 60 Gramm Pfeffer kamen!

Aber so mit dem Geld um sich werfen konnten zu allen Zeiten, wenn überhaupt, nur ein paar wenige. Für die meisten Menschen ist Geld grundsätzlich knapp; es reicht niemals aus, um sich alle Wünsche zu erfüllen. Wer glaubt, mit zehn oder vielleicht fünfzehn Prozent mehr an Einkommen wunschlos glücklich zu sein, und ein paar Jahre später (nach Abzug der Inflationsrate) tatsächlich so viel mehr verdient, wird in der Regel feststellen, dass Wünsche und Ansprüche mit gewachsen sind. Und weil wir immer zu wenig Geld zur Verfügung haben, können wir auch nur eine begrenzte Menge von Produkten dafür kaufen. Der Fachbegriff dafür heißt «Budgetrestriktion»: Die Zahl der erfüllbaren Wünsche wird durch die Menge des vorhandenen Geldes beschränkt. Das gilt für einzelne Menschen oder Haushalte ebenso wie für Unternehmen und öffentliche Einrichtungen.

Bereits wenige Jahrhunderte nach der Erfindung des

Geldes kam man auf einc höchst praktische Idee, wie man diese Beschränkung überwinden konnte: Wer mehr Geld ausgeben möchte, als er hat, nimmt einen *Kredit* auf. Beim Kauf eines Hauses beispielsweise legt praktisch niemand das ganze Geld bar auf den Tisch, fast immer wird ein großer Teil der Kaufsumme über ein Darlehen aufgebracht. Auch Autos und andere teure Produkte wie Einbauküchen oder Computer werden oft so finanziert.

Wenn man sich Geld leiht, ist das Prinzip nicht anders, als wenn man ein Auto mietet. Man zahlt eine Leihgebühr und muss das Geliehene am Ende wieder zurückgeben. Beim Geld heißt diese Leihgebühr Zins: 4,0 Prozent Zinsen bedeutet, dass man für 100 ausgeliehene Euro nach einem Jahr 104 Euro zurückzahlen muss. Bei einer Laufzeit von zwei Jahren sind bei gleichem Zinssatz schon 108,16 Euro fällig: 4,00 Euro im ersten Jahr auf 100 Euro Kredit, 4,16 Euro im zweiten Jahr auf 104 Euro Kredit. Die Summe erhöht sich, weil auch Zinsen auf Zinsen gezahlt werden, deshalb spricht man vom Zinseszinseffekt. Aber während man ein Auto nicht Stück für Stück zurückgibt – heute den rechten Kotflügel, nächste Woche die Motorhaube und ein paar Tage später das Lenkrad –, ist es bei geliehenem Geld üblich, dass man einen Kredit in vorher festgelegten Raten abbezahlt. Weil Tilgungs-, Zinseszins- und andere Effekte die tatsächlichen Kosten für den Kredit unübersichtlich machen, sind alle Kreditinstitute verpflichtet, bei ihren Angeboten den jeweiligen effektiven Jahreszins anzugeben.

+++ Die Konjunktur läuft rund, und die Verbraucher machen nicht mehr so viele Schulden. Das geht aus dem sogenannten Schuldenkompass hervor, den die Schufa, die Schutzgemeinschaft für allgemeine Kreditsicherung, heute vorlegte. Im letzten Jahr waren danach 2,9 Millionen Privathaushalte überschuldet. Das waren 7,3 Prozent aller Haushalte, ein Rückgang von 0,3 Punkten im Vergleich zum Vorjahr. (Tagesschau-Meldung vom 27. November 2007) +++

Indem das Geld nicht nur Preise angibt, sondern selbst einen Preis hat, bringt es die Dynamik ins Wirtschaftsspiel. Denn wer Geld verleiht, prüft vorher, ob sein Schuldner in der Lage sein wird, nach der vereinbaren Frist Geld plus Zinsen zurückzuzahlen. Das wird am ehesten der Fall sein, wenn es dem Schuldner dann finanziell besser geht als heute. Deshalb fließt der meiste Kredit an diejenigen Menschen und Unternehmen, die den Eindruck erwecken, es besonders effizient nutzen zu können.

Einer der ersten großen Profiteure dieser Kreditwirtschaft war Gaius Julius Caesar. Als vielversprechender, aber mit geringer Finanzkraft ausgestatteter Nachwuchspolitiker konnte er im Rom des 1. Jahrhunderts v. Chr. nur Karriere machen, indem er sich bis über beide Ohren verschuldete. Im Jahr 62 v. Chr. hatte Caesar etwa 100 Millionen Sesterze Schulden, das entsprach in etwa dem Wert von 10 Tonnen Gold. Erst seine späteren militärischen Erfolge, vor allem die Eroberung Galliens, ermöglichten es ihm, seine Gläubiger auszuzahlen und in der Folge zum reichsten und mächtigsten Mann der Antike aufzusteigen: Im Jahr 46 v. Chr., zwei Jahre vor seinem Tod, betrug Caesars *Vermögen* etwa drei Milliarden Sesterze oder 300 Tonnen Gold.

Wenn wir versuchen, Caesars Vermögen in heute gebräuchliche Werte umzurechnen, stoßen wir schnell auf Probleme, die mit einer weiteren Besonderheit des Geldes zusammenhängen: Es gibt nicht nur eines, sondern viele Sorten davon, und deren Wertverhältnis zueinander ändert sich ständig:

- Am 1.1.2007 kostete eine Unze Gold (31,15 Gramm) 636 Dollar. Caesars 300 Tonnen entsprächen also 6,1 Milliarden Dollar.
- Am 1.1.2007 gab es für einen Euro 1,32 Dollar. Caesars Vermögen entspräche also 4,6 Milliarden Euro.
- Am 31.12.2007 kostete eine Unze Gold 837 Dollar. Caesars 300 Tonnen entsprächen also 8,0 Milliarden Dollar.
- Am 31.12.2007 gab es für einen Euro 1,47 Dollar. Caesars Vermögen entspräche also 5,5 Milliarden Euro.

Wie reich Julius Caesar «wirklich» war, lässt sich, wie unschwer zu sehen, nicht feststellen. Schon zwei verschiedene Währungen und der Abstand von nur einem Jahr führen zu enormen Unterschieden, obwohl es doch immer um dieselben drei Milliarden Sesterze ging. Und Dollar und Euro sind lediglich zwei von mehr als hundert *Währungen* in aller Welt.

Die Vielzahl von Währungen hat den Händlern schon immer Verdruss bereitet und den Geldwechslern Profit beschert. Jeder König, jeder Fürst fühlte sich berufen, sein eigenes Geld in Umlauf zu bringen – in der Wechselkasse eines Lübecker Kaufmanns aus dem 16. Jahrhundert fanden sich 865 verschiedene Münzsorten aus allen Teilen Europas! Doch von einer Währung in die andere zu wechseln kostet nicht nur Geld, sondern bedeutet auch ein Risiko: Wenn sich der Wert der Währungen zueinander verändert, kann ein gerade noch profitabel aussehender Handel zum Verlustgeschäft werden.

Außer für Kaufleute ist es auch für Industrieunternehmen oder Touristen höchst vorteilhaft, nicht ständig von einer Währung zur anderen springen zu müssen. Umtauschgebühren und Umrechnerei fallen genauso weg wie die zum Teil heftigen Kursschwankungen. Einen riesigen Schritt in diese Richtung machten zwölf europäische Staaten 1999 mit der Einführung der gemeinsamen Währung Euro, die am 1. Januar 2002 zum offiziellen Zahlungsmittel wurde: Mark und Schilling, Gulden und Francs, Lire, Peseten und Escudos verschwanden aus den Geldbeuteln und Wechselstuben. Wer innerhalb der Eurozone reist, kann die Preise in den einzelnen Ländern direkt miteinander vergleichen, und ein Unternehmen, das Waren in ein anderes Land der Eurozone exportieren möchte, kann Einnahmen und Ausgaben wesentlich verlässlicher kalkulieren als früher.

+++ Malta und Zypern haben mit dem Jahreswechsel eine neue Währung bekommen. Knapp vier Jahre nach ihrem EU-Beitritt gilt auch auf den beiden Mittelmeerinseln der Euro. Damit umfasst der Euro-Raum jetzt 15 Staaten. Die Regierungen von Malta und Zypern erhoffen sich unter anderem Vorteile für die Tourismusbranche. Auf Zypern ist der Euro nur im griechischen Teil offizielles Zahlungsmittel. (Tagesschau-Meldung vom 1. Januar 2008) +++

Wer aber auch außerhalb der Eurozone aktiv ist, hat weiterhin mit den finanziellen Risiken des Währungswirrwarrs zu tun. So machte der europäische Flugzeugbauer Airbus zu Anfang des Jahrzehnts hervorragende Geschäfte in aller Welt, weil er seine meisten Kosten in (damals schwachen) Euro bezahlte, seine Einnahmen aber in (damals starken) Dollar kassierte. Ende 2007 hingegen, als sich die Talfahrt des Dollars rasant beschleunigte, warnte Airbus-Chef Thomas Enders, der schwache Dollar könne die Existenz des Konzerns gefährden.

Warum die eine Währung gerade stark und die andere schwach ist, wissen Ökonomen bis heute nicht genau. Es gibt Studien, die belegen, dass die gängigen Modelle zur Beschreibung solcher Entwicklungen nicht nur daran scheitern, den künftigen Verlauf eines Kurses vorherzusagen, sondern nicht einmal sämtliche Ursachen für die Kursentwicklung der Vergangenheit erklären können. Der alte Börsianer-Spruch über die Währungsmärkte hat also wohl doch seine Berechtigung: Mit den Währungsprognosen sei es wie mit der Leberwurst – man frage besser nicht nach, was alles drinsteckt.

Aber zumindest eine «Zutat» steckt in jeder Betrachtung über die Entwicklung von Währungen: die Zinsen. Und damit sind wir nach unserem Streifzug durch die Geschichte des Geldes wieder bei der Szene vom Beginn des Kapitels angelangt: Für jede der heutigen Währungen gibt es nämlich eine Zentralbank, die das Zinsniveau festlegt; ist dieses Niveau für den Euro niedriger als für andere Währungen, wird es weniger attraktiv, Geld in Euro anzulegen; tendenziell sinkt dadurch der Preis der Währung. Dass der Euro in den vergangenen Jahren gegenüber dem US-Dollar deutlich an Wert gewonnen hat, hängt nicht zuletzt damit zusammen, dass das Zinsniveau in der Eurozone meist wesentlich höher lag als in den USA.

+++ Der Euro setzt seinen Höhenflug fort. Erstmals übersprang die Gemeinschaftswährung die Marke von 1 Dollar 54. Ursache ist die anhaltende Flucht vieler Anleger aus dem Dollar. Denn im Euro-Raum liegt der Leitzins mit vier Prozent deutlich höher als in den USA; Investitionen in Euro sind somit attraktiver. (Tagesschau-Meldung vom 7. März 2008) +++

Dass unterschiedliche Zentralbanken unterschiedliche Zinsniveaus festsetzen, ist zum einen auf die jeweils andere wirtschaftliche Situation in ihren Ländern zurückzuführen, zum anderen aber auch auf die jeweils anderen Philosophien dieser Banken. Dabei gibt es vor allem zwei Ansätze. Der eine sieht die Zentralbank in der Pflicht, für ein Wachstum der Wirtschaft zu sorgen und im Zweifelsfall die Zinsen eher zu senken (und damit die Währung zu schwächen), als sie anzuheben. Er wurde früher von Frankreich und wird heute noch von den USA vertreten. Der zweite sieht als Hauptaufgabe der Zentralbank die Bekämpfung der Inflation und plädiert deshalb im Zweifelsfall für höhere statt für niedrigere Zinsen. Diesen Ansatz der starken Währung vertrat früher am

Seit der Einführung des Euro müssen die Verbraucher insgesamt offenbar keine größere Preissteigerungen verkraften. Nach Berechnungen des Statistischen Bundesamtes zogen die Preise in Deutschland nach der Währungsumstellung Anfang 2002 im Vergleich zu den zweieinhalb Jahren zuvor generell nicht stärker an. Verbraucherschützer stehen dieser statistischen Bilanz allerdings skeptisch gegenüber. (Tagesschau-Meldung vom 27. Juli 2004) +++

eindeutigsten die Bundesbank. Mit der Einführung des Euro hat die Europäische Zentralbank (EZB) diese Position übernommen. Und die neue Währung, die von vielen Deutschen als schwacher «Teuro» unwillkommen geheißen wurde, hat sich seither einen Ruf als starke, solide Währung verschafft, der dem Image der D-Mark in nichts nachsteht.

Banken

Beim Roulette gibt es eine ebenso alte wie gültige Grundregel: Die Bank gewinnt immer. Denn wer auf die richtige Zahl setzt, bekommt das 35-fache seines Einsatzes ausgezahlt, aber es gibt 37 Zahlen, von 0 bis 36, auf die man setzen kann. Der einzelne Spieler mag gewinnen oder verlieren, dem Kasino, also der Bank, bleibt rein statistisch ein Siebenunddreißigstel aller Einsätze als *Gewinn* übrig.

Verlässt man jedoch das Kasino, ist das mit dem Gewinn der Bank nicht mehr so selbstverständlich. Der Grundgedanke des Geschäfts klingt zwar hoch profitabel: Wenn sie Geld an ihre Kunden weiterverleihen, verlangen sie von ihnen mehr *Zinsen*, als sie selbst bezahlen, wenn sie Geld von der Zentralbank oder ihren Kunden (zum Beispiel durch Einzahlung auf ein Sparbuch) bekommen. Allerdings gibt es dabei das Problem, dass nicht jeder Schuldner seinen *Kredit* zurückzahlen kann. Und aus dem Problem kann eine Pleite werden, wenn innerhalb kurzer Zeit viele Kreditnehmer nicht mehr zahlen können, etwa wegen eines Einbruchs der Konjunktur oder einer platzenden *Spekulations*blase. In Deutschland brach beispielsweise 1931 mitten in der Weltwirtschaftskrise die Danat-Bank zusammen, damals eine der größten Banken des Landes, was viele Sparer um ihre Gelder brachte und die ökonomische Situation weiter verschlimmerte.

Manchmal reicht auch ein Gerücht, um eine Bank an den Rand des Ruins zu treiben. So ging es im September 2007 dem britischen Bankhaus Northern Rock. Weil viele seiner Kunden glaubten, es sei von der internationalen Kreditkrise

+++ Die angeschlagene britische Bank Northern Rock wird vorübergehend verstaatlicht. Das kündigte Finanzminister Darling an. Es ist erste Mal seit den siebziger Jahren, dass ein britisches Unternehmen in staatlichen Besitz übergeht. Großbritanniens fünftgrößte Hypothekenbank war durch die US-Immobilienkrise in Schwierigkeiten geraten. (Tagesschau-Meldung vom 17. Februar 2008) +++

besonders stark betroffen, die im Juli mit Problemen im US-Hypothekenmarkt begonnen hatte, standen sie tagelang Schlange, um ihre Konten bei Northern Rock aufzulösen und ihre Einlagen zu anderen, sichereren Banken zu überweisen. Die britische Notenbank musste einspringen und alle Kundeneinlagen bei Northern Rock garantieren, um die Zahlungsfähigkeit der Bank zu sichern.

Einen derartigen «Run» kann allerdings auch ein gesundes Bankhaus nicht ohne Hilfe überstehen, da ein großer Teil der Kundengelder für langfristige Kredite eingesetzt ist. Jeder Kunde kann jederzeit über sein gesamtes Geld verfügen – solange es nicht alle gleichzeitig versuchen. Um solche Panikreaktionen zu vermeiden, gibt es in Deutschland wie in den meisten anderen Ländern Einlagensicherungsfonds, die im Falle einer Bankpleite garantieren, dass die betroffenen Kunden ihre Guthaben zurückgezahlt bekommen.

Die Kreditvergabe ist zwar die wichtigste, aber nicht die einzige Aufgabe von Banken. Weitere Tätigkeitsfelder sind der Zahlungsverkehr (Überweisungen, Einzahlungen, Scheckeinreichungen), die Vermögensverwaltung sowie das Investment-Banking (darunter versteht man den Handel mit Wertpapieren aller Art im Auftrag von Kunden oder auf eigene Rechnung, die Beratung bei Fusionen und Übernahmen sowie die Durchführung von Börsengängen). Bei diesen Geschäften macht die Bank ihren Gewinn nicht mit der Zinsspanne, sondern mit Provisionen, die sie für ihre Tätigkeit kassiert.

Derivate

In der Mathematik sind Ableitungen ein hilfreiches Instrument, um Funktionen zu analysieren. Die erste Ableitung entspricht der Steigung einer Funktion, die zweite Ableitung der Steigung der Steigung, die dritte der Steigung der Steigung der Steigung und so weiter – in höheren Dimensionen kann das ziemlich verwirrend werden. An der *Börse* heißen Ableitungen Derivate, denn es handelt sich um Finanzprodukte, die von einem Basiswert abgeleitet sind. Wenn man mit ihnen in höheren Dimensionen den Überblick verliert, kann das allerdings nicht nur verwirrend, sondern auch teuer werden.

Die bekanntesten Derivate sind Optionen. Mit ihnen erwirbt man das Recht, einen bestimmten Basiswert, etwa eine *Aktie*, zu einem bestimmten Termin zu einem bestimmten Preis zu kaufen (Call-Option) oder zu verkaufen (Put-Option). Die Kurse der Call-Optionen bewegen sich in die gleiche Richtung wie der Basiswert, nur wesentlich stärker. Legt eine Aktie 10 Prozent zu, kann der Wert der Call-Option um 100 Prozent steigen. Bei der Put-Option ist die Bewegung umgekehrt: Ihr Wert steigt, wenn der Basiswert verliert.

Der ökonomische Nutzen von Derivaten besteht in ihrer Absicherungswirkung gegen unerwünschte Kursschwankungen. Möchte sich beispielsweise ein französisches Unternehmen, das in vier Monaten eine Geldzahlung von einem US-amerikanischen Auftraggeber erwartet, vor den negativen Folgen eines fallenden Dollarkurses schützen, kann es das durch den Kauf von Put-Optionen auf den Dollar tun. Dafür muss es einen Preis zahlen, die Optionsprämie. Das Risiko, bei tatsächlich fallendem Dollarkurs Geld zu verlieren, tragen dann Spekulanten, die an speziellen Derivatemärkten auf praktisch jede beliebige ökonomische Entwicklung wetten können – vom *Crash* an der indischen Börse bis zum verregneten Sommer in den Alpen.

Wegen der extremen Kursausschläge kann man mit Derivaten genauso schnell ein Vermögen machen wie ein Vermögen verlieren. Solche Papiere sind deshalb besonders bei Spielernaturen beliebt. Wer nicht zocken, sondern investieren möchte, lässt besser die Finger von solchen Produkten oder setzt höchstens so viel Geld ein, dass er einen Totalverlust verschmerzen könnte.

Emissionsrechte

«Was keinen Preis hat, hat auch keinen Wert», heißt ein altes deutsches Sprichwort. Ökonomen formulieren das etwas feiner. Was keinen Preis hat, nennen sie ein «freies Gut», weil es jeder in jeder beliebigen Menge nutzen kann. Als einfachstes Beispiel für ein solches freies Gut wurde früher den Studenten die Luft genannt: Jeder darf atmen, ohne etwas dafür bezahlen zu müssen, obwohl er dabei Sauerstoff verbraucht und Kohlendioxid produziert.

+++ Der Bundestag hat den Weg freigemacht für einen verstärkten Klimaschutz. Das Parlament beschloss das Gesetz zum Emissionshandel. Danach dürfen Energiekonzerne und Industrie künftig weniger Kohlendioxid ausstoßen. Außerdem sind schärfere Auflagen für den Handel mit sogenannten Verschmutzungsrechten vorgesehen. (Tagesschau-Meldung vom 22. Juni 2007) +++

Einige Energiekrisen und Umweltbewegungen später darf man zwar immer noch atmen, ohne dafür zahlen zu müssen, aber für Unternehmen, deren Fabriken zu viel Kohlendioxid ausstoßen, ist die Produktion dieses Treibhausgases nicht mehr kostenlos: Sie müssen Emissionsrechte erwerben.

Der Grundgedanke, den der kanadische Ökonom John H. Dales 1968 erstmals formulierte, ist verblüffend einfach: Der Staat legt die Obergrenze für eine bestimmte Umweltverschmutzung fest und verteilt die entsprechende Menge Zertifikate nach einem politisch festgelegten Schlüssel an die Unternehmen. Wer umweltschonende Produktionsverfahren einsetzt, bei denen zum Beispiel weniger Kohlendioxid

anfällt, kann seine nicht selbst genutzten Zertifikate dann an andere verkaufen – ein zusätzlicher finanzieller Anreiz für umweltfreundliche *Investitionen*.

Das erste internationale Emissionshandelssystem startete 2005 die Europäische Union. In der Ende 2007 beendeten ersten Phase zeigten sich allerdings auch gleich die Schwierigkeiten des Systems: Um ihre Industrie nicht zu belasten, genehmigten die beteiligten Staaten ihren Unternehmen nämlich sehr großzügige Emissionsrechte, weshalb es kaum einen Investitionsanreiz mehr gab. Daher kam auch kein regulärer Handel in Gang, die Kurse wurden von *Spekulanten* erst nach oben getrieben und stürzten dann in den Keller – von 30 Euro auf wenige Cent.

Geldmenge

Das Wort «Geldmenge» klingt so anschaulich, dass sich darunter jeder etwas vorstellen kann: einen Haufen Geld eben. Würde man die Scheine und Münzen aus allen Geldbeuteln, allen Ladenkassen und Geldautomaten herausholen und zu einem Berg aufschütten, müsste das doch wohl die in Deutschland umlaufende Geldmenge sein. Aber so anschaulich das auch ist, so falsch ist es auch. Denn erstens gibt es gleich mehrere verschiedene Geldmengen, und zweitens besteht keine davon nur aus Bargeld.

Aller guten Geldmengen sind drei, und sie werden auch fein säuberlich durchnummeriert: M1, M2 und M3. Der Vorstellung vom Berg aus Geld am nächsten kommt die kleinste von ihnen, M1. Sie umfasst den gesamten Bargeldumlauf, allerdings mit Ausnahme der Kassenbestände der *Banken*; dafür kommen dann noch die sogenannten Sichteinlagen obendrauf, also die Guthaben auf Girokonten. Diese M1-Geldmenge betrug in Deutschland Ende 2007 etwa 950 Milliarden Euro, davon nur etwa ein Fünftel Bargeld.

Für M2 werden zu M1 alle Sparbücher mit gesetzlicher

Kündigungsfrist (drei Monate) und alle Festgelder mit bis zu zwei Jahren Laufzeit hinzugezählt, wodurch sich die Geldmenge nahezu verdoppelt: M2 lag Ende 2007 bei etwa 1800 Milliarden Euro. M3 schließlich beinhaltet zusätzlich Geldmarktfonds, Bankschuldverschreibungen und andere Guthaben mit weniger als zwei Jahren Laufzeit; sie übertraf M2 noch einmal um etwa 100 Milliarden Euro.

Die Aufsicht über die verschiedenen Geldmengen liegt bei der für die jeweilige *Währung* zuständigen Zentralbank. Für sie ist die Entwicklung der Geldmenge eine der wichtigsten jener Größen, die sie regelmäßig beobachtet. Denn wenn die Geldmenge stärker als die Wirtschaftsleistung wächst, besteht die Gefahr einer *Inflation*; wächst sie langsamer, kann dadurch das Wirtschaftswachstum gebremst werden. Letzteres kommt allerdings sehr selten vor: Zuletzt wuchs in Deutschland die Wirtschaft im Jahr 1997 schneller als die Geldmenge.

Inflation

Für einige Ökonomen ist sie die größte Gefahr für eine Volkswirtschaft überhaupt: die Geldentwertung. Sie kann nämlich, wenn sie nicht gebändigt wird, zu einer Inflationsspirale führen, die alle Ersparnisse vernichtet, jegliche *Investition* in die Zukunft verhindert und für lange Zeit das Vertrauen der Bürger in das Funktionieren von Staat und Wirtschaft zerstört.

Welch katastrophale Folgen eine solche Vernichtung aller Geldwerte haben kann, war in den Jahren nach dem Ersten Weltkrieg in Deutschland zu spüren. Auf dem Höhepunkt der Inflation Ende 1923 musste man für einen US-Dollar 4,2 Billionen Papiermark zahlen – eine Zahl mit elf Nullen. Danach wurde eine neue Währung, die Rentenmark, eingeführt, und es gelang, die Wirtschaft wieder zu stabilisieren; zumindest das, was davon noch übrig war. Besonders getroffen waren Bürgertum und alte Menschen, deren Ersparnisse vernichtet waren. Wer über Sachwerte verfügte – Häuser, Schmuck, Unternehmen –, kam relativ gut über die Wirtschaftskatastrophe hinweg, und zu den Gewinnern gehörte, wer Schulden hatte – die waren nämlich plötzlich wie weggezaubert.

Nun kann ein normaler Schuldner nicht einfach eine Inflation herbeihexen, um sich von seinen Krediten zu befreien. Einem allerdings, dem in der Regel größten Schuldner eines Landes, ist das durchaus zuzutrauen. Dieser «übliche Verdächtige» ist der Staat. Wenn derselbe Finanzminister, der ständig neue Schulden macht, darüber bestimmen kann, wie viel neue Geldscheine aus der Notenpresse kommen, ist die Versuchung groß, einfach mehr Geld zu drucken, als die Volkswirtschaft eigentlich zum Funktionieren braucht, um sich damit seine eigene Schuldenlast leichter zu machen. In der Geschichte sind solche Fälle häufig vorgekommen. Schon bei der ersten Einführung von Papiergeld in Europa, 1716 in Frankreich, endete das Abenteuer nach vier Jahren in einer gigantischen Inflationswelle, aber die Staatsschulden waren abgebaut, und der französische Regent Philippe von Orléans hatte sogar ein paar Fuhren Gold Gewinn gemacht. In den wichtigsten Industriestaaten ist deshalb die Zentralbank, die das Geld druckt und die Inflation kontrolliert, unabhängig vom Finanzminister, der die Schulden macht.

Ein bisschen Inflation nehmen die Zentralbanken allerdings in Kauf. Die Europäische Zentralbank (EZB) beispielsweise ist zufrieden, wenn die Inflationsrate etwa zwei Prozent pro Jahr beträgt. Steigt die Geldentwertung deutlich darüber hinaus, wird die Zentralbank gegensteuern, indem sie den Leitzins erhöht.

+++ Die Preise sind im vorigen Jahr so stark gestiegen wie seit Mitte der neunziger Jahre nicht mehr. Das Statistische Bundesamt ermittelte eine Inflation von 2,2 Prozent. 2006 waren es noch 1,7 Prozent. Teurer wurden vor allem Energie, Lebensmittel und Bahn-Fahrkarten. Außerdem schlug in fast allen Branchen die Erhöhung der Mehrwertsteuer auf die Preise durch. (Tagesschau-Meldung vom 16. Januar 2006) +++

Kapital

«Kapital», das klingt wie «Geld». Aber nicht alles Kapital ist Geld und nicht alles Geld gleichzeitig Kapital. Geld ist nur dann Kapital, wenn es «arbeitet», wenn es also eingesetzt wird, um sich zu vermehren. Dann heißt es Geld- oder Finanzkapital. Und wenn damit beispielsweise der Bau einer Fabrik bezahlt wird, ist es zwar kein Geld mehr (sondern eben eine Fabrik), aber immer noch Kapital – Sachkapital nämlich.

Das Kapital eines Unternehmens besteht aus der Summe aus Sach- und Geldkapital (und ein paar buchhalterischen Spezialitäten wie Forderungen und Schuldtiteln), kurz, aus all dem, was an Finanzmitteln in das Unternehmen hineingesteckt wurde, damit es etwas produziert – *Gewinn* nämlich.

So wie Geld allein nicht glücklich macht, macht Kapital allein kein Unternehmen. Zwei andere sogenannte Produktionsfaktoren kommen in der klassischen Betriebswirtschaftslehre noch dazu: der Boden und die menschliche Arbeit. Bei der Arbeit allerdings streiten sich die Wirtschaftswissenschaftler, ob sie ebenfalls Teil des Kapitals eines Unternehmens ist – *Humankapital* nämlich.

In der *Bilanz*, die jedes Unternehmen einmal im Jahr erstellen muss, um seine Vermögenswerte (und seine Schulden) zu erfassen, taucht das Humankapital jedoch weiterhin nicht auf; es findet sich als «Arbeitskosten» in der Gewinn- und Verlustrechnung. Die Bilanz ist Kapital und Boden vorbehalten. Wobei sich hier noch eine ganze Fülle von weiteren Unterteilungen des Kapitalbegriffs findet. Da gibt es freiwillige und gesetzliche Kapitalrücklagen, Kernkapital und materielles und immaterielles Sachkapital.

Die wichtigste Unterteilung in der Bilanz, und auch im

wirklichen Leben, ist aber die zwischen Eigen- und Fremdkapital. Unter Eigenkapital versteht man den Teil der Finanzmittel, den die *Eigentümer* eines Unternehmens selbst in das Unternehmen gesteckt haben, Fremdkapital sind die *Kredite*, die das Unternehmen aufgenommen hat – bei Kunden (in Form von Anzahlungen für noch zu liefernde Produkte), bei Lieferanten (für schon gelieferte und noch nicht bezahlte Waren), vor allem aber bei Banken. Fremdkapital ist teuer, denn es kostet *Zinsen*, Eigenkapital ist scheinbar billig, weil die Eigentümer nur dann für ihren Kapitaleinsatz einen Gewinnanteil erhalten, wenn das Unternehmen tatsächlich Geld verdient hat. Allerdings erwarten die Eigentümer eine höhere Rendite für ihren Einsatz als die Kreditgeber, schließlich tragen sie ein höheres *Risiko*: Beim *Konkurs* eines Unternehmens werden zuerst die Ansprüche von Beschäftigten, Lieferanten und Kreditgebern befriedigt, nur wenn am Schluss noch etwas übrig bleibt, bekommen auch die Eigentümer ihren Teil.

Kaufkraft

Jeder Haushalt hat irgendwelche Einkommen: Löhne, Gehälter, Renten, *Zinsen*, Kindergeld oder andere. Aber jeder Haushalt hat auch regelmäßige Zahlungsverpflichtungen: für Miete, Versicherungen, Unterhalt oder andere. Das Geld, das nach Abzug dieser Fixkosten noch übrig bleibt, kann er ausgeben: für das tägliche Brot, das wöchentliche Kino, den Jahresurlaub oder anderes. Und dieses für *Konsum* verfügbare Einkommen nennt man Kaufkraft.

Für Unternehmen, die Konsumgüter herstellen oder Dienstleistungen für Privatpersonen anbieten, ist die Kaufkraft eine äußerst wichtige Größe: Steigt sie, können die Ver-

braucher sich mehr leisten, fällt sie, müssen sie den Gürtel enger schnallen. Deshalb wird sehr viel Forschungsaufwand betrieben, um die absolute Höhe und die Entwicklung der Kaufkraft in Deutschland zu ermitteln. Für jede Stadt mit mehr als 50 000 Einwohnern veröffentlicht die Nürnberger Gesellschaft für Konsumforschung (GfK) Jahr für Jahr eine Statistik, der man die Höhe der Kaufkraft der Einwohner entnehmen kann. Ganz vorne, mehr als 50 Prozent über dem Schnitt, liegen dabei exklusive Wohngemeinden am Rande großer Städte wie Bad Homburg (bei Frankfurt) oder Meerbusch (bei Düsseldorf), ganz hinten, mehr als 20 Prozent niedriger als im Bundesdurchschnitt, liegen ostdeutsche Städte wie Görlitz, Stendal oder Plauen.

Noch einmal eine ganz andere Rolle spielt der Begriff «Kaufkraft», wenn es um internationale Wirtschaftsstatistiken geht. Es kann nämlich einen großen Unterschied machen, ob man Staaten anhand ihres *Bruttoinlandsprodukts*

+++ Das Konsumklima hat sich aufgehellt. In der Vorweihnachtszeit hat besonders die Bereitschaft zu größeren Anschaffungen zugenommen, teilte das Marktforschungsinstitut GfK mit. Auch für das kommende Jahr sind die Forscher optimistisch, dass sich die Binnennachfrage belebt. (Tagesschau-Meldung vom 20. Dezember 2007) +++

(BIP) in Dollar pro Kopf vergleicht oder anhand der Warenmenge, die sich die Bewohner der Länder durchschnittlich leisten können – der Fachbegriff hierfür heißt BIP pro Kopf nach Kaufkraftparitäten. So lag beispielsweise im Jahr 2005 das polnische BIP in Dollar pro Kopf bei einem Viertel des deutschen, nach Kaufkraftparitäten gerechnet war es jedoch «nur» halb so hoch.

Eine einfache Methode, um diese Kaufkraftunterschiede zu berechnen, verwendet die britische Wirtschaftszeitschrift «The Economist»: den «Big Mac Index». Weil der Big Mac von McDonald's fast überall auf der Welt angeboten und vorwiegend aus heimischer Produktion und mit heimischen Arbeitskräften hergestellt wird, eignet er sich hervorragend, um die Differenz zwischen der offiziellen Wirtschaftskraft und der tatsächlichen Kaufkraft zu schätzen. Bei der letzten Untersuchung im Sommer 2007 ergab der Big-Mac-Index, dass die Kaufkraft in Island und Norwegen nur halb so hoch liegt, wie nach dem offiziellen BIP pro Kopf zu erwarten wäre – die von China und Indien hingegen doppelt so hoch.

Kredit

Das Wort «Kredit» kommt direkt aus dem Lateinischen, nämlich vom Verb *credere* («glauben/vertrauen»). *Credo*, das christliche Glaubensbekenntnis, bedeutet wörtlich übersetzt «ich glaube», *credit* «er glaubt» oder «er vertraut»: Wer einen Kredit gewährt, glaubt also daran, dass der Schuldner vertrauenswürdig ist und das geliehene Geld plus *Zinsen* zurückzahlen wird.

Aber mit Glauben allein ist es in den seltensten Fällen getan. Der Kreditgeber verlangt nämlich in der Regel eine Sicherheit, die garantieren soll, dass er sein Geld zurückerhält.

Am liebsten werden als Sicherheit reale Vermögenswerte genommen: Wer ein Haus kauft, verpfändet der Bank als Sicherheit üblicherweise ebendieses Haus, auf dem dann eine sogenannte Hypothek liegt. Kommt der Schuldner seinen Zahlungsverpflichtungen nicht nach, kann die Bank eine Zwangsversteigerung ansetzen. Mit dem Erlös daraus tilgt sie die Hypothek, der Schuldner muss das Haus räumen. Auf Hypotheken entfallen in Deutschland etwa zwei Drittel aller Schulden von Privathaushalten – im Schnitt hat jeder Haushalt etwa 40 000 Euro Schulden, denen mehr als 110 000 Euro Finanzvermögen gegenüberstehen.

+++ Noch nie waren in Deutschland so viele Privatpersonen zahlungsunfähig wie in diesem Jahr. Mehr als 100 000 Verbraucher haben wegen zu hoher Schulden den Gang zum Insolvenzverwalter angetreten. Gründe für die finanzielle Misere sind zumeist Jobverlust, Scheidung und schlechte Haushaltsführung. (Tagesschau-Meldung vom 4. Dezember 2007) +++

Eines der wichtigsten Einsatzgebiete für Kredite sind *Investitionen* von Unternehmen. Eine neue Fabrik oder eine teure Maschine soll mehrere Jahre lang Umsatz und *Gewinn* bringen, muss aber heute schon bezahlt werden. Viele Unternehmen können oder wollen die Investition nicht aus ihren flüssigen Mitteln finanzieren und nehmen deshalb ein Darlehen auf. Dieses Firmenkreditgeschäft ist wiederum das traditionelle Hauptgeschäft der Banken. Insgesamt betrugen die Kredite der deutschen Banken an Unternehmen zuletzt (2007) knapp 800 Milliarden Euro – etwas weniger als die gesamten Hypothekenkredite für private Haushalte: 960 Milliarden Euro.

Renten

Wenn Börsianer von «Renten» reden, meinen sie nicht die Ruhegelder von älteren, nicht mehr berufstätigen Menschen. «Rente» ist nämlich der allgemeine Oberbegriff für Einkommen, für die man nicht arbeiten muss. Und in der Zeit vor der Erfindung unserer heutigen Rentenversicherung war ein Rentner (oder Rentier, ausgesprochen: «Rentjeh») ein

Mensch, der seinen Lebensunterhalt aus den Erträgen seines *Vermögens* bestritt. Auf den Rentenmärkten werden deshalb traditionell diejenigen Wertpapiere gehandelt, die einen festen Ertrag garantieren: die Anleihen. Damit beschafft sich ein Staat oder ein Unternehmen Geld, für das ein fester Zinssatz und die Rückzahlung zu einem festen Zeitpunkt garantiert werden, zum Beispiel 4,5 Prozent pro Jahr bis zum 30. Juni 2015.

Für den, der das Geld bekommt, ist die Angelegenheit damit erledigt – bis auf die Kleinigkeit, dass er auch pünktlich Zinsen zahlen und zum vereinbarten Termin die Anleihe tilgen, also die Schulden wieder zurückzahlen muss. Für den Rentenhändler aber fängt es jetzt erst an. Denn der ursprüngliche Käufer der Anleihe kann diese jederzeit an der Börse verkaufen. Der Preis, den er dafür bekommt, hängt vor allem vom aktuellen allgemeinen Zinsniveau ab: Sinkt es, wird der ja festgelegte Zins der Anleihe immer attraktiver. Steigt dagegen das allgemeine Zinsniveau, verliert die Anleihe an Wert.

Aber es gibt noch einen zweiten wichtigen Faktor, der den Kurs einer Anleihe beeinflusst: Jedes Unternehmen, theoretisch auch jeder Staat kann zahlungsunfähig werden, und je höher das *Risiko* dafür eingeschätzt wird, desto weniger werden Käufer für die Anleihe zahlen. Als beispielsweise 1998 in Russland eine schwere Finanzkrise ausbrach, verloren russische Staatsanleihen fast die Hälfte ihres Wertes. Doch wer damals darauf setzte, dass Russland seine Schulden begleichen würde, und diese Anleihen kaufte, konnte seinen Einsatz verdoppeln: Vor allem durch die steigenden Preise für Öl und Gas besserten sich die Staatsfinanzen gewaltig – alle damals so gebeutelten Anleihen wurden voll und pünktlich getilgt.

Sparquote

Es gibt Menschen, die geben immer alles Geld aus, das sie haben, manche auch gern mehr. Aber die meisten sparen: für das nächste Auto, für das eigene Haus, für die Ausbildung der Kinder, fürs Alter oder einfach für das gute Gefühl, ein Plus auf dem Konto zu haben.

Wenn man das verfügbare Jahreseinkommen aller Haushalte eines Landes zusammenzählt und davon all das abzieht, was sie in diesem Jahr ausgegeben haben, bleibt deshalb in der Regel etwas übrig. Dieses Etwas nennen die Statistiker die «Ersparnis» der privaten Haushalte. Wenn man sie durch das gesamte verfügbare Einkommen teilt, ergibt sich die Sparquote.

+++ Die Deutschen legen so viel Geld zurück wie lange nicht mehr. Im ersten Halbjahr sparten sie durchschnittlich 170 Euro pro Monat. Nach Angaben des Statistischen Bundesamtes hat die Sparquote wieder das Niveau der neunziger Jahre erreicht. 1991 lag weiter sie bei 12,9 Prozent des verfügbaren Einkommens, ging dann aber zur Jahrtausendwende zurück auf 9,2 Prozent. In den vergangenen Jahren kletterte die Quote auf jetzt 10,9 Prozent. (Tagesschau-Meldung vom 29. Oktober 2007) +++

Für Deutschland sahen diese Zahlen 2006 so aus: 1516 Milliarden Euro verfügbares Einkommen, davon wurden 158,4 Milliarden Euro angespart, als Sparquote ergab sich also 10,5 Prozent, und im ersten Halbjahr 2007 stieg sie auf 10,9 Prozent. Damit belegt Deutschland auf der Rangliste der Sparquoten innerhalb der Europäischen Union einen mittleren Platz. In Frankreich und Italien wird etwas mehr gespart (dort beträgt die Quote 11 bis 12 Prozent), in Spanien etwas weniger (7 Prozent).

Vergleicht man diese Zahlen mit denen in Ländern außerhalb Europas, werden die Unterschiede wesentlich größer. In Südostasien wird traditionell besonders viel gespart – in Thailand oder Indonesien liegt die Quote bei etwa 30 Prozent – und in den USA besonders wenig. Hier lag die Sparquote zuletzt sogar im negativen Bereich. Das heißt, die privaten Haushalte in den USA haben mehr Geld ausgegeben, als sie verdient haben – eine der Ursachen für die Immobilien- und Kreditkrise, die im Jahr 2007 die USA traf: Statt zu sparen, war es dort üblich, bei steigenden Immobilienpreisen einfach eine höhere Hypothek auf das eigene Haus aufzunehmen und die ausgezahlte Kreditsumme für den Konsum auszugeben. Solange der Wert der Immobilien steigt, geht das gut. Wenn er jedoch fällt wie seit Mitte 2007, bleibt ein Schuldenberg zurück, der höher ist als der Wert des Hauses.

Spekulation

Das wohl hässlichste Bild, das im gesamten Wirtschaftsleben gemalt wird, ist das des Spekulanten. Ein Mensch, dem es nur um seinen Gewinn geht und dem es völlig egal ist, ob er in Solar-Aktien, in mongolische Staatsanleihen, Zinsswapderivate oder Weizenterminkontrakte investiert. Wenn er seinen Gewinn gemacht hat, steigt er wieder aus, und es ist ihm wiederum völlig egal, ob er ein blühendes Unternehmen oder ein ruiniertes Land hinterlässt – irgendwo da draußen wartet schon das nächste lukrative Investment.

Dieses Bild ist allerdings verzerrt. Denn Börsenspekulanten erfüllen gleich mehrere ökonomisch nützliche Funktionen. Die wichtigste: Sie nehmen anderen Akteuren deren *Risiko* ab. Ein Unternehmen, das sich beispielsweise gegen einen steigenden Ölpreis absichern will, kann das mit den dazu passenden *Derivaten* tun. Gekauft werden sie von Investoren, die gerade dieses Risiko suchen, weil sie nämlich auf einen fallenden Ölpreis wetten wollen. Die zweitwichtigste Funktion: Spekulanten machen Finanzmärkte liquide. Wenn nur langfristig orientierte Investoren *Aktien* oder Anleihen kaufen würden, wäre der Handel in diesen Wertpapieren drastisch reduziert – die Investoren hätten Schwierigkeiten, aus ihrem Investment wieder auszusteigen.

Dennoch ist die Kritik an Spekulanten durchaus berechtigt. Ihr Tun kann nämlich Märkte komplett aus dem Gleichgewicht bringen, wenn es zu Spekulationsblasen führt. Dem Spekulanten ist es schließlich gleichgültig, ob er einen völlig überhöhten Preis etwa für eine Aktie oder eine Immobilie zahlt, solange er davon ausgeht, dass er sie jemandem mit Gewinn verkaufen kann. Das geht eine Zeit lang gut, die Kurse steigen höher und höher, scheinbar werden alle Beteiligten reich; aber das nur so lange, bis sich niemand mehr findet, der bereit ist, einen noch höheren Preis zu zahlen. Dann entweicht die Luft aus der Blase, die Kurse sacken ab, die Spekulanten erleiden einen gewaltigen Verlust und können ganze Märkte mit in den Abgrund reißen. Wer gerade eben noch als Held der *Börse* gefeiert wurde, weil sich alles, was er anfasste, in Gold zu verwandeln schien, verschwindet nun wieder in der Versenkung – und hofft auf seine Chance bei der nächsten Spekulationsblase.

Vermögen

Alle Jahre wieder veröffentlicht die US-Wirtschaftszeitschrift «Forbes» die Liste der reichsten Menschen der Welt. Und von 1998 bis 2007 stand immer derselbe auf Platz eins: Bill Gates, Gründer und Großaktionär des Softwarekonzerns Microsoft. Mal errechneten ihm die «Forbes»-Redakteure, wie 1999, ein Vermögen von 90 Milliarden Dollar, mal, wie 2004, eines von 50 Milliarden. Was aber nicht bedeutet, dass er in der Zwischenzeit 40 Milliarden Dollar ausgegeben hätte – das ist für eine Einzelperson schier unmöglich. Der Unterschied ergab sich vor allem durch den veränderten *Aktien*kurs von Microsoft: Da der größte Teil des Vermögens von Bill Gates nicht aus Bargeld oder Sparbüchern besteht, sondern aus Microsoft-Aktien, kann allein schon durch die ganz normale Schwankung des Aktienkurses an einem ganz normalen

+++ Der US-Geschäftsmann Warren Buffett ist nach einer Erhebung des ‹Forbes›-Magazins der reichste Mann der Welt. Mit einem Vermögen von 62 Milliarden Euro verdrängte Buffett nach Jahren den Microsoft-Gründer Gates auf Platz drei der jährlichen Liste der Superreichen. Den zweiten Platz belegt der Mexikaner Slim. (Tagesschau-Meldung vom 6. März 2008) +++

Börsentag der Wert des Vermögens des Microsoft-Gründers um eine Milliarde Dollar steigen oder fallen. Hätte er jemals versucht, seinen gesamten Aktienbestand auf einmal an der *Börse* zu verkaufen, wäre vermutlich von seinem großen Reichtum nur ein Bruchteil übrig geblieben, da der Kurs rasant abgestürzt wäre – wer kauft schon Microsoft-Aktien, wenn Bill Gates gerade alles verkauft?

Für die Berechnung der Vermögenswerte der Deutschen ist nicht «Forbes» zuständig, sondern das Bundessozialministerium. Es veröffentlicht alle vier Jahre einen «Armuts- und Reichtumsbericht». Der bislang letzte erschien 2005 und enthält die Zahlen des Jahres 2003. Ihm zufolge lag das durchschnittliche Nettovermögen eines deutschen Privathaushalts bei 133 400 Euro. Zum Vermögen gezählt wurden Bargeld, Finanzanlagen und der Verkehrswert des Immobilienbesitzes, abgezogen wurden Konsum- und Hauskredite.

Der Unterschied zwischen Ost und West ist dabei eklatant: Westdeutsche Haushalte verfügten 2003 im Schnitt über ein Nettovermögen von 148 800 Euro, ostdeutsche im Schnitt nur über 59 600 Euro, das sind 40 Prozent des Westwertes, da sich in der DDR kein Vermögen über längere Zeit bilden konnte. Zehn Jahre zuvor, bei der ersten Messung des Reichtumsberichts, lagen die neuen Bundesländer allerdings noch weiter zurück, nämlich bei nur 29 Prozent des durchschnittlichen Vermögens der Westhaushalte.

+++ Die Schere zwischen Arm und Reich in Deutschland ist in den vergangenen Jahren weiter auseinandergegangen. Das stellt die Bundesregierung in ihrem heute veröffentlichten ‹Armuts- und Reichtumsbericht› fest. Danach gibt es immer mehr Menschen, die mit ihrem Einkommen unter der von der EU festgelegten Armutsgrenze liegen. Als Grund gilt vor allem die hohe Arbeitslosigkeit. (Tagesschau-Meldung vom 2. März 2005) +++

Aber nicht nur zwischen Ost und West sind Vermögenswerte ungleich verteilt. Die ärmsten 50 Prozent der deutschen Haushalte verfügen insgesamt über nicht einmal vier Prozent des gesamten Nettovermögens, den reichsten 20 Prozent hingegen gehören mehr als zwei Drittel des Nettovermögens aller Haushalte. Die soziale Gruppe mit dem geringsten durchschnittlichen Vermögen sind, wenig überraschend, die Arbeitslosen (im Schnitt 48 200 Euro), die reichsten sind die Selbständigen (im Schnitt 296 900 Euro).

Währungen

Sprichworte und Redensarten zeigen uns, wie vielfältig unsere Währungsvergangenheit gewesen ist. Rechnungen werden auf Heller und Pfennig gezahlt, wer diesen nicht ehrt, ist des Talers nicht wert, und wenn man etwas verstanden hat, dann fällt der Groschen. Außer Heller, Taler, Groschen und Pfennig galten in dem Gebiet, das heute Deutschland heißt, unter anderem Sesterze, Denare, Gulden, Kreuzer, Reichs- und Rentenmark als offizielle Zahlungsmittel. Nicht alle gleichzeitig: Meistens gibt es für einen Staat nur eine Währung mit zwei Namen, einem für die kleinen Beträge (heute: Cent) und einem für die größeren (heute: Euro). Beim vorletzten Währungstausch in Deutschland, der deutsch-deutschen Währungsunion, wurde die DDR-Mark am 1. Juli 1990 um null Uhr als offizielles Zahlungsmittel durch die D-Mark abgelöst, wobei man mit den Münzen aus der DDR-Zeit ein Jahr lang weiter bezahlen konnte.

Die ehemals in einem Land geltenden Währungen sind dementsprechend allenfalls für eine Übergangszeit noch gültig. Wer bei sich zu Hause noch D-Mark-Scheine oder -Münzen findet, kann sie jetzt noch bei den Filialen der Landeszentralbanken zum festen Kurs von 1,95583:1 in Euro umtauschen. Für den roten Heller, den Reichstaler oder die lübische Mark von 1622 geht das nicht mehr. Da muss man schon zu einem auf alte Münzen spezialisierten Händler gehen (oder sie bei eBay anbieten), um aus der alten Währung heute gültiges Geld zu machen.

+++ Der Flugzeugbauer Airbus zeigt sich durch den Höhenflug des Euro alarmiert. Vor Betriebsräten aus ganz Deutschland kündigte Konzernchef Enders an, das Sparprogramm zu verschärfen. Der Wechselkurs, so Enders nach Angaben eines Sprechers, habe die Schmerzgrenze überschritten. (Tagesschau-Meldung vom 22. November 2007) +++

Die aktuellen Währungen, vom japanischen Yen über den venezolanischen Bolivar bis zum südafrikanischen Rand, sind jedoch (fast) alle über Wechselkurse miteinander verbunden. Manchmal sind es feste Wechselkurse (der Wert eines panamesischen Balboa entspricht genau einem US-Dollar), manchmal legt eine Zentralbank sie täglich neu fest (wie die chinesische den Wechselkurs zum US-Dollar), oder die Währungen werden an speziellen Devisenbörsen gehandelt, und der Markt entscheidet über den jeweiligen Wechselkurs (zum Beispiel zwischen Euro und US-Dollar).

Mit welchem dieser Systeme die Wechselkurse zwischen den Währungen realistischer festgelegt werden, lässt sich lange diskutieren, aber das Marktsystem ist auf jeden Fall das flexibelste: Wenn sich zwei Staaten ökonomisch unterschiedlich entwickeln, können feste Wechselkurse zwischen ihnen zu massiven wirtschaftlichen Ungleichgewichten führen, bei denen am Ende doch die feste Bindung der Währungen aneinander wieder aufgehoben werden muss.

Zinsen

Sosehr sich die drei großen monotheistischen Religionen – Judentum, Christentum und Islam – auch unterscheiden mögen, in einem sind sich ihre heiligen Schriften einig: Zinsen sind verboten! Zumindest für Geschäfte unter Anhängern desselben Glaubens. In den fünf Büchern Mose, sowohl für Juden als auch für Christen heilig, heißt es gleich an mehreren Stellen: «Du sollst deinem Bruder keinen Zins auferlegen.»

Anders als heute wurde das Zinsverbot im mittelalterlichen Europa so ernst genommen, dass mehrere Jahrhunderte lang nur Juden als Geldverleiher zugelassen waren. Die durften zwar ebenfalls keine Zinsen verlangen, aber dieses Verbot galt nur für Glaubensbrüder; solange sie an Christen verliehen, war es ihnen erlaubt.

Christliche Geldgeber gab es trotzdem, etwa im 16. Jahrhundert das Augsburger Handelshaus der Fugger, die 1521 sogar dem Habsburger Karl V. das Bestechungsgeld vorstreckten, das er für die Wahl zum deutschen Kaiser brauchte. Doch sie behalfen sich mit einem Trick: Sie nahmen statt Zinsen Naturalien – Schürfrechte für Silberbergwerke beispielsweise oder Lizenzen für den Handel mit religiösen

Ablassbriefen. Islamische Banken gehen heute noch so ähnlich vor: Anstelle von Zinsen kassieren sie für ausgeliehenes Geld Unternehmensbeteiligungen oder die Erträge daraus. Manchmal läuft das Geschäft auch über vom Koran nicht verbotene Bearbeitungsgebühren für die Geldverleihung.

+++ Mit den historisch niedrigen Zinsen ist es vorbei: Zum zweiten Mal in drei Monaten hat die Europäische Zentralbank den wichtigsten Leitzins erhöht – von 2,25 auf 2,5 Prozent. Damit soll der Preisanstieg gebremst werden. Denn die Zentralbank fürchtet, dass teures Öl und Steuererhöhungen die Inflation anheizen. (Tagesschau-Meldung vom 2. März 2006) +++

Dass es in Japan seit nunmehr zwei Jahrzehnten so gut wie keine Zinsen mehr gibt, hat nichts mit der Religion zu tun, sondern mit dem Zustand der japanischen Volkswirtschaft. Nach einem schwindelerregenden Anstieg von Aktienkursen und Immobilienpreisen in den achtziger Jahren begannen die Preise 1990 zu sinken. Es handelte sich also um das Gegenteil einer *Inflation*, eine sogenannte Deflation. Wer eine Inflation bekämpfen will, muss die Zinsen erhöhen, wer eine Deflation bekämpfen will, der muss sie senken. Das hat die japanische Zentralbank so gründlich getan, dass sie seit vielen Jahren einen Leitzins von 0,0 oder allenfalls 0,5 Prozent festgelegt hat. Deflation gab es trotzdem – aber mit höheren Zinsen wäre sie noch stärker gewesen.

Je niedriger die Zinsen, desto weniger attraktiv ist es, Geld zu sparen, und desto höher ist der Anreiz, es auszugeben. Wenn die Zinsen unter die Inflationsrate sinken, ist es sogar attraktiv, sich zu verschulden und Häuser, Autos, Champagner zu kaufen. Wenn das Zinsniveau wieder steigt und für die einst so günstigen Kredite nach Ablauf der Zinsbindungsfrist die neuen, höheren Sätze gelten, kann es allerdings ein böses Erwachen geben. Viele Hausbesitzer, Unternehmer und Investoren haben das Anfang der neunziger Jahre zu spüren bekommen, als die Zinsen weltweit (außer in Japan) steil nach oben gingen, weil in den ehemals kommunistischen Ländern Osteuropas plötzlich sehr viel *Kapital* für *Investitionen* gebraucht wurde. Die Krise, die Anfang der neunziger Jahre beispielsweise die Immobilienmärkte von

Spanien und Großbritannien erlitten, ist also zu nicht zuletzt durch den Fall der Berliner Mauer verursacht worden.

3. Unternehmen · Einleitung

+++ DaimlerChrysler hat die Transaktion zur Abgabe der Mehrheit an der US-Sparte Chrysler an den Finanzinvestor Cerberus abgeschlossen. Mit der Transaktion endet das Abenteuer von Daimler, der durch die Fusion mit Chrysler einen «Weltkonzern» schaffen wollte – am Ende aber die beiden Unternehmen nicht gewinnbringend zusammenbringen konnte. Die Verluste für Daimler gehen dabei in die Milliarden. (Tagesschau-Meldung vom 3. August 2007) +++

Angefangen hatte die gemeinsame Geschichte von Daimler und Chrysler 1998 als eine «Hochzeit im Himmel». So nannte der damalige Daimler-Chef Jürgen Schrempp die *Fusion* der beiden Großkonzerne. Nachdem sich DaimlerChrysler im Jahr 2000 auch noch maßgeblich am japanischen Mitsubishi-Konzern beteiligt hatte, war ein Automobilbauer entstanden, in dessen Reich die Sonne niemals unterging. Asien, Amerika, Europa – in den wichtigsten Märkten der Welt war ein und dasselbe Unternehmen zu Hause. Von Stuttgart aus wurde es verwaltet. 360 000 Mitarbeiter, 4,7 Millionen verkaufte Fahrzeuge und ein dadurch erwirtschafteter Umsatz von 152 Milliarden Euro, beispielsweise im Jahr 2006. DaimlerChrysler, das war Größe, das war Macht, das war gigantisch.

Und das ging nicht gut. Die Teile passten nicht richtig zusammen – Mitsubishi und Chrysler waren eher Massenanbieter, Daimler dagegen spielte in der Luxusklasse. Auch die unterschiedlichen Kulturen und Umgangsformen prallten immer wieder aufeinander: Auf die Japaner wirkten die deutschen Manager zu direkt und großspurig, auf die Amerikaner hingegen zu bedächtig und zu bürokratisch. An irgendeiner Stelle der Welt AG gab es deshalb ständig massive Probleme, und anstatt sich gegenseitig zu befruchten, bremsten die unterschiedlichen Teile des Großkonzerns einander aus. Die Zusammenarbeit mit Mitsubishi wurde im Jahr 2004 beendet und Chrysler im Sommer 2007 an das *Private-Equity*-Unternehmen Cerberus verkauft. Weg mit Schaden – den trugen vor allem die Daimler-Aktionäre: Innerhalb von fünf Jahren nach der Bekanntgabe der «Hochzeit im Himmel» hatten ihre *Aktien* zwei Drittel des ursprünglichen Werts verloren.

Steiler Aufstieg und tiefer Fall: So ähnlich erging es früher auch schon anderen Imperien. Dem Weltreich des Habsburger Kaisers Karl V. beispielsweise, der im 16. Jahrhundert als erster Regent überhaupt von sich behaupten konnte, dass in seinem Reich die Sonne nie unterging. Spanien, die Niederlande, Österreich, Deutschland und große Teile Lateinamerikas standen unter seiner Kontrolle – oder eben auch nicht. Die Niederlande sagten sich von Spanien los, englische Piraten machten den Habsburgern die amerikanische Beute streitig, und das Habsburger Kernland in Mitteleuropa passte nicht zu der ganz anderen Mentalität und Tradition der Spanier. Schon Karls Nachfolger Philipp II. musste im Jahr 1565 den Staatsbankrott erklären. Die eben noch stolze Weltmacht Spanien spielte bald darauf nur noch die zweite Geige im Konzert der Weltpolitik.

Früher waren es nur Staaten, Könige und Feldherren, die sich an Aufbau und Zerstörung großer Reiche versuchten. Heute sind es *Konzerne*, *Unternehmer* und *Manager*. Zwar hat es Unternehmen zu allen Zeiten der Weltgeschichte gegeben, aber erst gegen Ende des 20. Jahrhunderts wuchsen sie zu einer Größe heran, die sie zu einem globalen Machtfaktor werden ließ: Die Jahresumsätze der größten Konzerne liegen höher als das Sozialprodukt mittlerer Staaten. Siemens etwa brachte es im Jahr 2006 auf einen weltweiten Umsatz von 87 Milliarden Euro, das entspricht ziemlich genau dem *Bruttoinlandsprodukt* von Ungarn. Weltweit 480 000 Siemens-Mitarbeiter erwirtschafteten diesen Umsatz; das sind fast doppelt so viel Beschäftigte, wie die Bundeswehr Soldaten hat.

+++ Siemens plant im Zuge des Konzern-Umbaus offenbar, Stellen in Deutschland zu streichen. Bis zu dreitausend Arbeitsplätze in der Telefonanlagen-Sparte SEN seien betroffen, hieß es in Medienberichten und aus Unternehmenskreisen. Damit stünde fast jeder zweite der derzeit 6200 Jobs in diesem Bereich in Frage. Siemens will die Sparte seit langem verkaufen. (Tagesschau-Meldung vom 23. Februar 2008) +++

Wer nicht nur auf dem Papier, in der Statistik, sehen will, wie groß so ein Konzern wirklich ist, braucht lediglich eine Konzernzentrale zu besuchen. Zum Beispiel in Leverkusen. Schier endlos zieht sich dort das Fabrikgelände der Bayer AG am Rhein entlang. An der Straße, die zum Haupteingang führt, reiht sich ein architektonisches Meisterwerk an das nächste: eine ganze Galerie von Hauptverwaltungen, alle von den jeweils besten Architekten ihrer Zeit gebaut – und eine nach der anderen zu klein geworden für das immer weiter wachsende Chemie-Imperium. Ach ja: Sogar die Stadt ist nach einem Chemie-Unternehmer benannt. Denn 1891 kaufte die Bayer AG die im damaligen Ort Wiesdorf gelegene Farbenfabrik von Carl Leverkus und verlagerte ihre Produktion Stück für Stück vom Stammsitz in Elberfeld in die neue Stadt Leverkusen. Hier am Rhein gab es mehr Platz für die Fabriken als im engen Tal der Wupper, hier wohnten mehr Arbeitskräfte in der Umgebung, hier gab es einen großen Fluss, auf dem die *Rohstoffe* an- und die Endprodukte abtransportiert werden konnten. Und die Abwässer dazu.

Was haben weltumspannende Unternehmensgiganten wie Bayer und Daimler überhaupt noch gemeinsam mit dem Kleinunternehmer um die Ecke, mit Metzger Müller und Friseur Maier? Eine ganz einfache Grundregel: Jedes Unternehmen muss versuchen, mehr einzunehmen, als es ausgibt, also Profit zu machen. Da kann zwar zwischendurch einmal eine Durststrecke kommen, bei der es Verluste macht, oder genau im Gegenteil eine Phase rasanten Wachstums, in der auf *Kredit* investiert werden muss, um die künftigen Gewinne zu steigern. Aber das ändert nichts an der Grundregel: Nur wer auf lange Sicht gesehen mehr einnimmt, als er ausgibt, kann sich auf den Märkten behaupten. Ein Friseur muss seinen Laden schließen, wenn er nicht mehr genug Kunden hat – ein Automobilkonzern auch. Borgward und NSU, Rover und Simca sind nur einige Beispiele dafür.

So kämpfen die großen wie die kleinen Unternehmen ums Überleben und um ihren *Gewinn*; und sind damit die wohl größte Triebkraft für den Fortschritt, die die Menschheit jemals erlebt hat. Denn wer verkauft am meisten? Der, der etwas Schöneres, Neueres, Besseres oder Billigeres als die Konkurrenz zu bieten hat, am besten gleich alles auf einmal. Kann die Konkurrenz nicht mithalten, macht sie Verlust. Und wenn sie nicht in *Konkurs* gehen will, muss sie alles dafür tun, selbst wieder die schöneren, neueren, besseren oder billigeren Produkte anzubieten. Also kann sich kein Unternehmen allzu lange auf den Lorbeeren des Erfolges von heute ausruhen. Nur wer dauerhaft auf Fortschritt, auf *Innovation* setzt, hat eine Chance, zu überleben.

+++ Der Streit um das Nachfolge-Format der DVD ist entschieden: Der japanische Elektronikkonzern Toshiba gibt die Produktion von HD-DVD-Geräten auf. Damit werden Videos in hoher Auflösung künftig vor allem im Konkurrenz-Format Blu-ray von Sony erhältlich sein. Ausschlaggebend war die Entscheidung des Hollywood-Studios Warner-Brothers zugunsten von Blu-ray. (Tagesschau-Meldung vom 19. Februar 2008) +++

Natürlich bringt nicht jede Innovation den erwünschten Erfolg. Der Bildplattenspieler beispielsweise, den AEG-Telefunken 1973 erstmals präsentierte, zog gegen den Videorekorder den Kürzeren, unter anderem, weil auf eine Bildplatte kein kompletter Spielfilm passte. Bei den Video-Systemen unterlag in den achtziger Jahren das deutsche «Video 2000» dem japanischen VHS-System, und bei der neuesten DVD-Generation setzte sich Sonys Blu-ray gegen Toshibas HD-DVD-System durch. Für Audi wurde die Entwicklung des Hybrid-Antriebs mit Benzin- und Elektromotor zum Fiasko:

Der 1994 eingeführte Hybrid-Audi war den Kunden zu teuer und verkaufte sich nicht. 1997 wurde das Modell wieder vom Markt genommen. Im selben Jahr startete Toyota mit seinem Hybrid-Auto Prius, das heute als Pionier und Marktführer gilt und sich blendend verkauft. Es kommt also nicht nur darauf an, die richtige Idee zu haben, man muss sie außerdem zur richtigen Zeit am richtigen Ort richtig verkaufen.

Der Erste, der die entscheidende Rolle der Innovationen für die Dynamik der Wirtschaft erkannte, war 1911 der österreichische Ökonom Joseph Schumpeter. Er erkannte auch, dass es jemanden geben muss, der sie durchsetzt: den *Unternehmer*. Er muss nicht selbst Erfinder sein – aber er muss Erfindungen in Profit verwandeln können. Indem er aus einem *Patent* ein serienreifes Produkt macht oder auch nur bereits Vorhandenes neu kombiniert, bringt er den Fortschritt in die Welt und den Gewinn auf sein Konto.

An der Wiege der meisten heutigen Großkonzerne stand denn auch eine solche Innovation. Der Oetker-Lebensmittelkonzern etwa geht zurück auf das Jahr 1891, als Dr. August Oetker die Aschoffsche Apotheke in der Niedernstraße in Bielefeld kaufte und dort selbst entwickelte Produkte von Warzentinktur bis Backpulver anbot – das Backpulver wurde Oetkers Knüller. Und die schlichten Werkstätten, die die beiden Pioniere des Automobilbaus Gottlieb Daimler und Carl Benz Ende des 19. Jahrhunderts gegründet hatten – die Daimler-Motoren-Gesellschaft und die Benz & Cie. –, entwickelten sich um die Jahrhundertwende zu rasch expandierenden Unternehmen mit Tausenden Beschäftigten. 1929 wurden sie zur Daimler-Benz AG vereinigt. Nach dem Krieg kamen weitere Firmen hinzu, und die heutige Daimler AG wurde zum größten deutschen Industriekonzern.

+++ Einer der größten deutschen Familienunternehmer ist tot: Rudolf August Oetker starb heute im Alter von neunzig Jahren in einer Hamburger Klinik. Er führte den Bielefelder Konzern mehr als drei Jahrzehnte. Nach dem Zweiten Weltkrieg legte Oetker den Grundstein, um aus der Backpulverfabrik seines Großvaters eine Unternehmensgruppe mit Milliardenumsätzen zu machen. (Tagesschau-Meldung vom 16. Januar 2007) +++

Doch seit es große Unternehmen gibt, werden sie mit herben Vorwürfen konfrontiert. Das ging schon dem Erfinder des modernen Konzerns so, dem US-Amerikaner John Davison Rockefeller. Seine Standard Oil war vor hundert Jahren nicht nur das größte, sondern auch das meistgehasste Unternehmen der Welt; sowohl die Gegner als auch die eigenen Beschäftigten nannten es «den Kraken». Rockefeller hatte um 1870 als Erster erkannt, dass es in der damals stark wachsenden Erdölbranche schlicht am effizientesten war, wenn alle Produktionsschritte von der Ölförderung über die Pipeline und die Raffinerie bis hin zum Verkauf in einer Hand konzentriert waren – in seiner Hand, versteht sich.

Nicht ein Produkt, sondern eine ganze Branche; nicht ein Land, sondern die ganze Welt: Das machen Konzerne auch heute noch so. Rockefellers Strategie, alle Konkurrenten entweder zu zerstören oder sich einzuverleiben, wird heute allerdings von Kartell- und Wettbewerbsbehörden bekämpft – mit Methoden, die in einer 25 Jahre währenden Auseinandersetzung mit Standard Oil entwickelt wurden. 1911 wurde der Konzern zerschlagen, und obwohl der größte der Ableger, Exxon Mobil, heute um ein Vielfaches größer ist, als es die Mutterfirma jemals war, beherrscht er nicht mehr den Ölmarkt.

Der Krakenvorwurf wird auch gegen heutige Großkonzerne immer wieder erhoben. Sie würden ihre Macht ausspielen, um die Konkurrenten zu vernichten, Tausende von Beschäftigten auf die Straße setzen, um ihre Gewinne und den *Shareholder-Value* zu steigern, und scherten sich weder um die Umwelt noch um soziale Gerechtigkeit. Sogar von Unternehmern selbst kommt solche Kritik. Beispielsweise von Peter Kowalsky, der treibenden Kraft hinter dem Kult-Getränk Bionade. «Konzerne», so Kowalsky, «gehen zu 99 Prozent rücksichtslos vor, weil so etwas wie eine Seele oder ein Gewissen bei ihnen gar nicht mehr existiert. Der einzige

Selbstzweck eines Konzerns ist es, Geld zu generieren. Nur Mittelständler können heute noch Weltverbesserer sein. Und sie sind es auch.»

Man kann darüber streiten, ob es der einzige Zweck eines Unternehmens sein sollte, Geld zu verdienen; unbestreitbar ist jedoch, dass ein Unternehmen Geld verdienen muss, wenn es überleben soll. Auch die Bionade-Macher wollen mit dem Verkauf ihres Getränks schließlich Profit machen – nur eben anders als Coca-Cola. Aber es sind nun einmal zwei völlig unterschiedliche Welten, in denen sich ein Mittelständler wie Kowalsky und ein Großkonzern wie Coca-Cola bewegen, obwohl ihre Produkte im Supermarktregal scheinbar friedlich nebeneinander stehen: Der *Mittelstands*betrieb wird oft seit mehreren Generationen von einer Familie geführt, der Inhaber kennt noch jeden Mitarbeiter persönlich und ist sich seiner Verantwortung für das Wohlergehen seines Heimatortes bewusst. Er hat meistens nur ein Erfolgsprodukt im Angebot, von dessen Position im Weltmarkt die Existenz des Unternehmens abhängt. Der Großkonzern hingegen redet nicht von einzelnen Produkten oder *Marken*, sondern von Portfolios, zu denen Tausende von Produkten, Hunderte von Marken gehören und die er je nach gerade aktueller Strategie mal vergrößert, mal verkleinert, mal umstrukturiert. Er ist überall und nirgends zu Hause, und hochkomplexe Hierarchie- und Organisationsstrukturen können dazu führen, dass die Mitarbeiter mehr an die persönliche Karriere denken als an das Wohl des Unternehmens oder gar der Umwelt.

Doch noch der schwerfälligste Großkonzern ist darauf angewiesen, nach außen als dynamischer Weltverbesserer zu erscheinen. Und wenn er so erscheinen will, muss er es zumindest ein bisschen sein – und vor allem negative Schlagzeilen vermeiden. McDonald's darf keine Hamburger aus Rindfleisch anbieten, für dessen Produktion tropischer

+++ Der US-Konzern Coca-Cola will seine Stellung auf dem deutschen Getränkemarkt ausbauen. Die weltweite Nummer eins bei Softdrinks übernimmt Apollinaris, das Mineralwasser aus der traditionsreichen Quelle in Rheinland-Pfalz. Über den Kaufpreis wurde offiziell nichts bekannt, in Branchenkreisen ist von etwa 300 Millionen Euro die Rede. Eine Genehmigung des Bundeskartellamtes steht noch aus. (Tagesschau-Meldung vom 12. Mai 2006) +++

Regenwald abgeholzt wurde; Nike darf keine Turnschuhe verkaufen, die von Kindern zusammengenäht wurden; Ikea muss Regale mit formaldehydhaltigen Spanplatten aus dem Sortiment nehmen, Mattel Spielzeug mit bleihaltiger Lackierung zurückrufen.

Die wirklich skrupellosen Unternehmen, die Menschenhändler, Geldwäscher, Betrüger und Umweltvergifter, sind praktisch durchgängig klein, allenfalls mittelgroß. Sie haben weniger zu verlieren, wenn sie erwischt werden. Und es gibt so viele kleine und mittlere Unternehmen, dass ein paar schwarze Schafe dazwischen gar nicht zu verhindern sind. Wer dagegen immer wieder an Millionen von Menschen in aller Welt seine Produkte verkaufen will, muss nachweisen können, dass er sich an die Spielregeln hält, erträgliche Arbeitsbedingungen schafft und mit der Umwelt pfleglich umgeht.

Natürlich wird auch unter den ganz großen Konzernen hin und wieder ein durch und durch schwarzes Schaf entdeckt. So wie Ende 2001, als der eben noch mächtige US-Energiekonzern Enron wie ein Kartenhaus in sich zusammenfiel. Die *Bilanzen* waren gefälscht, die gemeldeten Gewinne existierten bloß auf dem Papier, nur ein paar Eingeweihte hatten sich bereichert, und der renommierte Wirtschaftsprüferkonzern Arthur Andersen, der die Zahlen von Enron hätte kontrollieren sollen, steckte mit den Betrügern unter einer Decke.

Nach wenigen Monaten waren sowohl Enron als auch Arthur Andersen für immer vom Markt verschwunden. Aber der Schock, den sie der Geschäftswelt versetzten, wirkte nach. Die Bilanzierungs- und Kontrollvorschriften in den USA wurden massiv verschärft, und das hat sogar Konsequenzen für Unternehmen in Europa: Wer mit oder in den USA Geschäfte machen will (und wer will das nicht?), muss sich ebenfalls an die verschärften Regeln halten.

+++ In einem der spektakulärsten Wirtschaftsprozesse der USA ist jetzt das Strafmaß verkündet worden. Der ehemalige Chef des Energieunternehmens Enron, Skilling, wurde zu 24 Jahren und vier Monaten Haft verurteilt. Enron ging 2001 pleite. Schulden in Höhe von rund 40 Milliarden US-Dollar waren in den Bilanzen verschleiert worden. (Tagesschau-Meldung vom 24. Oktober 2006) +++

Eine Garantie dafür, dass Unternehmen immer sauber agieren, kann aber auch die schärfste Vorschrift und der detaillierteste *Corporate-Governance*-Kodex nicht geben. Der Kampf von Regierungen, Aufsichtsbehörden und Staatsanwälten gegen regelwidrige Geschäftemacherei und *Korruption* ist fast vergleichbar mit dem Kampf der Sportverbände gegen Doping. Je schärfer die Regeln und je ausgefeilter die Kontrollen, desto größer die Wahrscheinlichkeit, dass es in einer Sportart sauber zugeht. Dennoch besteht weiterhin die Gefahr, dass ein Sportler, der um jeden Preis an die Spitze kommen möchte, einen besonders raffinierten Weg findet, sich über die Vorschriften hinwegzusetzen.

Aber wenn alles ordentlich und gesetzmäßig abläuft, wenn ein normales Unternehmen mit normalen Produkten auf normalen Märkten Gewinne macht, fängt der Streit erst richtig an. Denn dann geht es darum, was mit diesem Gewinn geschehen soll. Und wie immer, wenn es etwas zu verteilen gibt, wollen alle ein möglichst großes Stück vom Kuchen.

Der Gewinn gehört den *Eigentümern*, sagen die Eigentümer. Sie haben schließlich ihr Geld in das Unternehmen gesteckt, sie sind das *Risiko* eingegangen, alles zu verlieren, wenn das Unternehmen scheitert, und da sei es nur fair, dass sie für dieses Risiko auch kräftig belohnt würden. Also her mit der *Dividende*!

Der Gewinn gehört den Mitarbeitern, sagen die *Gewerkschaften*. Sie haben schließlich ihre Arbeitszeit in das Unternehmen gesteckt, ihre Leistung erst hat es dem Unternehmen ermöglicht, die Produkte herzustellen, mit denen es seinen Gewinn gemacht hat. Und wenn der am Ende des Jahres so hoch ist, könne das ja nur heißen, dass Mitarbeiter zu wenig verdienen. Also her mit der Lohnerhöhung!

Der Gewinn gehört den *Managern*, sagt die Geschäftsführung. Sie haben schließlich dafür gesorgt, dass aus dem *Kapital* der Eigentümer und der Arbeit der Beschäftigten Produkte wurden, die sich gewinnbringend verkaufen lassen. Das Management hat Märkte erobert oder gesichert, Arbeitsplätze geschaffen oder erhalten, und der gestiegene Aktienkurs des Unternehmens sei das sicherste Zeichen dafür, dass es gute Arbeit geleistet habe. (Falls die Aktie gerade nicht gestiegen ist, dann bestimmt die Eigenkapitalrendite oder der Economic Value Added oder die Umsatzrendite oder irgendeine andere der vielen Kennzahlen, von denen Manager so gerne reden.) Also her mit den *Stock-Options*!

Der Gewinn gehört den Kunden, sagen die Firmenkunden des Unternehmens. Denn wenn er so hoch ausgefallen ist, heißt das ja offensichtlich, dass die Produkte zu teuer waren. Also wird bei der nächsten Verhandlungsrunde dem Vertriebsleiter des Unternehmens klargemacht, dass er einen höheren Rabatt zu geben habe.

Der Gewinn gehört den Zulieferern, sagen die Zulieferer. Denn wenn er so hoch ausgefallen ist, heißt das ja offensichtlich, dass die Vorprodukte und Rohstoffe zu billig waren. Also wird bei der nächsten Verhandlungsrunde dem Einkaufsleiter des Unternehmens klargemacht, dass – leider, leider – die Preise der Vorprodukte erhöht werden müssen.

Der Gewinn gehört dem Staat, sagt der Finanzminister. Denn wenn der Staat nicht so viel Geld für Infrastruktur, Bildung, Sicherheit und natürlich auch Kultur ausgeben würde, könnte das Unternehmen längst nicht so erfolgreich sein. Also sei es nur gerecht, dass das Unternehmen, wenn es doch so viel verdient, einen beträchtlichen Teil davon als *Steuern* an den Finanzminister zahlt.

Der Gewinn gehört dem Unternehmen, sagt dessen Finanzvorstand. Denn alle, die jetzt versuchen, das größte Stück vom Kuchen zu ergattern, werden sich ganz leise zurückziehen, wenn das Unternehmen keinen Gewinn, sondern Verlust macht – an dem möchte nämlich niemand beteiligt sein. Also sollte das Unternehmen in guten Jahren Reserven bilden, um für schlechte Zeiten Vorsorge zu treffen. Das geht aber nur, wenn jetzt nicht der gesamte Gewinn an wen auch immer ausgeschüttet wird.

Wie üblich, wenn es zu solchen Verteilungskonflikten kommt, haben alle Seiten recht, aber eben nicht ganz. Und die Ergebnisse dieser Auseinandersetzung können von Jahr zu Jahr und von Unternehmen zu Unternehmen völlig unterschiedlich aussehen. Bei VW beispielsweise war über viele Jahre der Gewinnanteil für die Beschäftigten überdurchschnittlich groß, der für die Aktionäre und die Reserve für schlechtere Zeiten verhältnismäßig klein. Das trug mit dazu bei, dass der Konzern in ernste finanzielle Schwierigkeiten geriet, als 2003/04 der Golf V nicht der erhoffte Verkaufsschlager wurde. Die Deutsche Bank hingegen steigerte unter Josef Ackermann besonders stark den Gewinn für die Aktionäre – und für das eigene Management. Das brachte dem

+++ Die Deutsche Bank hält trotz heftiger Kritik an ihrem Plan fest, mehr als 6000 Stellen zu streichen. Auf der Hauptversammlung des Unternehmens in Frankfurt am Main verteidigte Vorstandschef Ackermann den geplanten Personalabbau als alternativlos. Aktionärsvertreter kritisierten, dass gleichzeitig Entlassungen angekündigt und ein Milliardengewinn für 2004 präsentiert werde. (Tagesschau-Meldung vom 19. Mai 2005) +++

Unternehmen allerdings heftige Kritik aus allen politischen Parteien ein, als Ackermann gleichzeitig einen Rekordgewinn und den Abbau von Tausenden von Arbeitsplätzen verkündete.

In den vergangenen Jahren sah es eine Zeit lang so aus, als würden sich im Verteilungskonflikt die Eigentümer durchsetzen. Insbesondere die starke Zunahme von Firmenkäufen durch Private-Equity-Unternehmen nährte den Verdacht. Diese meist sehr kleinen, aber äußerst finanzstarken Unternehmen traten als eine Art hauptberufliche Eigentümer auf und waren eher wenig an dem interessiert, was ein Unternehmen tatsächlich herstellt, dafür umso mehr daran, eine möglichst hohe Rendite auf das von ihnen eingesetzte Kapital zu erzielen.

Im April 2005 kritisierte Franz Müntefering, der damalige SPD-Vorsitzende, die Private-Equity-Unternehmen in denkbar scharfer Form: «Manche Finanzinvestoren verschwenden keinen Gedanken an die Menschen, deren Arbeitsplätze sie vernichten – sie bleiben anonym, haben kein Gesicht, fallen wie Heuschreckenschwärme über Unternehmen her, grasen sie ab und ziehen weiter.» Dieses Heuschrecken-Bild war so plakativ und einprägsam, dass sogar einige der Private-Equity-Manager sich selbst als «Heuschrecken» bezeichneten. Verschiedene seither durchgeführte Studien haben jedoch Münteferings Vorwurf nicht erhärtet: Von Private-Equity-Investoren übernommene deutsche Unternehmen wuchsen stärker und schafften mehr Arbeitsplätze als der Durchschnitt aller deutschen Unternehmen.

Daimler-Chef Dieter Zetsche war Anfang 2007 sicherlich froh, dass es das Private-Equity-Unternehmen Cerberus gab. Er hätte sonst große Schwierigkeiten gehabt, die ungeliebte Tochtergesellschaft Chrysler wieder loszuwerden. Auch die Bundesregierung selbst verkaufte mehrfach Unternehmen oder Immobilien aus ihrem Besitz an solche Investoren, so den Raststätten-Konzern Tank & Rast oder die Bundesdruckerei. Und hätte nicht die Bundesversicherungsanstalt für Angestellte im Sommer 2004 ihre Wohnungsbaugesellschaft Gagfah für 3,5 Milliarden Euro an eine «Heuschrecke» namens Fortress verkauft, hätte es im Herbst des gleichen Jahres einen ernsten Engpass bei der Auszahlung der Altersrenten gegeben.

Aber im Herbst 2007 wurde der Boom solcher Firmenkäufe gestoppt. Die Kreditkrise, die bei US-Hypotheken begann

+++ Die Krise am US-Hypothekenmarkt schlägt jetzt voll auf die weltweiten Finanzmärkte durch. Die Europäische Zentralbank und andere Zentralbanken pumpten erneut Milliardenbeträge in das Bankensystem und den Geldmarkt, um die Liquidität zu sichern. In den USA waren wegen steigender Zinsen zahlreiche Bankkunden nicht mehr in der Lage, ihre Kredite zurückzuzahlen. (Tagesschau-Meldung vom 10. August 2007) +++

und schnell die gesamte Finanzwelt erfasste, verschlechterte die *Investitions*bedingungen für Private-Equity-Gesellschaften drastisch: Hatten sie bis dahin ihre Übernahmen fast vollständig mit Krediten finanziert, so verlangten nun die Banken einen wesentlich höheren Kapitaleinsatz der Käufer. Die müssen deshalb jetzt kleinere Brötchen backen und auf besonders spektakuläre Übernahmen verzichten. Einige der riskantesten «Deals» der Boom-Zeit werden wohl in Firmenpleiten enden. Vielleicht schneiden dann ja in den kommenden Jahren erstmals seit langem wieder die Unternehmen am besten ab, die weder dem Eigentümer noch den Mitarbeitern, noch einem anderen der Interessenten ihre Gewinne ausgeschüttet, sondern sie im Unternehmen belassen haben, um mit einem möglichst dicken Finanzpolster für schlechtere Zeiten gerüstet zu sein.

Aktie

Die Aktie ist die vermutlich einzige *Innovation* der Finanzwelt, die in Holland erfunden wurde. Die ersten Anteile an einer Aktiengesellschaft wurden nämlich im Jahr 1602 von der Niederländischen «Ostindien-Kompanie» ausgegeben. Sie hatte vom Staat das *Monopol* für den Handel mit Ostindien und den Gewürzinseln bekommen (und damit verbunden unter anderem das Recht, eigene Kriege zu führen). Aber um dieses Monopol auch nutzen zu können, brauchte sie Geld, viel Geld, unter anderem für den Aufbau einer eigenen Flotte und die Gründung von Siedlungen. Und dieses Geld beschaffte sie sich durch die Ausgabe von Aktien.

Die Form der Aktiengesellschaft (AG) machte es erstmals in der Wirtschaftsgeschichte möglich, dass eine Vielzahl von Investoren jeweils sehr kleine Anteile an einem Unternehmen erwerben konnten und damit auch das Recht auf entsprechende Anteile am Unternehmensgewinn. Das eröffnete den Unternehmen einen völlig neuen Markt zur Beschaffung des für Wachstum und Investitionen nötigen Kapitals – das Volk. In früheren Epochen waren die großen Unternehmen fast ausschließlich in der Hand von ein paar reichen Familien, heute ist ein großer Teil der Volkswirtschaft tatsächlich zu Volkseigentum geworden, wenn auch in einem anderen Sinn, als das Wort in der DDR hatte: Von den 30 größten deutschen Aktiengesellschaften des Aktienindex DAX sind nur zwei, BMW und Metro, mehrheitlich in Familienbesitz.

+++ Die Hamburger Hafen und Logistik AG hat ein erfolgreiches Börsendebüt gefeiert. Die Erstnotiz lag mit 59 Euro um mehr als 11 Prozent über dem Ausgabepreis. In der ersten Stunde wurden etwa fünf Millionen Aktien der HHLA verkauft. (Tagesschau-Meldung vom 2. November 2007) +++

Zumindest bei den Aktiengesellschaften, die an der *Börse* gehandelt werden, kann sich jeder auch ohne spezielle Wirtschaftskenntnisse beteiligen. Bei einigen Unternehmen ist man schon für ein paar Euro oder gar ein paar Cent pro Aktie mit dabei, und über die Kurse, die an der Börse festgestellt werden, kann man täglich verfolgen, was aus dem ursprünglichen Einsatz geworden ist. Außerdem kann man seine Anteile jederzeit wieder verkaufen. So wechseln die *Eigentümer* ständig.

Diese Besonderheit der Aktiengesellschaft kommt in ihrem französischen oder spanischen Namen besser zum Ausdruck: «Anonyme Gesellschaft» heißt sie dort, und in der Tat kennt das Unternehmen weder die Namen seiner Anteilseigner, noch weiß es, wie viele Aktien diese jeweils halten. Aktionäre, deren Anteil am gesamten Aktienbestand einen bestimmten Prozentsatz überschreitet, sind inzwischen zwar verpflichtet, dies zu melden, ansonsten aber erhält das Unternehmen lediglich einmal im Jahr, zur Hauptversammlung, Einblick in die Besitzverhältnisse.

An der Hauptversammlung darf jeder, der mindestens eine Aktie besitzt, teilnehmen und zum Beispiel mit über die Zusammensetzung des *Aufsichtsrats* oder die Höhe der *Dividende* entscheiden. Allerdings hat hier nicht, wie etwa bei Bundestagswahlen, die Stimme jedes Wahlberechtigten dasselbe Gewicht: Wer hundert Aktien der Deutschen Bank besitzt, dessen Stimme zählt hundertfach – bei den insgesamt 530 Millionen Aktien der Deutschen Bank fällt er damit aber nicht weiter auf. Ähnlich wie die Stimmrechte wird auch der Gewinnanteil, die *Dividende*, entsprechend der Zahl der gehaltenen Aktien an die Aktionäre ausgeschüttet.

+++ Die Deutsche Telekom will ihre Internet-Tochter T-Online von der Börse nehmen und wieder in den Mutterkonzern eingliedern. Anleger sollen ihre Papiere gegen Telekom-Aktien tauschen können, teilte das Unternehmen heute mit. Alternativ werde angeboten, T-Online-Aktien zum derzeitigen Kurs zurückzukaufen. Zum Börsenstart vor vier Jahren war das Papier etwa dreimal so viel wert. (Tagesschau-Meldung vom 9. Oktober 2004) +++

Besondere Pflichten hat der Aktionär keine. Er muss sich nicht über das Unternehmen informieren, er braucht dessen Produkte nicht zu kaufen, und selbst wenn das Unternehmen in *Konkurs* geht, kann der Aktionär nicht mehr verlieren als seinen für die Aktien bezahlten Kaufpreis.

Aufsichtsrat

Für Kinder haben ihre Eltern die Aufsichtspflicht, für deutsche Aktiengesellschaften hat sie der Aufsichtsrat. Aber weil sich die *Manager* einer AG in der Regel vernünftiger benehmen als Kinder, müssen die Aufsichtsräte nicht Tag und Nacht neben ihnen stehen, um aufzupassen, dass sie auch ja nichts anstellen, was sich nicht gehört.

Trotzdem ist diese Unternehmensordnung eine merkwürdige Konstruktion. Da gibt es einen Vorstand, der alle Geschäfte führt und das Unternehmen nach außen vertritt, alles Lob erntet und alle Prügel abbekommt und für seine Arbeit fürstlich entlohnt wird. Und dann gibt es den Aufsichtsrat, ein Gremium von ein bis zwei Dutzend Personen, die sich in der Regel einmal pro Quartal für ein paar Stunden treffen, über Fragen des Unternehmens diskutieren und dafür etwa ein Hundertstel der Vergütung der Vorstandsmitglieder bekommen. Aber dieser Aufsichtsrat ist das Gremium, vor dem der Vorstand sich verantworten muss. Es kann sich alle Geschäftsvorgänge vorlegen lassen, es prüft und verabschiedet die *Bilanzen*, es bestimmt die strategische Richtung und die Gehälter der Vorstandsmitglieder, und es kann die scheinbar allmächtigen Vorstände sogar entlassen und neue einstellen.

Und wem ist der Aufsichtsrat verantwortlich? Den Aktionären (sie wählen auf der Hauptversammlung des Unternehmens die eine Hälfte der Aufsichtsräte) und den Mitarbeitern (die andere Hälfte der Aufsichtsräte wird von den Beschäftigten des Unternehmens gewählt). Damit es nicht zu einer lähmenden Blockade kommt, wenn die beiden Hälften unterschiedlicher Meinung sind, legt das *Mitbestimmungs*gesetz fest, dass die Stimme des Aufsichtsratsvorsitzenden doppelt zählt – und den wiederum wählen die von den Aktionären entsandten Aufsichtsräte.

+++ Die drittgrößte deutsche Landesbank, die WestLB, hat personelle Konsequenzen aus millionenschweren Fehlspekulationen gezogen. Wie der Aufsichtsrat nach einer außerordentlichen Sitzung in Düsseldorf mitteilte, müssen Vorstandschef Fischer und ein weiterer Vorstand ihre Posten räumen. Ihnen wird unter anderem angelastet, den Aufsichtsrat falsch über Risiken informiert zu haben. (Tagesschau-Meldung vom 26. Juli 2007) +++

+++ VW-Chef Pischetsrieder hat Spekulationen über seine Ablösung als Vorstandsvorsitzender des Autokonzerns zurückgewiesen. Er habe nicht die Absicht, seinen Posten abzugeben, erklärte er bei der Bilanzpressekonferenz in Wolfsburg. Er reagierte damit auf Kritik von Aufsichtsrats-Chef Piëch. Ungeachtet besserer Geschäftszahlen, will Pischetsrieder am harten Sparkurs bei VW festhalten. (Tagesschau-Meldung vom 7. März 2006) +++

Die Doppelspitze aus ausführendem Vorstand und kontrollierendem Aufsichtsrat mit starker Vertretung der Mitarbeiter gibt es in dieser Form nur in Deutschland und Österreich. In den meisten anderen Ländern gilt ein Verwaltungsratsmodell, bei dem das oberste ausführende Gremium gleichzeitig das oberste Kontrollgremium ist.

Ob im Einzelfall der Vorstand oder der Aufsichtsrat mächtiger ist, hängt nicht vom Gesetz, sondern von den Personen ab. Ferdinand Piëch beispielsweise war als VW-Vorstandsvorsitzender (1993–2002) wesentlich mächtiger als der Aufsichtsrat. Seit 2002 ist er VW-Aufsichtsratsvorsitzender – und wesentlich mächtiger als der Vorstand.

Bilanz

Wie viele Wörter aus der Finanzsprache kommt auch die «Bilanz» aus dem Italienischen, denn Oberitalien war im späten Mittelalter das erste und für mehrere Jahrhunderte das bedeutendste Finanzzentrum Europas. Das italienische *bilancia* heißt «Balkenwaage», und das Gleichgewicht ist in der Tat das wichtigste Kriterium für eine Bilanz, also die Gegenüberstellung aller Vermögenswerte und Schulden eines Unternehmens. Ob eine Firma kurz vor dem *Konkurs* steht oder im Geld schwimmt, die Bilanz muss immer ausgeglichen sein: Soll gleich Haben, die Summe aller Aktiva (linke Seite der Bilanz) muss auf den Cent genau der Summe aller Passiva (rechte Seite der Bilanz) entsprechen. Wenn man das Unternehmen wieder auflöst, kann es deshalb buchhalterisch spurlos verschwinden.

Dass die Bilanz stets aufgeht, dafür sorgt vor allem ein Posten: das Eigenkapital. Es ist der Betrag, der übrig bleibt, wenn das Unternehmen von allen seinen Vermögensgegen-

ständen (den Aktiva) alle seine Schulden und Verbindlichkeiten (die Passiva) abzieht, und entspricht dem *Kapital*, das die Eigentümer in das Unternehmen gesteckt haben, beziehungsweise der Summe, die sie unter sich verteilen können, wenn das Unternehmen aufgelöst ist und alle Schulden mit allen Vermögenswerten verrechnet wurden. Deshalb steht das Eigenkapital auf der Passivseite der Bilanz, und damit ist das Gleichgewicht wiederhergestellt. Wenn die Schulden höher sind als die Vermögenswerte, würde das Eigenkapital rein rechnerisch negativ werden. Weil in der Bilanz keine negativen Zahlen erlaubt sind, wandert es als «nicht durch Eigenkapital gedeckter Fehlbetrag» auf die Aktivseite der Bilanz. Mathematisch ist dadurch das Gleichgewicht ebenfalls wiederhergestellt, ökonomisch hingegen ist ein solches Unternehmen ein dringender Fall für eine Totalsanierung – oder für einen Konkursantrag.

Die Bilanz zum Ende des Geschäftsjahres ist zusammen mit der Gewinn-und-Verlust-Rechnung das Kernelement des Geschäftsberichts, den jedes börsennotierte Unternehmen jährlich erstellen muss. Damit auch alle Zahlen ihre Ordnung haben, muss sie von einem Wirtschaftsprüfer geprüft und dann vom *Aufsichtsrat* festgestellt werden.

Vor allem über unterschiedliche Bewertungsmethoden können sich Unternehmen ärmer oder reicher rechnen. Die jeweils gültigen Bilanzierungsvorschriften lassen hierfür auch einen gewissen Spielraum. Beispielsweise können Grundstücke zu dem Preis bilanziert werden, den das Unternehmen beim Kauf dafür bezahlt hatte, oder zum tatsächlichen Marktwert am Stichtag der Bilanz. Allerdings darf das nicht dazu führen, dass die tatsächliche Lage des Unternehmens irreführend dargestellt wird. Falls das geschieht, spricht man von Bilanzmanipulation, und die ist eine Straftat.

Corporate Governance

Auf Deutsch heißt *corporation* «Körperschaft» oder «Unternehmen» und *governance* «Regierungsführung». Wie übersetzt man also *corporate governance*? «Unternehmensführung und -kontrolle» lautete ein Vorschlag, auch «angemessene Unternehmensorganisation» und «Unternehmensordnung» standen zur Diskussion, aber gewonnen haben vorerst jene, die dafür plädierten, den Begriff einfach zu übernehmen. Immerhin ist der Kapitalmarkt international, die wichtigste Sprache dort ist Englisch, und auch das Konzept, das hinter dem Begriff «Corporate Governance» steht, kommt aus dem angelsächsischen Kulturkreis.

Im großen Spiel um *Kapital* und Profit soll Transparenz

herrschen, und für alle beteiligten Unternehmen und deren *Manager* sollen möglichst die gleichen Regeln gelten. Diese Regeln, ebendie der Corporate Governance, das sind nicht nur Gesetze, sondern auch freiwillige Vereinbarungen und allgemein geltende gute Sitten. Wer sich nicht daran hält, der wird zwar nicht direkt bestraft, aber er schadet seinem Ruf. Ein typischer Fall ist die Offenlegung der Vorstandsgehälter: Solange es nicht üblich war, dass die Mitglieder des Vorstands großer deutscher Konzerne die Höhe ihrer Bezüge verraten, hat das niemand getan – er hätte sich damit keine Freunde unter den anderen Vorstandsmitgliedern gemacht und wahrscheinlich auch sonst nirgendwo, dafür ist sein Gehalt einfach zu hoch: Ein Vorstandsmitglied eines DAX-notierten Unternehmens verdiente 2006 im Durchschnitt ca. 1,9 Millionen Euro jährlich, ein Vorstandsvorsitzender 3,4 Millionen Euro. Aber wenn es eine Regel gibt, wonach alle ihre Vergütungen veröffentlichen sollen, wird der Erste, der sich tatsächlich daran hält, als Pionier begrüßt, und wer sich weigert, gerät in den Verdacht, er habe etwas zu verbergen.

Die Offenlegung der Gehälter von Vorstand und *Aufsichtsrat* war sicherlich einer der umstrittensten Punkte, als eine hochrangige Kommission aus Managern, Gewerkschaftern, Politikern und Juristen 2002 den Deutschen Corporate Governance Kodex verabschiedete. Die Empfehlungen, die darin gegeben werden, sind nicht so strikt und verbindlich wie Gesetze, da es sich um eine Art Selbstverpflichtung der großen deutschen Unternehmen handelt. Allerdings haben die Politiker deutlich gemacht, dass sie kein Problem damit hätten, statt eines Abkommens unter Gentlemen ein Gesetz auf den Weg zu bringen, falls die Gentlemen sich nicht an ihr eigenes Abkommen halten sollten. Weshalb denn inzwischen auch jeder börsennotierte deutsche Großkonzern die Gehälter seiner Vorstände und Aufsichtsräte veröffentlicht.

+++ Der Bundestag will heute noch eine Reihe von rot-grünen Gesetzesvorhaben auf den Weg bringen. Dabei geht es unter anderem um die Offenlegung von Managergehältern. Börsennotierte Unternehmen sollen von 2007 an die Bezüge ihrer Vorstandsmitglieder einzeln ausweisen, sofern die Aktionäre nicht darauf verzichten. (Tagesschau-Meldung vom 30. Juni 2005) +++

Dividende

+++ Der Allianz-Konzern hat vergangenes Jahr so viel verdient wie kein anderer deutscher Konzern: acht Milliarden Euro – ein Plus von 13,5 Prozent. Vorstandschef Diekmann sagte in München, auch für dieses Jahr halte er einen Rekordgewinn für machbar. Die Dividende soll auf 5 Euro 50 erhöht werden. (Tagesschau-Meldung vom 21. Februar 2008) +++

Dividende kommt von dividieren. Es geht also ums Teilen. Aber nicht um ein Teilen wie beim heiligen Martin, der seinen Mantel zerschnitt, um den frierenden Bettler am Straßenrand zu wärmen. Bei der Dividende wird nicht das geteilt, was man hat, sondern das, was man gewonnen hat: Dividende heißt derjenige Betrag, den eine Aktiengesellschaft aus ihrem erwirtschafteten *Gewinn* an ihre *Eigentümer*, also die Aktionäre, ausschüttet. Es ist praktisch der Preis, den das Unternehmen dem Aktionär dafür zahlt, dass dieser dem Unternehmen sein Geld anvertraut hat.

In der Regel ist die Dividende niedriger als der Gewinn, weil ein Teil des Geldes im Unternehmen bleibt, als Rücklage für schlechtere Zeiten oder zur Finanzierung künftiger *Investitionen*. Manchmal schütten Firmen aber auch mehr an ihre Aktionäre aus, als sie tatsächlich an Gewinn gemacht haben – um die Eigentümer bei Laune zu halten oder weil das Management keine bessere Verwendung für das Geld auf dem Firmenkonto findet.

Um das Jahr 2000 herum, nachdem die Euphorie von Internet und New Economy die Anleger ergriffen hatte, galt es als altmodisch, wenn ein Unternehmen Dividende zahlte. Begehrt waren Firmen, die jeden erwirtschafteten Cent (und eine ganze Menge darüber hinaus) in neue Technologien und die Eroberung neuer Märkte steckten. Was waren schon die paar läppischen Cent Dividende im Vergleich zu den scheinbar ewig steigenden Aktienkursen? Als die aber drei Jahre lang fielen und fielen und fielen, gewann die Dividende bei den Aktionären wieder deutlich an Beliebtheit. Geld an die Eigentümer auszuschütten war plötzlich kein Zeichen der Schwäche mehr, sondern eines der Stärke, denn dadurch zeigte das Unternehmen, dass es solide Gewinne erwirtschaftete. Und gegenüber den phantastischen, aber nur auf dem Papier stehenden Kursgewinnen, die sich im Nu in Luft auflösen können, hat die Dividende einen klaren Vorteil: Sie wandert ganz real auf das Konto des Aktionärs.

Eigentümer

Eigentlich ist die Sache ganz einfach: Eigentümer ist derjenige, dem ein Unternehmen gehört. Und weil in unserer Gesellschaftsordnung Privateigentum geschützt ist, kann er mit seinem Unternehmen machen, was er will. Aber ganz so einfach ist es dann doch nicht. Dass jeder Eigentümer sich an die Gesetze halten muss, versteht sich von selbst, doch darüber hinaus schreibt unser Grundgesetz ausdrücklich fest, dass Eigentum verpflichtet – Eigentümer, die ihrer Verpflichtung nicht gerecht werden, können enteignet werden.

Was sich ein Eigentümer zuschulden kommen lassen muss, um vom Staat enteignet zu werden, lässt sich so genau nicht sagen: Der Fall kam noch nie vor. Aber die Vorschrift des Grundgesetzes hat dennoch Wirkung entfaltet, weil sie die Verantwortung des einzelnen Eigentümers für das Wohlergehen aller Bürger festschreibt.

Wie viele Eigentümer genau es in Deutschland gibt, hat noch niemand gezählt. Zwei Zahlen jedoch sind einfach zu ermitteln. Die eine: Von den derzeit etwa 40 Millionen Erwerbstätigen sind etwa 4,4 Millionen Selbständige, also Unternehmer und Freiberufler wie Ärzte und Anwälte zusammengenommen. Sie alle sind jeweils Eigentümer ihres Unternehmens. Die andere: Etwa zehn Millionen Deutsche besitzen derzeit *Aktien* oder Aktienfonds und sind damit formal (Mit-)Eigentümer der jeweiligen Unternehmens. Die meisten davon sehen sich allerdings eher als Anleger denn

+++ Bei der angeschlagenen West-LB haben sich die Eigentümer der Bank auf ein Sanierungskonzept geeinigt. Es sieht vor, dass bis zu 1500 der knapp 6000 Arbeitsplätze abgebaut werden. Zudem bürgt das Land Nordrhein-Westfalen zusammen mit den übrigen Eigentümern für bis zu 5 Milliarden Euro möglicher weiterer Schulden. Die West-LB hatte bereits in den vergangenen Jahren mehrfach hohe Verluste eingefahren. (Tagesschau-Meldung 8. Februar 2008) +++

als Eigentümer und haben kein Interesse daran, sich im und für das Unternehmen selbst zu engagieren.

Damit stellt sich die Frage, wer in diesem Fall die Funktion des Eigentümers übernimmt. Wer haut auf den Tisch, wenn im Unternehmen etwas schiefläuft? Wer gibt dem Unternehmen eine Strategie und eine Richtung, die über das Ende des nächsten Geschäftsjahres hinausgeht? Angestellte Vorstände oder Geschäftsführer schauen selten über die Laufzeit ihres eigenen Arbeitsvertrags hinaus, ein Eigentümer hingegen müsste dafür sorgen, dass das Unternehmen auch in zehn Jahren noch Geld verdient. Es geht ja um sein Geld.

Nach dem Zweiten Weltkrieg wurde diese Eigentümerfunktion vor allem von den *Banken*-Vertretern in den *Aufsichtsräten* wahrgenommen. Sie waren die wichtigsten Akteure der sogenannten Deutschland AG, eines Netzwerks von Topmanagern, die die Verantwortung für die wichtigsten *Konzerne* des Landes unter sich ausmachten. So brachte es allein der ehemalige Chef der Deutschen Bank Hermann Josef Abs in den sechziger Jahren auf mehr als dreißig Aufsichtsratsmandate. Die Deutsche Bank war unter anderem beteiligt an Daimler-Benz, Linde, Münchener Rück und Allianz.

In den vergangenen zehn Jahren hat sich diese Deutschland AG aufgelöst, Banken und Versicherungen haben den größten Teil ihres Unternehmensbesitzes verkauft. Das hierdurch entstandene Machtvakuum wurde teilweise durch Unternehmerfamilien wie Piëch, Quandt, Happel und Sprüngmann aufgefüllt und teilweise durch *Private-Equity*-Firmen, die sich in deutsche Konzerne einkauften. Dazu kommt eine kleine Gruppe von «Berufs-Aufsichtsräten», ehemalige *Manager* wie Gerhard Cromme (Krupp) oder Manfred Schneider (Bayer), die in mehreren Konzern-Aufsichtsräten Kontrollfunktionen ausüben – eine Art Wiedergeburt der Deutschland AG, nur ohne Kapitalbeteiligung.

Fusion

Bis eben haben die Vorstände der Alpha und der Beta AG sich noch gegenseitig Marktanteile, Kunden und Mitarbeiter abgejagt. Jetzt stehen sie plötzlich gemeinsam auf einer Bühne und reichen einander im Blitzlichtgewitter die Hände. In einer von beiden Unternehmen gemeinsam veröffentlichten Erklärung verkünden sie ihren Zusammenschluss. Zwei Firmen fusionieren, verschmelzen miteinander, schmieden gemeinsame, große Pläne. Solche «Elefantenhochzeiten» sind für die Börsianer der Stoff, aus dem die Träume sind: Übernahmephantasien und Fusionsspekulationen treiben die Kurse in die Höhe, weil der Käufer in der Regel mehr als den bisherigen Marktpreis zahlen muss, um genügend Anteile des zu übernehmenden Unternehmens zu erwerben.

+++ Der Münchner Technologiekonzern Siemens und die finnische Nokia legen ihr Geschäft mit der Ausrüstung für Telekommunikation zusammen. Das Gemeinschaftsunternehmen werde einen Umsatz von knapp 16 Milliarden Euro machen, teilten die Konzerne heute mit. Die Aufsichtsbehörden müssen den Plänen noch zustimmen. Durch die Zusammenarbeit könnten bis zu 9 000 Stellen wegfallen. (Tagesschau-Meldung vom 19. Juni 2006) +++

+++ Deutschlands zweitgrößte Fluggesellschaft Air Berlin will die Fluggesellschaft Condor bis Februar 2009 für mindestens eine halbe Milliarde Euro von Thomas Cook übernehmen und so weiter zum Branchenprimus Lufthansa aufrücken. Lufthansa hat ein Vorkaufsrecht an ihrer früheren Tochter Condor und kann die Übernahme noch verhindern. (Tagesschau-Meldung vom 14. September 2007) +++

Doch bei der Umsetzung einer solchen Verschmelzung wird aus einem Traum nicht selten ein Albtraum. Die vorher getrennten Unternehmen müssen integriert werden; die Mitarbeiter, die eben noch Konkurrenten waren, sollen jetzt alle gemeinsam an einem Strang ziehen und müssen gleichzeitig darum fürchten, bei der Integration wegrationalisiert zu werden. Die Kartellbehörde muss das Vorhaben noch genehmigen, was sie oft nicht oder nur unter harten Auflagen tut, wenn durch die Fusion ein schädliches *Monopol* entstehen könnte. Die Computersysteme müssen vernetzt, alle Verträge und Kundenbeziehungen neu sortiert oder verhandelt werden, und die mächtigen Vorstände, die bei der Fusionsankündigung so brüderlich beieinandersaßen, müssen einen Weg finden, die Macht unter sich aufzuteilen – oder sich einigen, wer von ihnen das neue Unternehmen verlässt, damit Machtkämpfe verhindert werden.

Den Problemen und Reibungsverlusten, die bei der Fusion zweier Konzerne auftreten, stehen natürlich auch Chancen und positive Effekte gegenüber – sonst würde die Fusion ja gar nicht erst versucht werden. Höhere Effizienz, sinkende Produktionskosten, bessere Marktdurchdringung oder schlicht Vorteile, die sich etwa bei Verhandlungen mit Kunden und Zulieferern aus der schieren Größe ergeben, werden hier am häufigsten genannt. Ob insgesamt mehr Fusionen glücken oder scheitern, ist unter den Ökonomen umstritten. Es gibt klare Misserfolge (DaimlerChrysler) und klare Erfolge: beispielsweise die Fusionen von Ciba-Geigy und Sandoz zu

Novartis und die von Asea und BBC zu ABB. Aber dazwischen liegt eine ganze Reihe von Zusammenschlüssen, die man sowohl positiv als auch negativ werten kann: Die Fusion von Hoechst und Rhône-Poulenc zu Aventis (heute Sanofi-Aventis) mag einen großen europäischen Pharmakonzern geschaffen haben. Aber Deutschland verlor dadurch einen seiner traditionsreichsten Konzerne überhaupt und die Stadt Frankfurt einen ihrer größten Arbeitgeber.

Gewinn

Beim Roulette ist das mit dem Gewinn ganz einfach: Sobald die Kugel auf eine Zahl gefallen ist, weiß jeder Mitspieler genau, ob er gewonnen hat – und falls ja, wie viel. Beim Lotto ist es schon eine Stufe komplizierter. Sobald am Samstag direkt vor der «Tagesschau» die Lottozahlen gezogen wurden, weiß zwar jeder Lottospieler, wie viele Richtige er hat, aber erst am Montag, wenn die Lottogesellschaften die Gewinnquoten bekanntgeben, erfährt er, wie hoch sein Gewinn ist. Und bei einem Unternehmen ist es noch komplizierter: Selbst wenn das Geschäftsjahr schon vorbei ist, weiß der Unternehmer nicht genau, ob er einen Gewinn gemacht hat – und schon gar nicht, wie hoch er ausgefallen ist.

Der Gewinn eines Unternehmens ist definiert als die Differenz zwischen Aufwand und Ertrag. Und diese Differenz lässt sich sogar nach dem Ende des Geschäftsjahres noch in die eine oder andere Richtung beeinflussen. Besonders erfolgreiche Unternehmen etwa rechnen ihren Gewinn dann gern noch klein – zum Beispiel indem sie ihre *Investitionen* schneller abschreiben. Ein ungewöhnlich hoher Gewinn kann nämlich lästig sein: Das Unternehmen muss mehr Steuern zahlen, es weckt Begehrlichkeiten bei den Mitarbeitern (die dann höhere Löhne verlangen) und bei den Aktionären (die dann mehr *Dividende* fordern und im kommenden Jahr einen mindestens ebenso hohen Gewinn erwarten). Unternehmen, die ein außerordentlich schlechtes Jahr hinter sich haben, gehen hingegen oft den umgekehrten Weg, damit sie statt eines Verlustes doch noch einen Gewinn vorweisen können.

An der *Börse* ist der Gewinn eines Unternehmens eines der wichtigsten Kriterien für seine Bewertung. Dafür wird der Jahresgewinn zunächst durch die Anzahl der vorhandenen *Aktien* geteilt und dann der aktuelle Aktienkurs durch den so ermittelten Gewinn pro Aktie. Das Ergebnis ist das sogenannte Kurs-Gewinn-Verhältnis (KGV). Normal ist für deutsche Aktien ein KGV zwischen 10 und 15. Liegt dieser Wert bei über 20, ist die Aktie entweder viel zu teuer, oder es handelt sich um ein besonders stark wachsendes Unternehmen, von dem die Börse in den kommenden Jahren deutlich steigende Gewinne erwartet.

Innovation

Im alltäglichen Sprachgebrauch sind die Begriffe «Innovation» und «Erfindung» häufig austauschbar. In der Ökonomie wird zwischen beiden streng unterschieden, denn nicht jede Innovation ist eine Erfindung und nicht jede Erfindung eine Innovation. Wenn Coca-Cola neben seine Diät-Cola «Light» noch eine Diät-Cola «Zero» ins Regal stellt, kann man nicht von einer Erfindung sprechen, wohl aber von einer Innovation. Und wenn ein Chemiker einen Aromastoff entwickelt, der nach abgestandenem Aschenbecher riecht, ist das natürlich eine Erfindung; zur Innovation würde sie aber erst, wenn Produkte entstünden, die diesen Aromastoff enthalten – und das ist eher unwahrscheinlich.

Bringt ein Unternehmen ein neuartiges Produkt auf den Markt, handelt es sich stets um eine Innovation. Aber auch in bereits etablierte Produkte können Innovationen einfließen, etwa ein neues Herstellungsverfahren, das die Produktionskosten senkt, oder eine neue Verpackung, die für das Produkt neue Zielgruppen erschließt. Für Unternehmen ist es von zentraler Bedeutung, ständig Innovationen zu entwickeln, denn damit setzen sie sich von ihren Wettbewerbern ab.

Es gibt auch Innovationen, die nichts mit dem Markt zu tun haben. Wenn beispielsweise die Bundeskanzlerin Angela Merkel einmal pro Woche eine Video-Ansprache auf ihrer Webseite veröffentlicht, handelt es sich um eine innovative Form der Kommunikation zwischen Regierung und Volk. Auch wenn eine Kreisverwaltung die Möglichkeit einrichtet, Autos online anmelden zu können, ist das eine Innovation, die nicht durch Marktmechanismen herbeigeführt wurde.

+++ Unter Leitung des Siemens-Aufsichtsratsvorsitzenden von Pierer soll der ‹Rat für Innovation und Wachstum› Bundeskanzlerin Merkel und die Bundesregierung in Zukunftsfragen beraten. Dem zehnköpfigen Rat gehören auf der Wirtschaftsseite unter anderem die Vorstände von Daimler-Chrysler und Bayer, Zetsche und Wenning, an. Die Wissenschaft wird von den Präsidenten der Fraunhofer- und der Max-Planck-Gesellschaft, Bullinger und Gruss, vertreten. (Tagesschau-Meldung vom 24. Mai 2006) +++

Investition

Investitionen bringen die Zukunft in die Wirtschaft. Man versteht darunter alle Ausgaben, die Unternehmen tätigen, um neue Märkte zu erschließen oder die bestehenden zu sichern. Sie fließen in Maschinen, Standorte oder Arbeitsplätze. Doch Investitionen erschließen und sichern nicht nur Märkte, sie sind selbst ein gewaltiger Wirtschaftsfaktor: Etwa 20 Prozent des deutschen Bruttoinlandsprodukts, 450 Milliarden Euro, werden für Investitionen ausgegeben, und Deutschlands stärkster Industriezweig – die Maschinenbauindustrie – lebt davon, überall auf der Welt Investitionsgüter zu verkaufen: Von den knapp 150 Milliarden Euro, die die deutschen Maschinenbauer pro Jahr umsetzen, stammen mehr als 60 Prozent aus dem Export.

+++ Der Telekommunikations-Anbieter MobilCom steht vor der Insolvenz. Ursache dafür ist der Rückzug der France Télécom, die vor zwei Jahren in das Unternehmen eingestiegen war. Sie hatte sich bei den milliardenschweren Investitionen in den neuen Mobilfunk-Standard UMTS verkalkuliert. Der Bund und Schleswig-Holstein, wo MobilCom seinen Sitz hat, wollen am Wochenende prüfen, ob das Unternehmen mit einer Bürgschaft gerettet werden kann.
(Tagesschau-Meldung vom 13. September 2002) +++

Allerdings schafft nicht jede Investition Arbeitsplätze. Wenn ein Unternehmen leistungsstärkere Maschinen kauft oder eine Fabrik im Ausland errichtet, werden dadurch womöglich Stellen an einem anderen Standort abgebaut. Der Handy-Konzern Nokia wurde deshalb Anfang 2008 in Deutschland hart kritisiert, als er ankündigte, in neue Werke im Niedriglohnland Rumänien zu investieren und dafür sein Werk in Bochum zu schließen.

Und nicht jede Investition ist erfolgreich. So gab es beispielsweise bei der Versteigerung der Lizenzen für den neuen Mobilfunk-Standard UMTS im Jahr 2000 sechs Unternehmen, die jeweils mehr als acht Milliarden Euro für die Erlaubnis zahlten, in Deutschland ein UMTS-Netz aufzubauen. Zwei von ihnen, MobilCom und Telefónica, schafften es nicht, genügend Kunden zu gewinnen, um auch nur halbwegs auf ihre Kosten zu kommen. Sie ließen ihre Lizenz verfallen und mussten die Milliarden abschreiben – als Fehlinvestition.

Konkurs

Kein Unternehmen lebt ewig. Manche werden von Wettbewerbern übernommen, manche von den *Eigentümern* wieder aufgelöst, weil sie ihren Zweck erfüllt haben (etwa ein Planungsunternehmen für ein großes Bauprojekt), und manche gehen in Konkurs. Dann sind sie entweder nicht mehr in der Lage, ihre Zahlungsverpflichtungen zu erfüllen, also insolvent, oder sie sind überschuldet, weil ihre Verbindlichkeiten höher sind als ihre Vermögenswerte. Oder sie sind sowohl insolvent als auch überschuldet.

Wenn dieser Zustand eintritt, hat die Geschäftsführung des Unternehmens nach deutschem Recht noch eine Frist von drei Monaten, um wieder aus der Misere herauszukommen. Gelingt das nicht, muss sie beim Gericht die Einleitung eines Insolvenzverfahrens beantragen – so heißt seit 1999 in Deutschland der frühere Konkursantrag. Das Gericht beauftragt dann sofort einen Insolvenzverwalter mit der weiteren Führung des Unternehmens, und die Bundesagentur für Arbeit zahlt drei Monate lang das Gehalt für die Mitarbeiter als sogenanntes Insolvenzgeld.

Die Aufgabe des Insolvenzverwalters ist es, zu retten, was zu retten ist. Das bedeutet in erster Linie, allen Gläubigern des Unternehmens einen möglichst hohen Teil ihrer Forderungen zu erfüllen. In der Regel wird er versuchen, den Geschäftsbetrieb des Unternehmens aufrechtzuerhalten und eine Lösung zu finden, wie das Unternehmen oder zumindest einige seiner Bereiche weiterbestehen können. Dafür erarbeitet er ein Sanierungskonzept, für dessen Umsetzung er allerdings die Zustimmung der Gläubiger braucht. Scheitert der Versuch, wird das Unternehmen liquidiert: Die einzelnen Vermögenswerte werden verkauft, der Gesamterlös wird anteilig an die Gläubiger ausgeschüttet – nach Abzug der Kosten des Insolvenzverfahrens. In Deutschland gab es zuletzt (2006) etwas mehr als 30 000 Unternehmensinsolvenzen, von denen 117 000 Beschäftigte betroffen waren. Die gesamten Forderungen der Gläubiger dieser Unternehmen beliefen sich auf knapp 28 Milliarden Euro.

+++ Der Handy-Hersteller BenQ Mobile hat seine Produktion in Deutschland weitgehend eingestellt. Die frühere Handy-Sparte von Siemens hatte vor drei Monaten Insolvenz angemeldet. Die meisten der rund dreitausend Beschäftigten sollen von Auffanggesellschaften angestellt werden. Der Betriebsrat hofft, dass doch noch ein Investor ein Kaufangebot vorlegt. (Tagesschau-Meldung vom 2. Januar 2007) +++

Konzern

Der Konzern ist der Inbegriff für wirtschaftliche Macht und Größe. Ein Unternehmen mit Zehn- oder Hunderttausenden von Beschäftigten, das Milliarden verdient und seinen Topmanagern Millionen bezahlt. Aber dieses Bild entspricht nicht immer der Wirklichkeit, denn die juristische Definition des Konzerns (im Aktiengesetz) hat nichts mit dessen Größe zu tun, sondern mit Herrschaft. Ein Konzern besteht dann, wenn «ein herrschendes und ein oder mehrere abhängige Unternehmen unter der einheitlichen Leitung des herrschenden Unternehmens zusammengefasst» sind. Das herrschende Unternehmen ist verpflichtet, einen Konzern-Geschäftsbericht vorzulegen, in dem die Zahlen aller von ihm abhängigen Unternehmen zusammengefasst (konsolidiert) sind. Schon ein relativ kleiner Konzern wie die Solar-World AG führt 20 solcher Unternehmen in seinem Bericht auf, der Großkonzern Bayer bringt es hingegen auf 432.

Richtig an der Verbindung von «Konzern» und «Größe» ist jedoch, dass erst die Erfindung dieser Konstruktion im 19. Jahrhundert die Entstehung jener riesigen Unternehmen ermöglichte, die heute auf der Welt allgegenwärtig sind. Der erste Konzern im heutigen Sinn war die 1870 von John D. Rockefeller gegründete Standard Oil Company, die im Jahr 1881 bereits über 40 von ihr abhängige Unternehmen herrschte.

+++ Einer der großen Betreiber von Handelshäusern in Deutschland zog heute Bilanz. Der Metro-Konzern hat im vergangenen Jahr seinen Umsatz um gut zehn Prozent gesteigert und einen Nettogewinn von mehr als 800 Millionen Euro verbucht. Trotzdem denkt der Vorstand über eine Neuausrichtung des Unternehmens nach. Die Warenhauskette Kaufhof soll möglicherweise verkauft werden. (Tagesschau-Meldung vom 18. März 2008) +++

Der Hauptvorteil des Konzerns gegenüber dem Einzelunternehmen besteht darin, dass er sich besser steuern lässt. Für unterschiedliche Märkte oder Geschäftsbereiche werden unterschiedliche Unternehmen eingesetzt, Chancen und Probleme des jeweiligen Unternehmens können so schneller erkannt und und besser beeinflusst werden. Darüber hinaus kann man einzelne Konzernteile besser abspalten und verkaufen, weil sie schon ein rechtlich eigenständiges Unternehmen sind. Auch die Integration neu zugekaufter Unternehmen ist in der Konzernstruktur einfacher.

Korruption

Ein Wohnungsmakler, der einen Mietvertrag vermittelt, hat Anspruch auf eine Provision. Dasselbe gilt für einen Versicherungsvertreter, der einen Vertrag mit einem Kunden abschließt. Wenn jemand dafür sorgt, dass Geld von Kunde A zu Unternehmen B fließt, erwartet dieser Jemand in der Regel, dafür belohnt zu werden. Beim Makler und Versicherungsvertreter ist das ebenso normal wie legal. Aber wenn dieser Jemand beispielsweise als Vorsitzender im Bauausschuss des Gemeinderats mit darüber entscheidet, welches Unternehmen den Auftrag für den Bau einer Müllverbrennungsanlage erhält, und dann Geld von diesem Unternehmen kassiert, macht er sich strafbar. Das Unternehmen übrigens ebenfalls.

Auch wenn Korruption in Deutschland die Ausnahme und nicht die Regel ist, kommt fast täglich ein neuer Korruptionsskandal ans Tageslicht. Das Bundeskriminalamt zählte in den vergangenen zehn Jahren jeweils zwischen 6000 und 15 000 Korruptionsstraftaten in Deutschland, und nur ein Bruchteil aller Bestechungen wird aufgedeckt. Besonders häufig sind sie bei der Auftragsvergabe für öffentliche Bauten: Es geht jeweils um eine große Summe, und es gibt nur eine kleine Zahl von Entscheidern. Auch im Gesundheitswesen kommt Bestechung häufig vor, beispielsweise wenn teure Geräte für Krankenhäuser anzuschaffen sind. Im Jahr 2007 geriet Siemens in die Kritik, weil Mitarbeiter in großem Umfang Behördenvertreter im Ausland «geschmiert» hatten, um an Aufträge zu kommen.

Es ist nur ein schwacher Trost, dass in den meisten anderen Ländern deutlich mehr bestochen wird: Auf dem «Korruptionswahrnehmungsindex», den die internationale Anti-Korruptions-Initiative Transparency International jährlich

veröffentlicht, gehört Deutschland zu den Ländern mit verhältnismäßig geringer Korruption; im Jahr 2007 belegte es Platz 16 von 180 Ländern, mit 7,8 von 10 möglichen «Sauberkeitspunkten». Ganz vorne liegen Dänemark, Finnland und Neuseeland, die korruptesten Länder der Welt sind nach dieser Untersuchung der Irak, Myanmar und Somalia.

Manager

Unternehmer gibt es seit mindestens 4000 Jahren, Manager seit etwa 150. Dass jemand, der das Zeug hat, ein großes Unternehmen zu leiten, nicht selber eines gründet, sondern sich von einem Unternehmer anstellen lässt, wäre den Menschen in früheren Epochen merkwürdig vorgekommen: Im alten Rom beispielsweise wurden die Geschäfte der großen Handelshäuser oder Landgüter von – Sklaven geführt. Erst als im 19. Jahrhundert viele Unternehmen zu nie da gewesener Größe wuchsen und Tausende, ja Zehntausende von Arbeitern beschäftigten, entstand eine neue Führungsschicht unter oder neben den Firmengründern. Aber noch vor wenigen Jahrzehnten war der Beruf des Managers einer, der allenfalls in ein paar Großkonzernen zu finden war. Und dort ganz oben in den Chefetagen.

Dann gab es eine wahre Manager-Inflation. Weil ein Manager an der Spitze der Unternehmenshierarchie steht, aber es nicht jeder Mitarbeiter dorthin schafft, wurden viele von ihnen mit einem Manager-Titel getröstet. Selbst in den kleinsten Unternehmen arbeiten deshalb heute Produkt- und Projektmanager, Personal- und Marketingmanager, Vertriebs- und Einkaufsmanager und viele andere mehr, weshalb auch nicht mehr so ganz klar ist, was einen Manager ausmacht – und was seine Aufgaben sind.

Doch wenn heute Kritik daran laut wird, dass die Manager-Gehälter zu hoch seien, sind nur die Manager im alten Sinn gemeint, also die oberste Führungsebene der großen Konzerne: Was ein Produktmanager in einem Monat verdient, verdient der Vorstandsvorsitzende der Deutschen Bank in einer Stunde!

Weil es mittlerweile so viele Manager gibt, wurde aus den USA der Begriff des Chefs reimportiert. In jedem Konzern, der

+++ Die SPD will die Höhe von Manager-Gehältern deutlich begrenzen. Künftig sollen Vorstandsbezüge und Abfindungen nur noch zu einem Teil von der Steuer absetzbar sein. Über entsprechende Vorschläge einer Arbeitsgruppe will das SPD-Präsidium am Montag beraten. (Tagesschau-Meldung vom 27. April 2008) +++

etwas auf sich hält, findet man jetzt einen CEO (Chief Executive Officer – oberster Chef) und einen CFO (Chief Financial Officer – Finanzvorstand). Nur wer vorn ein C und hinten ein O hat, steht ganz oben in der Hierarchie. Und deshalb erleben wir derzeit nach bewährtem Muster eine CxO-Inflation: Vom COO (O wie «Operations») über den CIO (I wie «Information») und den CMO (M wie «Marketing» oder «Media») bis zum CCO (C wie «Content» oder «Creative») reicht die Liste, und manchmal reichen auch drei Buchstaben nicht, wie beim CHRO (HR wie «Human Relations» oder «Human Resources»), dem Personalchef. Nur den CDO («Chief Destruction Officer»), den Chefzerstörer, hat noch niemand eingeführt: Er ist (bislang) nur eine Erfindung von Tom Peters, dem erfolgreichsten Management-Autor der Welt.

Marke

Im Englischen schwingt immer ein bisschen Wilder Westen mit, wenn man von Markenprodukten redet. Denn «Marke» heißt auf Englisch «brand» – so wie das Brandzeichen, das früher die Cowboys den Kühen mit glühenden Eisen einbrannten, um sie von den Kühen anderer Rancher zu unterscheiden. Und das ist bis heute eine der wichtigsten Aufgaben einer Marke. Nur dass dafür keine glühenden Eisen mehr verwendet werden, sondern *Marketing*.

Im täglichen Leben sind wir von Marken geradezu umzingelt. In der Zeitung, im Fernsehen, auf der Straße, zu Hause, beim Einkaufen sowieso, überall buhlen Marken um unsere Aufmerksamkeit. Wir erkennen sie an ihrem Namen (Persil, Jacobs, Red Bull), an ihrer Form (Toblerone, Ritter Sport), an ihrem Zeichen (Mercedes, McDonald's), an ihrer Farbe (BP, Telekom), an einer Melodie, einem Bild, einem Satz oder einer

Handbewegung. Und die Vielfalt ist schier unüberschaubar: Es gibt ein paar Dutzend verschiedene Toilettenpapiere und Waschpulver, ein paar hundert verschiedene Joghurts und noch mehr Biere, und alle wollen etwas Besonderes sein. Diese verwirrende Vielfalt ist einer der Gründe, warum die meisten Menschen bei den meisten Produkten der Marke treu bleiben, für die sie sich einmal entschieden haben: Solange die Marke einen nicht enttäuscht, spart man sich dadurch die Mühe des Produktvergleichs und nimmt in Kauf, ein bisschen mehr zu zahlen als für «weiße Ware», Produkte ohne Marke. Und diese Markentreue ist wiederum einer der Gründe für die oftmals schrillen Töne der Werbung: Um neue Kunden zu gewinnen, muss man nicht nur auffallen – man muss ganz besonders auffallen.

Aber Marken haben auch sehr positive ökonomische Effekte. Sie bieten nämlich den Unternehmen die Möglichkeit, in nicht sichtbare Produkteigenschaften wie Zuverlässigkeit, Langlebigkeit oder umweltschonende Herstellungsverfahren zu investieren, weil die Marke diese Eigenschaften verkörpern kann. Ohne Marken würde bei der Auswahl zwischen ähnlich aussehenden Produkten nur das billigste Angebot eine Chance haben. Mit Marken können daneben auch das beste, das edelste, das schönste, das zuverlässigste und das aufregendste Produkt existieren: Wenn der Hersteller es schafft, solche Eigenschaften mit seinem Produkt zu verbinden.

Mittelstand

Er ist der Held der deutschen Wirtschaft; wann immer Politiker ein lobendes Wort für unsere Unternehmen finden, ist der Mittelstand ganz vorn dabei. Wenn hingegen Missstände in der deutschen Wirtschaft gegeißelt werden, wird nie auf ihn geschimpft; höchstens auf die, die ihm immer neue *Steuern* oder bürokratische Auflagen zumuten. Und in der Tat: Ohne Mittelstand ginge in Deutschland gar nichts. In den mittelständischen Unternehmen mit 10 bis 500 Mitarbeitern ist mehr als die Hälfte aller sozialversicherungspflichtigen Beschäftigten tätig, und sie stellen sogar mehr als zwei Drittel aller Ausbildungsplätze.

Und sie sind überall. In so gut wie jedem (westdeutschen) Ort, der groß genug für ein eigenes Gymnasium ist, gibt es irgendeinen weltmarktführenden Mittelständler, ob für Geldzählmaschinen oder Joghurtausmischregelanlagen.

So normal der Mittelstand für Deutschland ist, so fremd ist er vielen anderen Ländern – oftmals wird dort sogar das deutsche Wort «Mittelstand» verwendet, um die Gründe für den Erfolg der deutschen Wirtschaft zu benennen. Meistens sind es einzig und allein die großen *Konzerne* und eine Handvoll reicher Familien, die für die wirtschaftliche Dynamik eines Landes sorgen – oder eben nicht.

Dass keine andere Volkswirtschaft auch nur annähernd so mittelständisch geprägt ist wie die deutsche, liegt an einigen Dingen, die es hier gibt, und an ein paar anderen, die es hier nicht gibt.

Es gibt: ein stabiles und vertrauenswürdiges Rechtssystem, eine landesweit hervorragend ausgebaute Infrastruktur (Verkehr, Bildung und Kultur) und ein stark regionalisiertes Finanzwesen mit Sparkassen, Volks- und Raiffeisenbanken, für die der 100-Mann-Betrieb am Ort schon fast ein Großkunde ist und auch so behandelt wird.

Es gibt nicht: eine starke Fixierung auf die *Börse*, die zu einer Konzentration auf ein paar große Unternehmen führt. Auch die relativ niedrigen *Steuern* bei der Vererbung von Unternehmensvermögen tragen zu einer Stärkung des mittelständischen Elements bei. In den USA und in Großbritannien beispielsweise ist die Steuerbelastung für Unternehmenserben wesentlich höher, weshalb dort die Nachkommen häufig gezwungen sind, den ererbten Betrieb zu verkaufen, um die Steuern zahlen zu können.

+++ Finanzminister Steinbrück stieß heute im Bundestag auf Kritik – mit seinen Reformplänen für die Erbschaftssteuer. Ziel ist es, Erben von Familienunternehmen steuerlich besserzustellen als bisher. Steinbrück bekräftigte, dass dieses Privileg nicht ohne Gegenleistung gewährt werden könne. So solle ein Erbe die Firma mindestens 15 Jahre weiterführen müssen. FDP und auch Teile der Union halten diese Frist für zu lang. (Tagesschau-Meldung vom 15. Februar 2008) +++

Patent

Ohne Patente keine Erfindungen. Denn nur wenn der Erfinder die Möglichkeit hat, von seiner Pionierleistung auch wirtschaftlich zu profitieren, lohnt es sich für ihn, Zeit und Geld in seine Erfindungen zu investieren. Wo geistiges Eigentum nicht oder nur schlecht geschützt wird, wird wenig geforscht und erfunden und dafür umso mehr kopiert.

+++ Der Erfindergeist hierzulande ist offenbar ungebrochen. Beim Patent- und Markenamt in München gingen laut Behördenpräsident Schade im vergangenen Jahr rund 48 000 Patent-Anmeldungen aus Deutschland ein – fast genauso viele wie 2004. Neue Ideen wurden vor allem für die Bereiche Fahrzeugbau, Kfz-Technik und Maschinenbau entwickelt. Die meisten Anmeldungen kamen aus Bayern und Baden-Württemberg. (Tagesschau-Meldung vom 10. März 2006) +++

In Deutschland wurde des Patentrecht vor etwas mehr als 130 Jahren eingeführt: Am 2. Juli 1877 wurde hier das erste Patent erteilt. Mitten in der stürmischen Entwicklung der industriellen Revolution hatte sich damit der Gedanke durchgesetzt, dass ein zeitlich befristetes *Monopol* für den Patentinhaber der beste Weg war, den technischen Fortschritt zu fördern. Der eifrigste Streiter für ein solches Patentrecht war übrigens Werner von Siemens, nicht nur Gründer des gleichnamigen Unternehmens, sondern auch Präsident des deutschen Patentschutzvereins.

Mehr als 50 000 Patente werden derzeit pro Jahr in Deutschland beantragt, etwa einem Drittel der Antragsteller wird ein Patent erteilt. Dafür muss der Erfinder dem Patentamt nachweisen, dass seine Entwicklung erstens neu ist, zweitens eine erfinderische Leistung darstellt (also nicht einem Fachmann auf diesem Gebiet ohne weiteres einfallen könnte) und drittens gewerblich anwendbar ist. Eine neue Operationsmethode beispielsweise ist nicht patentierbar, weil der Arztberuf kein Gewerbe ist, und auch das beste Einbruchswerkzeug kann kein Patent bekommen, weil es illegal wäre, es zu verkaufen. Werden jedoch alle drei Bedingungen erfüllt, erhält der Patentinhaber für in der Regel 20 Jahre das Recht, als Einziger diese Erfindung zu verwerten.

Von besonders großer wirtschaftlicher Bedeutung sind Patente in der Pharmaindustrie. Denn sobald die Schutzfrist für ein Medikament abgelaufen ist, bieten sogenannte Generika-Hersteller Präparate an, die sich vom ursprünglichen Produkt nur im Namen und im (wesentlich niedrigeren) Preis unterscheiden. Dem Unternehmen, das das Medikament entwickelt hat, muss also die relativ kurze Zeit des Patentschutzes ausreichen, um mindestens so viel zu verdienen, wie es für Forschung (auch für Produkte, die es nicht bis auf den Markt geschafft haben) und Entwicklung aufgewendet hat, plus die *Dividende* für die Aktionäre. Vor allem Politiker aus Entwicklungsländern kritisieren, dass viele Medikamente deshalb für ihre Bürger zu teuer seien und die Pharmakonzerne den Tod vieler Menschen in Kauf nähmen, um ihre Profite zu sichern.

Private Equity

Wenn die so ins Englische verliebten Kapitalmärkte es nicht schaffen, einen Begriff ins Deutsche zu übersetzen, kann sich das bitter rächen. Nicht nur, weil dann niemand die Finanzleute versteht, sondern manchmal auch, weil sich dann

+++ Der Streit um die Kapitalismuskritik des SPD-Vorsitzenden Franz Müntefering geht quer durch alle Parteien weiter. Neben Zustimmung kam jetzt auch Kritik aus dem Lager von Bündnis 90 / Die Grünen. Die Bundesregierung plant keine konkreten Schritte als Konsequenz aus der Diskussion. (Tagesschau-Meldung vom 2. Mai 2005) +++

jemand eine Übersetzung ausdenkt, die ihnen überhaupt nicht gefällt. So ging es mit dem Begriff «Private Equity». Denn weil die Finanzbranche es nicht für nötig hielt, dafür ein deutsches Wort zu finden, hat das im Jahr 2005 der SPD-Politiker Franz Müntefering getan. Seitdem werden Private-Equity-Gesellschaften auf Deutsch «Heuschrecken» genannt.

Korrekt übersetzt bedeutet Private Equity «privates Beteiligungskapital», und als Branche bezeichnet es Investoren, die ihr eigenes (und das ihnen von anderen Anlegern anvertraute) Geld in den Kauf von Unternehmen stecken. Allerdings nicht, um nach und nach einen *Konzern* aufzubauen, sondern um nach ein paar Jahren das Unternehmen wieder gewinnbringend zu verkaufen. In den USA und in Großbritannien sind solche Investoren seit Jahrzehnten aktiv und eine völlig normale Erscheinung: Ein wesentlich größerer Teil der Unternehmen als in Deutschland wird dort an der *Börse* gehandelt, das für Deutschland typische familiengeführte Mittelstandsunternehmen ist hingegen wesentlich seltener vertreten.

Gerade auf diese Art von Unternehmen hatten es aber die Private-Equity-Gesellschaften abgesehen, als sie seit etwa 2002 verstärkt in Deutschland aktiv wurden. Deutschland war, was das Wirtschaftswachstum betrifft, Schlusslicht in Europa, die *Arbeitslosigkeit* stieg, die Aktienkurse sanken, und mit ihnen sanken auch die Preise für den Kauf von Unternehmen, die nicht an den Börsen notiert sind. Für Private-Equity-Investoren genau der richtige Zeitpunkt, um einzusteigen: Sie setzten darauf, dass sich die deutsche Wirtschaft erholen würde und sie dann in ein paar Jahren die Firmen mit *Gewinn* wieder verkaufen könnten.

In den meisten Fällen war das auch so. Und weil man nur Firmen teurer verkaufen kann, denen es tatsächlich besser geht als vorher, schnitten die von Private Equity übernommenen Firmen – sowohl was die Höhe der Investitionen als auch die Entwicklung der Zahl der Arbeitsplätze angeht – überdurchschnittlich gut ab. In einigen Fällen verkalkulierten sich die Investoren allerdings, die übernommenen Firmen schlitterten in die Pleite, die Arbeitsplätze gingen verloren.

Risiko

Jede Chance wird von einem Schatten begleitet, der Risiko heißt. Wer nicht wagt, kann zwar dem alten Sprichwort zufolge nicht gewinnen, aber wer etwas wagt, läuft stets Gefahr, auch zu verlieren. Eine neue Maschine zur Herstellung von Zigaretten mag die Kapazität einer Fabrik verdoppeln, aber wenn nicht mehr Zigaretten als zuvor verkauft werden, steht sie die halbe Zeit still und kann ihre Anschaffungskosten nicht wieder einspielen. Der Kurs einer *Aktie* mag so stark gefallen sein, dass er eigentlich nur noch steigen kann, aber wenn das Unternehmen in *Konkurs* geht, ist es egal, wie günstig man die Aktien bekommen hat – das investierte Geld ist weg.

Bei Investitionsentscheidungen sowohl von Unternehmen als auch von Anlegern gilt es deshalb stets, das bestmögliche Verhältnis von Chance und Risiko zu finden. Zur Abschätzung des Risikos dient bei Unternehmensinvestitionen oft ein Worst-Case-Szenario: Was kann im schlimmsten Fall passieren? Wenn dabei herauskommt, dass eine Fehlinvestition zum Untergang des Unternehmens führen würde, lassen die Verantwortlichen in der Regel die Finger davon.

An den Kapitalmärkten haben Anleger einen ganzen Werkzeugkasten voller Instrumente, um Chance und Risiko

zu berechnen und auch selbst zu steuern. Sie tragen exotische Namen wie iTraxx-Crossover, Turbo-Zertifikat oder Volax-Future, und man kann nur hoffen, dass wenigstens diejenigen, die sie benutzen, wissen, worum es sich da jeweils handelt. Es gibt ein paar Faustregeln: Die Investition in Anleihen ist weniger riskant als die in Aktien und die wiederum weniger riskant als die in Optionen und andere *Derivate*. Doch auch die sicherste Investition kann man in eine riskante Zockerei verwandeln, wenn man sie über *Kredite* finanziert: Beim Einsatz von Eigenkapital kann «nur» dieses *Kapital* verloren gehen, kreditfinanzierte Investitionen hingegen können außerdem noch einen Berg von Schulden hinterlassen.

Für die Risiko-Einschätzung dienen traditionell sogenannte Ratings. Das sind Bewertungen, die für die meisten an der Börse gehandelten Anleihen und Aktien angeben, wie hoch das Risiko eines Totalverlusts ist. Diese Bewertungen werden von unabhängigen Rating-Agenturen erstellt, sie reichen von der Bestnote AAA bis zu E für einen nicht mehr zahlungsfähigen Schuldner.

Allerdings sind in den vergangenen Jahren die Rating-Agenturen großzügig mit ihren Bewertungen umgegangen, und die Investoren haben blind auf sie vertraut. Im Jahr 2007 stellte sich dann heraus, dass viele AAA-Anlageprodukte mit exotischen Namen sehr wohl ein hohes Verlustrisiko enthielten. Für einen Investor geht eben kein Weg daran vorbei, sich selbst ein Bild von dem Risiko zu machen, das er mit seiner Anlage eingeht.

+++ Finanzberater sind von heute an gesetzlich verpflichtet, Kunden deutlich auf Risiken aufmerksam zu machen. In 19 EU-Ländern gelten neue Regeln für Anlegerschutz und mehr Wettbewerb auf den Finanzmärkten. (Tagesschau-Meldung vom 1. November 2007) +++

Shareholder-Value

Ursprünglich war der Shareholder-Value nicht mehr als eine Zahl, für die sich nur eingefleischte Börsianer interessierten: In einem komplizierten Rechenverfahren, das der US-Ökonom Alfred Rappaport entwickelte, wird der Wert (Value) ermittelt, den ein Unternehmen für seine Aktionäre (Shareholder) hat, indem man von den auf den Bewertungszeitpunkt abdiskontierten Freien Cash-Flows eines Unternehmens den Marktwert des Fremdkapitals subtrahiert – eine Berechnung, mit der sich allenfalls Ökonomen und Aktien-Analysten freiwillig beschäftigen.

Doch dann wurde der Shareholder-Value mehr, nämlich eine Philosophie. Und zwar eine sehr renditeorientierte, die wesentlich einfacher zu verstehen ist als die oben angeführte Rechnung: Die Anleger investieren dort, wo sie den meisten Gegenwert für ihr *Kapital* bekommen; also ist es

+++ Über den Kapitalismus und seine Auswüchse haben heute wieder Politiker quer durch alle Parteien lebhaft miteinander gestritten. Der Arbeitnehmerflügel der CDU unterstützte dabei die Kritik an hohen Manager-Gehältern. Er forderte, die Koppelung der Gehälter an die Börsenkurse zu verbieten. (Tagesschau-Meldung vom 30. April 2005) +++

die Hauptaufgabe des Managements, den Börsenwert des Unternehmens zu steigern. Diesem Ziel werden in manchen Unternehmen alle Entscheidungen untergeordnet. Und weil das Einkommen der *Manager* eines solchen Unternehmens meist an die Höhe dieses Werts gekoppelt ist, liegt es in ihrem ganz persönlichen Interesse, ihn zu maximieren.

Diese Philosophie ist nicht nur einfach, sie ist auch für Aktionäre faszinierend. Vor allem in den neunziger Jahren und direkt nach der Jahrtausendwende war die Shareholder-Value-Orientierung eines der großen Modethemen an den Kapitalmärkten. Aber so simpel der Gedanke ist, so angreifbar ist er auch. Denn um funktionieren zu können, braucht das Unternehmen nicht nur Kapitalgeber, sondern auch Kunden, Lieferanten, Standortgemeinden und natürlich seine Mitarbeiter. Diese sogenannten Stakeholder werden verprellt, wenn sich die Aktionäre Jahr für Jahr höhere *Gewinne* einverleiben, während für sie nichts herausspringt – kein Gehaltsbonus und kein Sponsoring des örtlichen Fußballvereins. Spätestens bei der nächsten Krise kann sich das bitter rächen: Betriebsrat oder Bürgermeister werden zu geringeren Zugeständnissen bereit sein, Kunden sich andere Geschäftspartner suchen, die sie besser behandeln.

Nachdem sich außerdem noch herausstellte, dass eine kompromisslose Shareholder-Value-Orientierung das Management dazu verleiten kann, auch eigentlich schlechter ausgefallene Unternehmensergebnisse so «hinzubiegen», dass sie sich als Steigerung des Shareholder-Value darstellen ließen, wurde die Bedeutung dieses Ansatzes relativiert. In den meisten Unternehmen gilt die Steigerung des Shareholder-Value heute als legitimes Interesse der Aktionäre, aber nicht als das einzige, um jeden Preis zu erreichende Ziel des Unternehmens.

Stock-Option

Würde man die beiden Wörter deutsch aussprechen, könnte man meinen, es gehe um die Einführung der Prügelstrafe – der Firmenchef hätte dann die (Rohr-)Stock-Option. Aber sie werden Englisch ausgesprochen, und dann handelt es sich um keine Strafe, sondern um eine Belohnung: Wer die Stock-Option bekommt, erhält das Recht, zu einem festgelegten Zeitpunkt irgendwann in der Zukunft eine festgelegte Anzahl von *Aktien* zu einem festgelegten *Preis* zu kaufen.

Es ist noch gar nicht so lange her, da galt es geradezu als Ei des Kolumbus, den wichtigsten Mitarbeitern eines Unternehmens einen Teil des Gehalts in solchen Optionen auszuzahlen. Wenn zum Fälligkeitszeitpunkt der Aktienkurs an der *Börse* höher liegt als der festgelegte Optionspreis, macht der Mitarbeiter einen Gewinn; liegt der Kurs tiefer, verliert er nichts, sondern lässt seine Stock-Options einfach verfallen.

Bei steigenden Aktienkursen ist das eine großartige Lösung: Das Unternehmen kann seine Personalkosten niedrig halten, die Mitarbeiter werden trotzdem reich – beziehungsweise gerade deswegen, denn durch die niedrigen Personalkosten ist der Profit natürlich höher als bei einem Konkurrenten, der normale Löhne zahlen muss. Höherer Profit bedeutet höhere Kurse, höhere Kurse machen die Mitarbeiter reich, das Unternehmen kann deshalb besonders qualifizierte Leute engagieren, dadurch noch bessere Produkte herstellen und ewig so weiter.

Allerdings hat das Modell einen großen Haken. Denn bei sinkenden Aktienkursen wird es für das Unternehmen gefährlich. Die Aktienoptionen verfallen wertlos, die Mitarbeiter fühlen sich getäuscht, verlangen eine Nachbesserung der Optionen oder schlicht mehr Gehalt, die Stimmung ist im

Keller. Der Konkurrent mit den normalen Löhnen hat jetzt, in den mageren Zeiten, gute Argumente, seine Personalkosten zu senken – der Anbieter mit dem Options-Patentrezept muss ausgerechnet in dieser ohnehin prekären Lage seine Personalkosten erhöhen. Der Profit sinkt, die Kurse fallen weiter, und mancher Unternehmer wird sich wünschen, er hätte damals, als ein Berater ihm das Stock-Option-Konzept verkaufen wollte, das Wort besser deutsch ausgesprochen.

Unternehmer

Wenn ein Unternehmer besonders dynamisch klingen will, sagt er gern: «Ich bin Unternehmer, nicht Unterlasser!» Nun ist zwar nicht jeder Unternehmer so zupackend und risikofreudig, und oft ist es auch klüger, ein bestimmtes *Risiko* nicht einzugehen, aber dennoch steckt in diesem Satz die zentrale Funktion von Unternehmern in einer Volkswirtschaft: Sie wagen, sie unternehmen etwas, um damit für sich selbst *Gewinn* zu erzielen. Und über die unsichtbare Hand des Marktes oder die sichtbare Hand des Finanzamts entsteht daraus ein Nutzen für die Gesellschaft.

Bei der Frage, wer ein Unternehmer ist, sind sich die Behörden mitunter uneins. Die Einkommensteuerabteilung des Finanzamts etwa erkennt als unternehmerische Tätigkeit nur an, was mit der Absicht der Gewinnerzielung unternommen wird (alles andere ist Liebhaberei), die Umsatzsteuerabteilung desselben Finanzamts betrachtet schon eine selbständige «nachhaltige Tätigkeit zur Erzielung von Einnahmen» als unternehmerisch, selbst wenn dahinter keine Absicht steckt, ein Gewerbe aufzubauen, etwa die gelegentliche Vermietung der eigenen Yacht. Jenseits der Welt der

Steuererklärungen und exklusiver Liebhabereien darf man jedoch getrost davon ausgehen, dass ein Unternehmer nicht nur Umsatz machen, also Geld einnehmen und ausgeben will, sondern auch Gewinn erzielen möchte: das, was nach Abzug aller Kosten, *Zinsen*, *Steuern* für den *Eigentümer* übrig bleibt.

Im 19. Jahrhundert wurde heiß diskutiert, ob für eine effiziente Wirtschaft Unternehmer notwendig sind. Im 20. Jahrhundert wurde versucht, zu beweisen, dass es auch ohne geht: Die kommunistischen Staaten bemühten sich, ihre Wirtschaft zwar mit Unternehmen, aber ohne Unternehmer zu organisieren. Das Experiment scheiterte: Staatlich gelenkte Planung konnte unternehmerische Initiative nicht ersetzen, und durch den Versuch der Bürger, sich um die staatliche Mangelwirtschaft herumzuorganisieren, entstand überall eine Art Untergrund-Unternehmertum. Das formal immer noch kommunistische China schaffte seinen gewaltigen wirtschaftlichen Aufschwung erst, als es Unternehmen im Privateigentum zuließ.

+++ Die Unternehmenssteuerreform ist unter Dach und Fach. Nach dem Bundestag stimmte auch der Bundesrat dem Vorhaben mit großer Mehrheit zu. Damit sinkt vom nächsten Jahr an die Steuerlast für Kapitalgesellschaften von etwa 39 Prozent auf knapp unter dreißig Prozent. Die Einnahmeverluste für den Staat sollen auf jährlich fünf Milliarden Euro begrenzt werden. Ziel der Reform ist es, Deutschland als Unternehmensstandort attraktiver zu machen. +++ (Tagesschau-Meldung vom 6. Juli 2007) +++

Venture-Capital

Als um das Jahr 2000 herum neue Wirtschaftszweige wie Internet-, Bio- oder Nanotechnologie einen beispiellosen Boom erlebten, sah es eine Zeit lang so aus, als sei Venture-Capital der Schlüssel zum Schlaraffenland. Man suche sich ein paar dynamische Jungunternehmer mit guten Ideen, aber wenig Geld, verschaffe ihnen das Startkapital, um eine Firma zu gründen, mit der sie ihre Idee umsetzen können, und wenn sie zwei Jahre später an die Börse gehen, werden alle reich. Klappt es einmal nicht, so ist das auch nicht schlimm: «Venture» heißt nun mal «Wagnis»; solange es von zehn Ideen-

Teams auch nur zwei bis an die Börse schaffen, hat der ursprüngliche Wagnisfinanzierer trotzdem eine großartige Rendite auf seinen Einsatz erzielt.

Doch für die meisten damaligen Venture-Capital-Investoren ging diese Rechnung nicht auf. Eine Idee nach der anderen entpuppte sich als nicht erfolgreich, und selbst für die aussichtsreichsten neuen Unternehmen war es einige Jahre lang praktisch unmöglich, Kapital einzusammeln: Nachdem die Kurse der Technologie-Aktien ins Bodenlose stürzten, wollten viele Anleger nichts mehr von «Wachstumswerten» wissen – dem schön klingenden Begriff für kleine Firmen mit hohem Kapitalbedarf, die erst noch beweisen müssen, dass ihr Geschäftsmodell wirklich Gewinn abwirft.

Inzwischen haben sich die Verhältnisse wieder normalisiert, und Venture-Capital ist eine übliche Form der Finanzierung für junge Unternehmen geworden, die insbesondere im Umfeld von Technologie- und Gründerzentren weit verbreitet ist. Die Kapitalgeber haben sich meistens auf bestimmte Branchen oder Technologien spezialisiert, sodass sie gut beurteilen können, ob eine Neuentwicklung tatsächlich eine Chance auf dem Markt haben wird. Zudem haben sie bereits Unternehmen in allen Boom- und Krisenphasen betreut und sind deshalb in der Lage, den meist geschäftlich wenig erfahrenen Unternehmensgründern mit Rat und Tat zur Seite zu stehen.

+++ Das Wachstum der Internet-Branche stellt nach wie vor das vieler anderer Wirtschaftszweige in den Schatten. Der Suchmaschinen-Betreiber Google steigerte im ersten Quartal Umsatz und Gewinn um mehr als 60 Prozent gegenüber dem Vorjahr. Das meiste Geld verdient Google mit Werbung, die auf die Anfragen an die Internet-Suchmaschine zugeschnitten ist und zusammen mit den Ergebnissen angezeigt wird. (Tagesschau-Meldung vom 20. April 2007) +++

Das *Risiko*, durch eine Pleite des Jungunternehmens den Einsatz zu verlieren, bleibt trotzdem hoch. Aber dafür winkt auch der Jackpot, wenn eine der Neugründungen richtig durchstartet. So wie die zweier kalifornischer Uni-Absolventen der Stanford University, Larry Page und Sergey Brin, die ein neuartiges Verfahren zur Suche im Internet entwickelt hatten. Am 7. Juni 1999 investierten die beiden Venture-Capital-Gesellschaften Sequoia und Kleiner Perkins 25

Millionen Dollar in deren Firma. Sie hieß Google, und das ursprüngliche Investment hat sich seither mehr als vertausendfacht.

Kopenhag.
Lissabon
Paris
Stockholm
Wien
Zürich
Madrid
SDAX 50
HSBC

4. Konjunktur · Einleitung

+++ Vor dem morgigen Finanzgipfel im Kanzleramt hält der Streit in der Großen Koalition über die Verwendung zusätzlicher Steuermilliarden an. Mehrere CDU-Ministerpräsidenten dringen wie SPD-Chef Kurt Beck und Bundesfinanzminister Peer Steinbrück (SPD) auf einen stärkeren Abbau der Verschuldung. Bundeskanzlerin Angela Merkel (CDU) und CSU-Chef Edmund Stoiber plädierten dagegen zuletzt dafür, einen Teil der Gelder ins Gesundheitssystem zu lenken.
(Tagesschau-Meldung vom 2. November 2006) +++

Nirgends kommen Menschen so häufig und so locker Geldbeträge mit neun und mehr Nullen über die Lippen wie in der Diskussion um die Staatsfinanzen. Hier ist alles grundsätzlich milliardengroß. Der Beitragssatz zur Arbeitslosenversicherung wurde zum 1. Januar 2008 um 0,9 Prozentpunkte gesenkt – die Beschäftigten müssen pro Jahr 7 Milliarden Euro weniger bezahlen. Das Arbeitslosengeld I wird länger als bisher gezahlt – 1,1 Milliarden Euro Mehrkosten pro Jahr. Das Betreuungsangebot für Kleinkinder soll verbessert werden – für 12 Milliarden Euro.

Mehr als 1000 Milliarden Euro geben alle öffentlichen Institutionen im Jahr aus, also Bund, Länder, Gemeinden und Sozialversicherungen zusammengenommen. Die Staatsquote liegt damit knapp unter 50 Prozent: Fast jeder zweite Euro, der in Deutschland ausgegeben wird, kommt aus einer öffentlichen Kasse. Kaufe ich ein Eis, zahle ich *Steuern*: Mehrwertsteuer. Bin ich Eisverkäufer, werden erst recht Steuern fällig: Einkommens-, Gewerbe- oder Körperschaftssteuer. Den Strom für die Eisdiele liefert vermutlich ein kommunaler Energieversorger, der mit seinen Gewinnen die Verluste ausgleicht, die der kommunale Verkehrsbetrieb macht, mit dessen Bus ich zur Eisdiele fahre. Auf den Treibstoff, den der Bus verbraucht, kassiert der Staat Mineralöl- und Mehrwertsteuer, und obwohl das Geld für das Eis, das der Vater der Tochter spendiert, nicht direkt vom Staat, sondern aus der Haushaltskasse kommt, ist der Staat trotzdem irgendwie daran beteiligt; wer weiß, ob ohne das Kindergeld genug in der Haushaltskasse wäre, um sich das Eis leisten zu können.

Der moderne Staat ist zu einer gigantischen Maschine geworden, die an vielen verschiedenen Stellen Geld einsaugt und an vielen anderen Stellen (manchmal auch an denselben) wieder Geld ausspuckt. Und damit sie ihre schwere Geldumverteilungsarbeit leisten kann, braucht sie natürlich ebenfalls Geld, für all die Beamten und Angestellten, die die Maschine am Laufen halten.

Im Leitstand dieser Maschine sitzen die von uns gewählten Politiker und debattieren darüber, auf welche Knöpfe sie drücken, welche Schalter sie umlegen und welche Hähne sie auf- oder zudrehen müssen. Aber selbst die erfahrensten Maschinisten können unmöglich sagen, welche der Entscheidungsmöglichkeiten die beste ist – weil jede Veränderung an einer Stelle zu unzähligen Veränderungen an anderen Stellen führt. Und weil sich die Maschine selbst dauernd verändert. Ein Eingriff, der gestern noch keinerlei Wirkung zeigte, kann das System heute vor dem Zusammenbruch bewahren und es morgen zum Stehen bringen.

Wie im Cockpit eines Flugzeuges gibt es auch hier eine ganze Reihe von Instrumenten, die Informationen über den Zustand der Maschine geben. Dieser Zustand heißt Konjunktur. Sie ist die Summe aus den unendlich vielen einzelnen

Entscheidungen von Staat, Unternehmen und Verbrauchern: Windparks in der Nordsee oder Braunkohlekraftwerk in der Lausitz? Entwicklung eines neuen Geländewagens oder eines Öko-Kleinstautos? Abendbrot zu Hause oder Dinner im Sterne-Restaurant? Alle ökonomischen Aktivitäten in einem Land zusammengenommen ergeben sein *Bruttoinlandsprodukt* (BIP), das beste Maß für die Wirtschaftskraft eines Landes. Je größer das BIP, desto leistungsfähiger die Wirtschaft.

Bei einzelnen Menschen oder Firmen kann es im Verlauf eines Jahres zu großen plötzlichen Veränderungen kommen. Arbeitslosigkeit oder Beförderung, *Konkurs* der eigenen Firma oder Lottogewinn können den Beitrag jedes Einzelnen zur Wirtschaftsleistung des Landes leicht mehr als halbieren oder verdoppeln. Insgesamt jedoch verändert sich die Wirtschaftskraft scheinbar nur gemächlich – mal legt sie 2,7 Prozent im Jahr zu, mal lässt sie 0,3 Prozent nach. Seit 1980 gab es in Deutschland nur fünf Jahre, in denen das BIP nach Abzug der Inflationsrate um mehr als drei Prozent wuchs, und sogar nur drei Jahre, in denen es unter den Wert des Vorjahres sank. Aber dieser so gering aussehende Unterschied ist ökonomisch der zwischen zwei gegensätzlichen Welten: zwischen *Boom* und *Rezession*, zwischen starkem Abbau und starkem Anstieg der *Arbeitslosigkeit*.

Für die Politiker im Leitstand der Wirtschaftsmaschine sind zwei Anzeigen besonders wichtig: das *Wachstum* der Wirtschaft und die Zahl der Arbeitslosen. Denn so, wie man den wirtschaftlichen Erfolg eines Unternehmens an der Höhe des *Gewinns* (oder Verlusts) bemisst, den es gemacht hat, lässt sich der wirtschaftliche Erfolg einer Regierung an der Zu- oder Abnahme des Bruttoinlandsprodukts messen. Wobei die guten aktuellen Leistungen, mit denen die Verantwortlichen von heute sich schmücken, oft eher das Resultat

+++ Die sieben führenden Industriestaaten erwarten für das laufende Jahr eine kurzfristige Abschwächung des Wirtschaftswachstums, sehen aber keine Rezessionsgefahr. Beim G7-Treffen in Tokio sprach US-Finanzminister Paulson dennoch von schwerwiegenden und anhaltenden Finanz-Turbulenzen. Nach Einschätzung von Bundesfinanzminister Steinbrück müssen die Banken weltweit 400 Milliarden Dollar abschreiben. Die Wirtschaft der Eurozone stehe aber robuster da als die US-Wirtschaft. (Tagesschau-Meldung vom 9. Februar 2008) +++

Preisniveau
Wirtschaftswachstum
Beschäftigungsstand
Außenwirtschaftliches Gleichgewicht

der Entscheidungen von gestern sind. Denn die Maschine ist nicht nur kompliziert, sie ist auch träge: Nicht selten dauert es viele Monate, ja Jahre, bis wirtschaftspolitische Maßnahmen eine Wirkung zeigen. Eine neu ans Ruder gekommene Regierung ist sich dessen auch wohlbewusst, wenn sie schlechte Wirtschaftsdaten zu erklären hat – bei denen handle es sich dann nämlich um die «Erblast» der Vorgänger.

Müsste man nur auf eine Anzeige achten, wäre die Steuerung recht einfach: Wenn beispielsweise die Arbeitslosigkeit steigt, kann man durch Zinssenkungen, *Investitionsförderung* oder andere *Subventionen* die Unternehmen dazu bringen, neue Arbeitsplätze zu schaffen, oder auch Arbeitslose direkt auf Staatskosten beschäftigen. Aber dadurch geraten eben einige der anderen Anzeigen in kritische Bereiche: Die *Staatsverschuldung* steigt, der Geldwert sinkt, und die kurzfristige Reduzierung der Arbeitslosigkeit führt zu einer langfristigen Schwächung der Volkswirtschaft. Die für die Währungsstabilität zuständige Zentralbank – bei uns also die Europäische Zentralbank (EZB) – hat deshalb immer noch ein paar weitere Anzeigen im Auge, vor allem Inflationsrate, Staatsverschuldung, Haushaltsdefizit, *Leistungsbilanz* und den Wechselkurs der eigenen Währung.

In den sechziger Jahren, als die Ökonomen von dem Gedanken fasziniert waren, durch politische Steuerung der Volkswirtschaft immerwährendes Wachstum zu erreichen, wurde ein «magisches Viereck» ersonnen. Die Maschinisten sollten danach auf vier Instrumente ganz besonders achten: stabiles Preisniveau, hoher Beschäftigungsstand, außenwirtschaftliches Gleichgewicht sowie angemessenes und stetiges Wirtschaftswachstum. Solange alle vier im grünen Bereich stehen, läuft die Maschine wie geschmiert. «Gehn Se mit der Konjunktur» sang das Hazy-Osterwald-Sextett zum Beginn dieses wirtschaftswunderseligen Jahrzehnts.

Aber kaum war der Zauberspruch des magischen Vierecks gesprochen, da war er schon nicht mehr gültig. Zuerst zeigte sich, dass den Politikern, die schließlich immer wieder vom Volk gewählt werden wollen, zwei dieser vier Ecken – Wachstum und Beschäftigung – wichtiger waren als die anderen beiden: Je höher das Wachstum, desto sicherer der Wahlsieg, und je höher die Arbeitslosigkeit, desto sicherer die Niederlage. Für Außenwirtschaft und *Inflation* mochten sich Ökonomen interessieren, aber damit entscheidet man keine Bundestagswahl. Geradezu klassisch hat dieses Problem im Juli 1972 der damalige Bundesfinanzminister Helmut Schmidt formuliert. «Mir scheint, dass das deutsche Volk – zugespitzt – fünf Prozent Preisanstieg eher vertragen kann, als fünf Prozent Arbeitslosigkeit», sagte er zu einer Zeit, als die Wirtschaft auf vollen Touren lief. Zwei Jahre später war er Bundeskanzler und versuchte danach ebenso verzweifelt wie vergeblich, die deutsche Wirtschaft wieder in den paradiesischen Zustand der sechziger Jahre zurückzuversetzen.

Zu spät. Mit der ersten Ölkrise ging 1973 für Deutschland die *Wirtschaftswunder*-Ära endgültig zu Ende. Ganz Europa und Nordamerika durchlebten in kurzen Zeitabständen mehrere schwere Wirtschaftskrisen, und an allen Ecken des magischen Vierecks bröckelte es. Für einige Jahre mussten die Deutschen sowohl mehr als fünf Prozent Inflation als auch viel, viel mehr als fünf Prozent Arbeitslosigkeit ertragen. Das Wort «Vollbeschäftigung» ist seither nur noch eine Bezeichnung für vergangene Epochen.

Den Glauben an die segensreiche Wirkung staatlich gesteuerter Wirtschaftspolitik gaben die Politiker deswegen noch lange nicht auf. Mit ständig steigenden Ausgaben des Staates müsste es doch möglich sein, die Wirtschaft wieder in Schwung zu bringen. Unterstützung dafür fanden sie in den Theorien des britischen Ökonomen John Maynard

Keynes (1883–1946), wonach in einer Wirtschaftskrise der Staat durch kräftige *Investitionen* dafür sorgen sollte, den Unternehmen mehr Aufträge und den Menschen mehr Arbeitsplätze zu verschaffen. Der US-Präsident Franklin D. Roosevelt hatte ab 1933 mit einer keynesianischen Politik die Vereinigten Staaten wieder aus der damaligen Weltwirtschaftskrise herausgeführt, und auch die gewaltige Aufrüstung, die Adolf Hitler zur selben Zeit in Deutschland startete, wirkte auf die Volkswirtschaft wie ein Konjunkturprogramm – wenn auch ein ganz anderes als die Programme der siebziger Jahre.

Nach der Ölkrise 1973 begannen viele Staaten, sich bis an die Grenze ihrer Leistungsfähigkeit zu verschulden, um den stotternden Motor der Wirtschaftsmaschine wieder zum Schnurren zu bringen. Die Wohltaten, die so auf Kredit verteilt wurden, von Sozialwohnungen bis zu Bergbausubventionen, konnten Wahlen zugunsten der Wohltäter entscheiden – die *Zinsen* und die Tilgung, also die Zurückzahlung der *Kredite*, wurden erst nach dem Wahltag fällig. Und weil fällige Staatsschulden seither vor allem durch die Aufnahme neuer Kredite getilgt wurden, werden auch noch zukünftige Generationen zahlen müssen.

Denn natürlich setzte keiner der verantwortlichen Politiker durch, in den Jahren besserer Konjunktur die Staatsverschuldung wieder zurückzufahren, da man dadurch den Aufschwung gefährdet hätte. In Deutschland stieg die Gesamtverschuldung aller öffentlichen Haushalte von umgerechnet 63 Milliarden Euro (1970) über 237 Milliarden Euro (1980), 536 Milliarden Euro (1990) und 1198 Milliarden Euro (2000) auf 1498 Milliarden Euro im Jahr 2007. In den meisten anderen westlichen Ländern wurden ähnlich viele Schulden angehäuft.

Doch die Zeiten des großen Schuldenmachens neigen sich

+++ Der Berg öffentlicher Schulden ist im vergangenen Jahr weiter gewachsen. Bund, Länder und Gemeinden standen nach Angaben des Statistischen Bundesamtes mit 1450 Milliarden Euro in der Kreide. Das sind 3,8 Prozent mehr als im Jahr zuvor. Damit war jeder Bürger rein rechnerisch mit 17600 Euro belastet. Besonders hoch verschuldet ist Bremen, am geringsten Bayern. EU-weit liegt Deutschland mit seinen öffentlichen Schulden im Mittelfeld. (Tagesschau-Meldung vom 3. Juli 2006) +++

vermutlich gerade dem Ende zu. Zum einen, weil die Schuldenberge der Staaten so weit angewachsen sind, dass allein schon die Zinszahlungen die Staatshaushalte zu erdrücken drohen. Zum zweiten, weil die *Demographie* die meisten Industriestaaten mit der Perspektive einer alternden und schrumpfenden Bevölkerung konfrontiert. Nach dem aktuellen Stand der «Bevölkerungsvorausberechnung» des Statistischen Bundesamtes werden im Jahr 2050 in Deutschland zwischen 69 und 74 Millionen Menschen leben, das sind rund zehn Millionen weniger als heute. Ihr Durchschnittsalter wird bei 50 Jahren liegen – schon heute beträgt es fast 43 Jahre, 1970 waren es erst 36 Jahre. In den anderen Industrieländern Europas ist eine ähnliche Entwicklung zu erwarten. Die USA hingegen sind mit einer stetig wachsenden Bevölkerungszahl die Ausnahme vom demographischen Schrumpfungstrend. Aber dafür haben sie in den vergangenen Jahren so viele Schulden gemacht, dass sie auch trotz weiter steigender Einwohnerzahl nicht noch weitere Kredite anhäufen können.

Nun ist es wesentlich einfacher, den Bürgern etwas zu geben, als ihnen etwas wegzunehmen, und mit Wachstum macht man sich mehr Freunde (und Wähler) als mit Stagnation oder gar Rückbau. Viele Experten bezweifeln deshalb, dass die Politik in den Industriestaaten in der Lage sein wird, schnell genug eine Reformpolitik einzuleiten, um von den Schuldenbergen nicht erdrückt zu werden: Wer den Wählern reinen Wein über die Lage der Nation einschenke, werde schlicht nicht gewählt, an seiner Stelle würden unverantwortliche Populisten das Land regieren, die das Blaue vom Himmel herunter versprechen, obwohl sie schon wissen, dass sie ihre Versprechen nicht halten können. Oskar Lafontaine, heute Linkspartei, führte seine Niederlage als SPD-Kanzlerkandidat im Jahr 1990 unter anderem darauf zurück, dass der CDU-Kanzler Helmut Kohl die Wähler über die hohen Kosten der Wiedervereinigung getäuscht habe.

Doch im Jahr 2005 gab es in Deutschland ein klares Indiz, dass die Wähler nicht so unvernünftig und kurzsichtig reagieren, wie die Skeptiker gern behaupten. Gegen den Rat ihrer Parteistrategen ging Angela Merkel (CDU) mit der Ankündigung in den Bundestagswahlkampf, nach ihrer Wahl die Steuern zu erhöhen, in diesem Fall die Mehrwertsteuer. So etwas hatte noch nie jemand gewagt; und trotzdem wurde die CDU bei der Wahl stärkste Partei, wenn auch nur knapp, und Merkel nach langen Verhandlungen mit den Stimmen der SPD zur Bundeskanzlerin gewählt.

Die Steuerschraube ist einer der wichtigsten Teile der großen Staatsmaschine. Denn das Parlament kann durch die Steuergesetze praktisch nach Belieben festlegen, welchen Zufluss des großen Geldstroms der Volkswirtschaft sie in welcher Höhe in ihre Richtung lenken wollen. Besonders interessant sind dabei natürlich die größten Zuflüsse: bei den Einnahmen der Arbeitnehmer die Lohn- und Einkommenssteuer, bei den Einnahmen der Unternehmen die Gewerbe- und die Körperschaftssteuer, bei den Ausgaben der Verbraucher die Mehrwertsteuer und bei dem Schmierstoff, der die ganze Volkswirtschaft am Laufen hält, die Mineralölsteuer. Zusammengenommen brachten diese sechs Steuerarten im Jahr 2006 dem Staatshaushalt mehr als 388 Milliarden Euro ein, das sind fast 80 Prozent des gesamten Steueraufkommens.

Wenn der Staat jetzt seine Steuereinnahmen erhöhen will, muss er, logisch, die Steuern anheben. Oder, so unlogisch das klingen mag, er muss sie senken. Wie das gehen kann, skizzierte der US-Ökonom Arthur Laffer 1974 auf einer Serviette in einem Washingtoner Restaurant. Zuerst malte er links unten einen Punkt: Wenn der Staat vom Einkommen seiner

+++ Die Kosten für Medikamente steigen weiter. Die Apothekerverbände rechnen für das laufende Jahr mit einem Plus von bis zu sechs Prozent. Vergangenes Jahr haben die gesetzlichen Krankenkassen 25,6 Milliarden Euro für Arzneimittel ausgegeben, das sind laut Apothekerverband 8,1 Prozent mehr als 2006. Ein Teil der Mehrausgaben entfiel auf Impfstoffe, die die Kassen neu in ihren Leistungskatalog aufgenommen haben. Außerdem schlug die Mehrwertsteuererhöhung zu Buche. (Tagesschau-Meldung vom 1. Februar 2008) +++

Bürger null Prozent Steuern kassiert, nimmt er logischerweise genau null Euro ein. Dann malte Laffer rechts unten einen Punkt auf die Serviette: Wenn der Staat 100 Prozent des Einkommens als Steuern kassiert, nimmt er ebenfalls nichts ein, weil niemand arbeiten wird, wenn er weiß, dass der Staat ihm den kompletten Lohn wieder wegnimmt. Dazwischen aber – und Laffer zeichnete eine glockenähnliche Kurve auf die Serviette –, im weiten Bereich zwischen Null und 100 Prozent, entspricht jedem Steuersatz eine bestimmte Steuereinnahme. Also muss es einen Bereich geben – Laffer deutete auf den linken, aufsteigenden Teil der Kurve –, wo der Staat durch steigende Steuersätze seine Einnahmen erhöht; und einen Bereich – den rechten Teil der Kurve –, in dem eine Steigerung der Steuersätze die Einnahmen vermindert. Je nachdem wo man sich gerade auf dieser Kurve befindet, muss der Staat also den Steuersatz entweder erhöhen oder senken, wenn er mehr Einnahmen erhalten will.

In jüngster Zeit gab es in Deutschland sogar einen Beweis dafür, dass trotz deutlicher Erhöhung einer Steuer die Einnahmen daraus tatsächlich sinken können: bei der Tabaksteuer. Zwischen 2000 und 2005 stieg der Steuersatz auf die in Deutschland verkauften Zigaretten immer weiter an, insgesamt um 75 Prozent. Aber im selben Zeitraum stiegen die Einnahmen aus der Tabaksteuer lediglich um 26 Prozent, denn die Zahl der verkauften Zigaretten sank von etwa 140 auf weniger als 100 Milliarden pro Jahr. Für das Jahr 2004, in dem die Steuer in zwei Schritten von 16,7 Cent auf 21,2 Cent pro Zigarette angehoben wurde, hatte der Finanzminister Mehreinnahmen von 1,5 Milliarden Euro erwartet. Tatsächlich brachte die Tabaksteuer 0,5 Milliarden Euro weniger ein als 2003: Statt 14,1 Milliarden flossen nur 13,6 Milliarden Euro in die Staatskasse, der Verkauf von Zigaretten ging nämlich um mehr als 15 Prozent zurück.

Recht so, sagen viele, schließlich ist Rauchen erwiesenermaßen extrem gesundheitsschädlich: Höhere Steuern dienen in diesem Fall eben gerade nicht dem Zweck, dem Staat mehr Einnahmen zu verschaffen, sondern sie sollen die Menschen dazu bringen, ihre Gesundheit nicht zu ruinieren. Auf solche pädagogischen Steuern verfallen Regierung immer dann, wenn sie etwas, das sie stört, nicht einfach verbieten können. Als Zar Peter der Große europäische Sitten in seinem Reich verbreiten wollte, ersann er eine Bartsteuer, um möglichst viele seiner Untertanen dazu zu bringen, sich, wie in Europa damals üblich, zu rasieren. Und die im Jahr 2006 in Deutschland eingeführte Steuer auf alkoholhaltige Mixgetränke (Alkopops) wurde sogar ausdrücklich damit begründet, diese besonders bei Jugendlichen beliebten Getränke so teuer zu machen, dass sie wieder vom Markt verschwinden. Das klappte – aber wie einige Todesfälle nach Alkoholexzessen im Jahr 2007 zeigten, stieg ein Teil der Jugendlichen danach auf härtere Getränke um.

Bei den meisten Steuern, die mit wohlgesetzten Worten begründet werden, geht es allerdings nicht nur darum, das Verhalten der Verbraucher in gewünschte Bahnen zu lenken, sondern auch darum, Geld einzunehmen. Das beste Beispiel hierfür ist die Mineralölsteuer. Sie soll zwar dazu beitragen, den Energieverbrauch und die CO_2-Produktion in Deutschland zu reduzieren, aber falls der Verbrauch so sehr zurückgehen würde, dass die Einnahmen aus dieser Steuer sinken, würde das eine schmerzliche Lücke in die Haushaltskasse des Finanzministers reißen. Immerhin ist die Mineralölsteuer inzwischen auf Platz drei der ergiebigsten Steuern in Deutschland vorgerückt.

Der Vermeidungseffekt ist bei Tabak- oder Mineralölsteuer zumindest teilweise erwünscht. Ganz anders sieht das bei der am stärksten sprudelnden Einnahmequelle des Staates aus, der Einkommensteuer. Doch auch für sie gilt das altbekannte Dilemma jeglicher Steuerpolitik: Was immer ein Staat besteuert, er ermuntert seine Bürger dazu, genau dieses zu vermeiden: Je höher die Einkommensteuer ist, desto geringer der Anreiz, sich für den Finanzminister abzuplagen, und desto größer die Verlockung, schwarz zu arbeiten. Für dieses Dilemma gibt es keine allgemeingültige Lösung, sondern eine geradezu klassische Gebrauchsanweisung von Jean-Baptiste Colbert, dem Finanzminister des französischen Königs Ludwig XIV.: «Steuern erheben heißt, die Gans so zu rupfen, dass man möglichst viele Federn mit möglichst wenig Gezische bekommt.»

Ein Colbert, aber auch ein Bismarck wäre allerdings fassungslos, wenn er wüsste, wie hoch der Anteil am Einkommen der Bürger ist, den die Regierungen für sich beanspruchen; dass die Bürger in den reichsten Staaten der Welt es sich ohne allzu großes Murren gefallen lassen, in etwa die Hälfte ihres Verdienstes in verschiedene Staats- und Sozialkassen abzuführen. In früheren Epochen, als die zu finanzierenden Aufgaben des Staates in erster Linie darin bestanden, ein Heer, einen Hofstaat und einen Beamtenapparat zu unterhalten, kam der Herrscher mit weit geringeren Beträgen aus.

Aber damals erzeugten auch die meisten der Bewohner eines Landes fast alles fürs Überleben Notwendige selbst. Erst in der Zeit der industriellen Revolution im 18. und 19. Jahrhundert entwickelte sich eine hoch arbeitsteilige Gesellschaft, in der die meisten Menschen darauf angewiesen waren, dass eine ziemlich große Zahl ziemlich komplexer Systeme ziemlich reibungslos funktioniert: vom Verkehrs- bis zum Stromnetz, von der medizinischen Versorgung bis zur Feuerwehr. Für die stark erweiterte Daseinsvorsorge war und ist vor allen Dingen der Staat zuständig, deshalb ist die Summe immer weiter gestiegen, die er benötigt, um diese Aufgabe wahrnehmen zu können.

Es gibt kein allgemeingültiges Maß dafür, wie hoch der Anteil des Staates an der gesamten Wirtschaftsleistung sein darf. Ein Land wie Schweden hat fast schon traditionell eine besonders hohe Staatsquote (etwa 56 Prozent) und dennoch eine gut funktionierende, dynamisch wachsende Wirtschaft. Sein BIP pro Kopf der Bevölkerung entspricht ungefähr dem der Vereinigten Staaten, seine Wachstumsrate ist sogar höher als die der USA, wo ebenso traditionell eine starke Abneigung gegen einen allzu mächtigen Staat herrscht; entsprechend niedrig ist dort die Staatsquote, sie liegt bei etwa 34 Prozent.

Zumindest grundsätzlich lässt sich für die Aktivität des Staates eine ähnliche Kurve zeichnen wie diejenige, die Laffer auf seine Serviette malte: Null Prozent Staatsquote bedeutet ein System der reinen Anarchie, 100 Prozent stehen für einen totalitären, alle Lebensbereiche kontrollierenden Staat. Beide Extreme sind weder lebens- noch überlebensfreundlich. Und irgendwo zwischen null und hundert gibt es einen Zweig, auf dem mehr Staat mehr Wohlstand, Sicherheit und Lebensqualität bedeutet, und einen anderen Zweig, bei dem sich positive Effekte eher durch einen Teilrückzug des Staates aus der Wirtschaft erreichen lassen. Aber auf welchem Zweig dieser Kurve sich ein Land gerade befindet, wird unter dessen wichtigsten Parteien wohl immer heftig umstritten bleiben.

Boom

Wenn in einem Comic das Wort «Boom» steht, ist er wahrscheinlich auf Englisch, und es ist gerade etwas explodiert. In der deutschen Übersetzung steht an dieser Stelle «Bum!» oder «Krach!». Wenn man hingegen in einer Zeitung das Wort «Boom» liest, hat man wahrscheinlich den Wirtschaftsteil vor sich, in dem gerade von Unternehmen, Branchen oder Ländern berichtet wird, bei denen wirtschaftlich alles wie geschmiert läuft: Sie haben phänomenale Wachstumsraten aufzuweisen, und es sieht ganz danach aus, als würde sich daran so bald nichts ändern. Ob man jedoch die «New York Times», die «Süddeutsche», «Le Figaro» oder «El Mundo» vor sich hat, ist nicht leicht zu sagen: Der Ausdruck «Boom» für Phasen der Hochkonjunktur wird im Englischen, Deutschen, Französischen, Spanischen und in einer Reihe weiterer Sprachen verwendet.

+++ Volle Auftragsbücher haben in der Metall- und Elektroindustrie für einen Jobboom gesorgt. Allein im Januar seien 27000 neue Arbeitsplätze geschaffen worden, teilte der Arbeitgeberverband Gesamtmetall mit. Einen so starken Zuwachs habe es zuletzt in den sechziger Jahren gegeben. (Tagesschau-Meldung vom 25. März 2008) +++

Den bislang letzten Boom erlebte die deutsche Wirtschaft in den Jahren 1990 und 1991. In einer Phase ohnehin relativ guter wirtschaftlicher Entwicklung verschwand erst die Mauer, dann die DDR-Mark und dann auch noch die ganze DDR. Und die neuen Bundesbürger kauften und kauften und kauften. Oft konnten die Händler die Ware gar nicht schnell genug beschaffen, und die Unternehmen investierten, um die im größer gewordenen Deutschland gestiegene *Nachfrage* langfristig befriedigen zu können. Das gesamtdeutsche *Bruttoinlandsprodukt* wuchs in diesen beiden Jahren jeweils um mehr als fünf Prozent gegenüber dem Vorjahr – zum bislang letzten Mal in der deutschen Geschichte.

In den vergangenen Jahren erlebten vor allem China und Indien einen Boom mit jährlichen Wachstumsraten von um die zehn Prozent. Die Fabriken und Bürohochhäuser schießen dort mit einer solchen Geschwindigkeit aus dem Boden, dass man in Anlehnung an das «Boom!» der Comics fast von einer Explosion sprechen könnte. Auch in den vor allem Öl und Gas exportierenden Staaten wie Saudi-Arabien, Dubai oder Russland kommt es durch den starken Anstieg der Ölpreise zu einer Art Konjunkturüberschwang.

Bruttoinlandsprodukt

Einer der größten deutschen Musikhits des Jahres 1983 hieß «Bruttosozialprodukt» und stammte von einer Gruppe namens Geier Sturzflug. Der Refrain lautete: «Ja, ja, ja, jetzt wird wieder in die Hände gespuckt, wir steigern das Bruttosozialprodukt.» Möglicherweise reden deshalb immer noch viele vom Bruttosozialprodukt als wichtigster volkswirtschaftlicher Messgröße – obwohl es das Bruttosozialprodukt seit 1999 gar nicht mehr gibt. Damals wurde es nämlich offiziell und weltweit in «Bruttonationaleinkommen» (BNE) umbenannt.

Die wichtigste volkswirtschaftliche Messgröße ist inzwischen allerdings das Bruttoinlandsprodukt (BIP). Es entspricht dem Marktwert aller in einem Land während eines Jahres hergestellten Waren und Dienstleistungen, wobei die Vorleistungen jeweils abgezogen werden, beispielsweise bei der Produktion eines Autos die Kosten aller zugelieferten Teile – sonst würde das Autoblech ja doppelt gezählt, einmal beim Stahl- und einmal beim Autokonzern. Außerdem müssen zum so ermittelten Wert noch die direkt mit den Gütern verbundenen *Steuern* (wie Tabak- oder Versicherungssteuer) addiert, alle an Unternehmen gezahlten *Subventionen* hingegen abgezogen werden.

+++ Nach offiziellen Angaben kletterte das Bruttoinlandsprodukt 2007 um 2,5 Prozent. Aufgrund der guten Konjunktur ist der Staatshaushalt erstmals seit der Wiedervereinigung wieder ausgeglichen. 2007 erwirtschafteten Bund, Länder, Gemeinden und Sozialkassen einen Überschuss in Höhe von 70 Millionen Euro. 2006 wiesen die öffentlichen Kassen noch ein Minus von knapp 37 Milliarden Euro aus. (Tagesschau-Meldung vom 15. Januar 2008) +++

Vom früher verwendeten Bruttosozialprodukt (heute Bruttonationaleinkommen) unterscheidet sich das BIP in einigen statistischen Feinheiten, vor allem aber dadurch, dass es wesentlich einfacher zu berechnen ist, auch von ärmeren Ländern, die über keine üppig besetzten statistischen Ämter verfügen. Für internationale Wirtschaftsvergleiche wird deshalb stets das BIP verwendet. Die Länder mit dem höchsten BIP sind (in dieser Reihenfolge) die USA (mit ca. 13,2 Billionen Dollar im Jahr 2006), Japan (ca. 4,3 Billionen), Deutschland (ca. 2,9 Billionen) und China (ca. 2,6 Billionen). Addiert man das BIP aller Länder der Welt, erhält man einen Wert von rund 50 Billionen Dollar. Die USA und die Europäische Union zusammengenommen erbringen etwas mehr als die Hälfte davon.

Während das BIP in absoluten Werten ein Maß für die Wirtschaftskraft eines Landes ist, ergibt das BIP je Einwohner eher ein Maß für den Wohlstand eines Landes. Hier liegen nicht die großen, sondern kleine Länder ganz vorn: Luxemburg (ca. 90 000 Dollar pro Kopf und Jahr) mit weitem Abstand vor Norwegen (ca. 72 000 Dollar), dem Ölstaat Katar (ca. 63 000 Dollar) und der Schweiz (ca. 53 000 Dollar). Unter den 180 Staaten, für die der *Internationale Währungsfonds* das BIP je Einwohner berechnet, liegt Deutschland (mit ca. 35 000 Dollar) gerade noch unter den ersten 20.

Demographie

Das griechische *démos* bedeutet so viel wie «Volk», und *graphé* heißt übersetzt «Beschreibung». Aber die Demographie beschreibt nicht so sehr ein Volk – sie zählt es. Alle Veränderungen innerhalb einer Bevölkerung sind Thema dieser Wissenschaft, also Geburten, Todesfälle, Lebenserwartung sowie Ein- und Auswanderung. Viele Jahre interessierte sich kaum jemand für die Arbeit der Demographen, aber in jüngster Zeit hat sich das geändert. Der wichtigste Grund dafür: Die Zahlen, die sie lieferten, waren alarmierend.

Um das Jahr 2050 droht Deutschland und überhaupt Europa nämlich nicht nur die Klima-, sondern auch noch eine demographische Katastrophe. «Die Deutschen sterben aus!», hieß es da schon mal, wobei das rein rechnerisch noch etwa 400 Jahre dauern würde. Aber so weit gehen die Prognosen der Bevölkerungsforscher natürlich nicht, bei 2050 ist Schluss. Und der aktuellen «koordinierten Bevölkerungsvorausberechnung» des Statistischen Bundesamtes zufolge wird die Einwohnerzahl in Deutschland von heute gut 82 Millionen auf 80 bis 81 Millionen im Jahr 2020 und 69 bis 74 Millionen im Jahr 2050 zurückgehen, vor allem aufgrund der niedrigen Geburtenrate.

Doch während der Klimawandel die Existenz vieler Menschen und ganzer Staaten gefährdet, gilt das für den demographischen Wandel nicht im gleichen Maße. Selbst wenn tatsächlich in vier Jahrzehnten nur noch 70 Millionen Menschen in Deutschland leben, geht davon weder die Welt noch Deutschland unter: Wahrscheinlich würden sich das Land und alle seine Systeme im Lauf der Zeit an die veränderte Situation anpassen. 70 Millionen, das war ungefähr die Bevölkerungszahl in beiden Teilen Deutschlands Anfang der fünfziger Jahre des 20. Jahrhunderts, und damals hatte auch niemand den Eindruck, die Länder seien leer. Allerdings müssten die 70 Millionen Einwohner im Jahr 2050 mit gewaltigen wirtschaftlichen und sozialen Problemen fertig werden, die es 1950 so nicht gab, insbesondere durch die im Durchschnitt stark gealterte Bevölkerung.

Sollte jedoch die deutsche Wirtschaft auch in den kommenden Jahrzehnten solide oder gar dynamisch wachsen, so ist es viel wahrscheinlicher, dass die Bevölkerungszahl nicht abnimmt, sondern vielleicht sogar zu. Weil dann mehr Menschen nach Deutschland einwandern, um dort zu arbeiten. Zehn Millionen Zuwanderer auf einen Schlag könnte das Land wohl kaum bewältigen; aber über 40 Jahre verteilt, sieht das schon anders aus. Im Jahrzehnt von 1990 bis 1999 beispielsweise zogen knapp vier Millionen mehr Menschen nach Deutschland als aus Deutschland auswanderten. Wie viele Einwohner das Land im Jahr 2050 haben wird, hängt

+++ Das Spanische Parlament hat eine Babyprämie beschlossen. Rückwirkend zum 1. Juli zahlt der Staat für jedes Neugeborene einmalig 2500 Euro. Für alleinerziehende Mütter, kinderreiche Familien und Eltern behinderter Kinder gibt es 3500 Euro. So will die spanische Regierung gegen die niedrige Geburtenrate vorgehen. Ähnlich wie in Deutschland wird in Spanien eine Überalterung der Gesellschaft befürchtet. (Tagesschau-Meldung vom 20. Oktober 2007) +++

also nicht nur davon ab, wie viele Kinder hier geboren werden, sondern auch davon, wie viele Arbeitsplätze es hier gibt.

Sicher ist allerdings, dass die Deutschen des Jahres 2050 im Durchschnitt weit älter sein werden als die Deutschen im Jahr 2008 oder gar in der Babyboom-Zeit der sechziger Jahre. Das liegt zum einen daran, dass die Geburtenrate seit Jahrzehnten abnimmt: Statistisch gesehen haben 100 heute 50-jährige Frauen insgesamt 160 Kinder geboren, bei den heute 75-jährigen waren es noch 225. Und es liegt daran, dass die Lebenserwartung der Menschen immer mehr ansteigt: Für die 1960 in Deutschland geborenen Kinder betrug sie 71 Jahre für Jungen und 78 Jahre für Mädchen. Für heute geborene Babys sind es 82 Jahre für Jungen und 88 Jahre für Mädchen. Besonders gravierend sind die Auswirkungen dieser Alterung natürlich für die gesetzliche Rentenversicherung. Seit etwa zwei Jahrzehnten versuchen die Politiker, das Rentensystem an die veränderte demographische Situation anzupassen, aber in den kommenden Jahrzehnten werden hier weitere Reformen notwendig sein.

Investitionsförderung

Fabriken sind hässlich, machen Lärm und Dreck. Bürogebäude sind manchmal noch hässlicher, machen weniger Dreck, aber dafür verursachen sie Stau und Stress im Berufsverkehr. Trotzdem sind Politiker überall auf der Welt ganz versessen darauf, dass in ihrer Stadt, in ihrem Land, in ihrem Wahlkreis neue Fabriken und Büros entstehen. Denn dadurch entstehen gleichzeitig Arbeitsplätze, und die bringen nicht nur Arbeit, sondern auch Geld und Kaufkraft für die Bürger und höhere Steuereinnahmen für Stadt und Land.

Deshalb herrscht unter den Politikern weltweit ein harter Wettbewerb um *Investitionen*; jeder will möglichst viele Unternehmen zu sich locken. Man wirbt auf Messen und im Fernsehen, erstellt Präsentationen und Broschüren, bietet unkomplizierte Genehmigungsverfahren, niedrige Steuern, qualifiziertes Personal – und Geld: Entweder wird ein Teil der erforderlichen Investitionssumme aus dem Wirtschaftsförderungsetat des Standorts gezahlt, oder es werden andere Arten von Unterstützung geboten: ein billiges Grundstück, günstige Wohnungen für die neuen Arbeitskräfte, Ausbau von Straßen, Kanälen oder Flughäfen für den neuen Investor. Eine weitere Form der Investitionsförderung sind Zuschüsse oder zinsgünstige Kredite vom Staat oder von staatseigenen Banken wie der KfW. Sie werden nur an bestimmte Zielgruppen vergeben, beispielsweise an Existenzgründer, oder nur für bestimmte, förderungswürdige Zwecke, etwa für Investitionen in Energiespartechnologien.

+++ Nokia hat in seinem Bochumer Werk offenbar nicht alle Bedingungen erfüllt, an die die Subventionen geknüpft waren. Ein erster Prüfbericht der Nordrhein-Westfälischen Förderbank ergab, dass die zugesagte Zahl von Arbeitsplätzen um 200 bis 400 unterschritten wurde. Die Landesregierung prüft nun, ob Subventionen zurückgefordert werden können. (Tagesschau-Meldung vom 26. Januar 2008) +++

Die meisten Ökonomen halten nicht viel von solchen Fördermaßnahmen, denn dabei handle es sich um Eingriffe des Staates in die Wirtschaft, die – ebenso wie andere *Subventionen* – zu einer Verzerrung der Marktbedingungen führen. Am Ende werde dann in Standorte und Projekte investiert, die sich ohne Fördermittel nicht rentieren würden. Damit das nicht (oder zumindest nicht zu sehr) passiert, achten Aufsichtsbehörden wie das Bundeskartellamt, der Bundesrechnungshof und der Wettbewerbskommissar der Europäischen Union darauf, dass die Fördermaßnahmen nicht ausufern.

Konsum

In einer der einfachsten Gleichungen der Physik kommt dem Buchstaben C eine entscheidende Bedeutung zu: $E = mc^2$, Energie gleich Masse mal Lichtgeschwindigkeit zum Quadrat, Albert Einsteins geniale Entdeckung. In der Ökonomie kommt dem Buchstabe C ebenfalls in einer der einfachsten Gleichungen entscheidende Bedeutung zu. Sie heißt $Y = C + I$:

Das Volkseinkommen (Y) ist die Summe aus Konsum (C) und Investitionen (I). Der Unterschied zwischen diesen beiden Gleichungen ist allerdings typisch für den Unterschied zwischen Physik und Ökonomie: Die physikalische Gleichung gilt immer und überall; die ökonomische Gleichung gilt genau in dieser Form eigentlich nie und nirgendwo, sondern ist eine Vereinfachung der wesentlich komplexeren Wirklichkeit. In der gibt es nämlich so etwas wie den Staat, den Außenhandel und die sogenannte Schattenwirtschaft, und all das wird in der Gleichung nicht erfasst.

Aber die Vereinfachung führt direkt zum grundlegenden Verteilungskonflikt in der Volkswirtschaft: Jeder Euro, der in einem Unternehmen erwirtschaftet wird, kann entweder im Unternehmen bleiben, um dort investiert zu werden und eines Tages noch mehr *Gewinn* zu bringen, oder er kann aus dem Unternehmen abgezogen werden, um in einem Geldbeutel zu landen – in dem eines Mitarbeiters oder in dem eines *Eigentümers*, die damit losgehen können, um etwas zu kaufen. Und wenn sie dann an der Ladenkasse stehen, ist es egal, ob es sich um Arbeitnehmer oder Arbeitgeber handelt, als Verbraucher oder Konsument sind alle gleich.

Man kann nicht alles verkonsumieren, was erwirtschaftet wird, weil ohne *Investitionen* die Substanz einer Volkswirtschaft verzehrt wird, und das geht nicht lange gut. Umgekehrt kann man nicht alles investieren, weil sonst niemand mehr Geld hat, um die Produkte zu kaufen, die mit den vielen Investitionen hergestellt werden. Die Steigerung des Konsums ist deshalb eines der Argumente, die *Gewerkschaften* für ihre Lohnforderungen anführen.

Insbesondere christliche und ökologische Politiker kritisieren die rein auf das Materielle ausgerichtete Konsumgesellschaft, in der Preisschilder wichtiger sind als innere Werte. Vor allem in der Adventszeit finden Aufrufe gegen den «Konsumterror» Widerhall. Allerdings ist in Deutschland die Neigung der Bevölkerung zum Kaufrausch wesentlich geringer ausgeprägt als beispielsweise in den USA: Bei uns macht der private Konsum weniger als 57 Prozent des gesamten *Bruttoinlandsprodukts* aus, in den USA mehr als 70 Prozent.

Leistungsbilanz

Die Leistungsbilanz eines Staates, das klingt wie die umfassende Aufstellung all dessen, was die Politiker, die Unternehmen, die Bürger dieses Staates geleistet haben: Wie viele Kindergartenplätze, neu gebaute Autos, angemeldete *Patente* gab es im vergangenen Jahr? Doch für die Leistungsbilanz wird zunächst nur all das addiert, was von diesen Leistungen exportiert wurde, also ins Ausland gegangen ist. Anschließend werden davon die im Inland zur Verfügung stehenden Güter und Dienstleistungen abgezogen, die importiert, also aus dem Ausland eingeführt wurden.

Die Statistiker errechnen die Leistungsbilanz, indem sie drei andere Bilanzen zusammenzählen: die Handelsbilanz (sie misst die Ein- und Ausfuhren von Waren), die Dienstleistungsbilanz (sie macht dasselbe mit Dienstleistungen) und die Übertragungsbilanz (in ihr sind private und öffentliche Überweisungen ohne Gegenleistung enthalten; das betrifft vor allem Geldbeträge, welche von Menschen, die nicht in ihrem Heimatland leben, dorthin überwiesen werden).

+++ Waren aus Deutschland sind im Ausland gefragt wie nie zuvor. Trotz des starken Euro erreichten die Ausfuhren 2007 Rekordniveau. Während 2006 noch Waren im Wert von 893,6 Milliarden Euro ausgeführt wurden, stieg der Export im vorigen Jahr auf 969,1 Milliarden. Am besten verkauften sich Maschinen, Autos und chemische Produkte. (Tagesschau-Meldung vom 8. Februar 2008) +++

In Deutschland schien es, als hätte die Leistungsbilanz ebenso wie alle drei Teilbilanzen ein auf ewig festgelegtes Vorzeichen. Die Handelsbilanz ist seit Jahrzehnten positiv: Der Exportweltmeister Deutschland führt traditionell wesentlich mehr Waren aus als ein. Die Dienstleistungsbilanz ist negativ: Ihr größter Posten ist der *Tourismus*, und der

Reiseweltmeister Deutschland lässt ebenso traditionell wesentlich mehr Geld als Tourist im Ausland als umgekehrt ausländische Touristen in Deutschland lassen. Und die Übertragungsbilanz ist ebenfalls negativ: Es gibt wesentlich mehr ausländische Arbeitnehmer in Deutschland als Deutsche, die im Ausland arbeiten.

Bis 1990 war der Überschuss in der Handelsbilanz stets größer als die Defizite in der Dienstleistungs- und Übertragungsbilanz, sodass Deutschland immer eine positive Leistungsbilanz hatte. Dann kam die Wiedervereinigung, und die deutsche Leistungsbilanz war ein komplettes Jahrzehnt lang negativ. Der hohe Nachholbedarf in den neuen Bundesländern, sowohl bei Konsumgütern als auch bei Investitionen, führte zu einem so deutlichen Anstieg der Einfuhren, dass die immer noch positive Handelsbilanz die Negativbeträge der anderen beiden Teilbilanzen nicht mehr ausgleichen konnte. Erst im Jahr 2001 wurde die Leistungsbilanz wieder positiv.

«Positiv» und «negativ» sind dabei erst einmal nur rein mathematische Begriffe, keine Werturteile. Eine negative Leistungsbilanz besagt zwar, dass im eigenen Land mehr verbraucht als erwirtschaftet wird, aber das kann beispielsweise dann sinnvoll sein, wenn ein Land besonders stark wächst und für dieses Wachstum Investoren aus dem Ausland anzieht. Das ist etwa bei den osteuropäischen EU-Beitrittsländern der Fall. Problematisch wird es, wenn es über lange Zeit zu großen Ungleichgewichten kommt, wenn also einzelne Länder konsequent einen hohen Überschuss in der Leistungsbilanz erzielen und andere ein ebenso konsequent hohes Defizit. Das ist derzeit mit China und den USA so: Die USA leben massiv über ihre Verhältnisse, China häuft ebenso massiv Überschüsse an. Wenn solche Ungleichgewichte das Funktionieren des Weltwirtschaftssystems gefährden, sind davon alle Länder betroffen.

Rezession

Von Till Eulenspiegel wird berichtet, er sei fröhlich pfeifend den Hügel hinaufgestiegen, weil er sich schon auf den leichten Abstieg danach freute. Auf dem wiederum stöhnte und ächzte er in der Erwartung der vor ihm liegenden Klettertour auf den nächsten Hügel. So ähnlich verhält sich auch die *Börse* beim Gang durch die Täler und Hügel der Konjunktur. Ist das Wirtschaftswachstum besonders hoch, zeigen sich die Aktienkurse oft schwach, weil die Aktionäre wissen, dass jedem Aufschwung stets ein Abschwung folgt. Und keine Zeit eignet sich besser für einen Einstieg in den Aktienmarkt als eine Rezession, also eine Schrumpfung der Wirtschaftsleistung – denn danach kann es ja nur wieder besser werden.

In allen Marktwirtschaften wechseln Aufschwung/*Boom* und Abschwung/Rezession einander ständig ab. Warum das so ist und warum die Wirtschaftsentwicklung nicht geradlinig, sondern mit starken Schwankungen verläuft, hat bislang noch niemand überzeugend erklären können, auch wenn die Ökonomen für jede aktuelle Konjunkturphase eine oder mehrere plausible Erklärungen haben. Wirtschaftspolitik kann allenfalls das Ausmaß dieser Schwankungen verringern, die Schwankungen selbst abschaffen kann sie nicht.

Die Statistiker sprechen dann von einer Rezession, wenn das *Bruttoinlandsprodukt* zwei Quartale nacheinander niedriger lag als im Vergleich mit dem entsprechenden Quartal des Vorjahres. Das war in Deutschland das letzte Mal im Jahr 2003 der Fall. Insgesamt gab es in den vergangenen 50 Jahren nur fünf Jahre, in denen die Wirtschaftsleistung Deutschlands schrumpfte: 1967, 1975 (nach der ersten Ölkrise), 1982 (zweite Ölkrise), 1993 (nach dem Einheits-Boom) und eben 2003. Zwei Jahre Minuswachstum nacheinander sind in der Geschichte der Bundesrepublik überhaupt noch nicht vorgekommen.

+++ Die deutsche Wirtschaft steht am Rand einer Rezession. In den ersten drei Monaten dieses Jahres ist das Bruttoinlandsprodukt nicht nur nicht gewachsen, sondern sogar zurückgegangen – um 0,2 Prozent. Dadurch verringern sich die zu erwartenden Steuereinnahmen noch weiter. (Tagesschau-Meldung vom 15. Mai 2003) +++

Typisch für eine Rezession ist ein starker Anstieg der *Arbeitslosigkeit* und ein ebenso starker Rückgang des *Konsums*: In schlechten Zeiten wird lieber gespart als Geld ausgegeben. Unternehmen schrauben ihre *Investitionen* zurück, und auch der Staat hat weniger Handlungsspielraum, weil er weniger *Steuern* einnimmt und zugleich seine Sozialausgaben steigen. In der Rezession von 1929/30 reagierten die Industriestaaten auf die Krise mit einer heftigen Kürzung ihrer Ausgaben, und das allseitige «Gesundschrumpfen» setzte eine Abwärtsspirale in Gang, die aus einer normalen Rezession eine tiefe Weltwirtschaftskrise machte.

Sachverständigenrat

Zur Verehrung des gerade eben geborenen Jesuskindes kamen nur drei Weise aus dem Morgenland nach Betlehem. Für die «Begutachtung der gesamtwirtschaftlichen Entwicklung» werden jedoch in Deutschland fünf Weise gebraucht. Wobei nach mehr als vierzig Jahren reiner Männerwirtschaft seit 2004 erstmals auch eine Weisin darunter ist.

Ins Leben gerufen wurde der «Sachverständigenrat zur

Begutachtung der gesamtwirtschaftlichen Entwicklung» im Jahr 1963, seitdem berät er die Bundesregierung in allen wirtschaftlichen Fragen. Insbesondere gehört es zu seinen Aufgaben, jährlich im November dem Wirtschaftsminister ein Gutachten zur Entwicklung der Volkswirtschaft zu überreichen. Es enthält Zahlen, Analysen und Prognosen sowie üblicherweise auch eine ganze Menge Mahnungen: nicht zu viel Schulden machen, *Subventionen* abbauen, die Ausgaben so gering wie möglich halten und weitere mehr.

Bis in die achtziger Jahre wurde dem Sachverständigenrat ein hohes Maß an Vertrauen und Respekt entgegengebracht. Aus dieser Zeit stammt auch der Ehrentitel «Die fünf Weisen». Danach ging der Einfluss des Rates drastisch zurück. Auslöser hierfür war ein Sondergutachten von Anfang 1990, in dem sich der Rat strikt gegen eine Währungsunion von BRD und DDR aussprach. Der damalige Bundeskanzler Helmut Kohl schimpfte daraufhin über «Krämerseelen», die «vor der Geschichte abdanken», und kümmerte sich weiter nicht mehr um den ökonomischen Sachverstand.

Inzwischen ist der Einfluss des Sachverständigenrates wieder gewachsen. Das liegt nicht zuletzt am derzeitigen Vorsitzenden dieses Gremiums, dem Darmstädter Volkswirtschaftsprofessor Bert Rürup. Er genießt sowohl unter den Ökonomen als auch unter den Politikern hohes Ansehen und hat im vergangenen Jahrzehnt maßgeblich an allen Reformen der Renten- und der Krankenversicherung mitgewirkt.

Solidaritätszuschlag

Der Solidaritätszuschlag ist die einzige *Steuer* in Deutschland, die einen Kosenamen hat: «Soli». Mit seinem Namen sollte 1991 an den Gemeinsinn der Deutschen appelliert werden, weil die deutsche Einheit eben doch nicht zum Nulltarif zu haben war: Ein Jahr zuvor hatte Bundeskanzler Helmut Kohl noch versprochen, die Wiedervereinigung ganz ohne Steuererhöhungen zu finanzieren – jetzt wurde zwar eine neue Steuer eingeführt, aber nicht «Steuer» genannt. Zunächst nur auf ein Jahr befristet, wird der Solidaritätszuschlag seit 1995 durchgängig erhoben. Er beträgt 5,5 Prozent der Einkommens-, Körperschafts- und Kapitalertragssteuer und brachte dem Finanzminister zuletzt (2007) 12,4 Milliarden Euro ein.

Anders als oft vermutet, ist der Solidaritätszuschlag nicht zweckgebunden für *Investitionen* in Ostdeutschland. Und natürlich wird er nicht nur von den Bürgern der alten Bundesländer gezahlt, sondern von allen Steuerpflichtigen in Deutschland. Die «Solidarität», die diese Steuer im Namen trägt, ist deshalb weniger eine zwischen Ost und West, sondern vielmehr eine zwischen allen Steuerzahlern und der Staatskasse.

Seit es den «Soli» gibt, gibt es die Forderung, ihn wieder abzuschaffen. Der Bund der Steuerzahler hat sogar eine entsprechende Klage eingereicht, über die vom Bundesverfassungsgericht noch entschieden werden muss. Die Regierung von Bundeskanzlerin Angela Merkel hat sich aber darauf festgelegt, ihn vorerst weiter zu erheben.

Staatsverschuldung

«Die Schulden von heute sind die Steuern von morgen», sagt der Bund der Steuerzahler und hat deshalb auf seiner Webseite einen Schuldenzähler installiert. Jede Sekunde addiert er ein paar hundert Euro zur bereits auf etwa 1,5 Billionen Euro angewachsenen Staatsverschuldung – für jeden Bürger sind das mehr als 18 000 Euro. Auch wenn der Haushalt des Finanzministers zuletzt fast genauso viel Einnahmen wie Ausgaben verzeichnete – es fällt schwer, sich vorzustellen, dass der Staat diese Schulden jemals tilgen wird.

+++ 2007 haben Bund, Länder, Gemeinden und Sozialversicherung in Deutschland gemeinsam wieder mehr eingenommen als ausgegeben. Der Überschuss im Staatshaushalt lag – wie das Statistische Bundesamt errechnete – bei 200 Millionen Euro. Die Defizitquote sank von 1,6 Prozent im Jahr 2006 auf 0,0 Prozent im vergangenen Jahr. Weniger in der Kreide steht Deutschland dadurch aber nicht. Die Gesamtschulden des Staates belaufen sich auf mehr als 1500 Milliarden Euro. (Tagesschau-Meldung vom 26. Februar 2008) +++

Für die Aufnahme neuer Schulden sind dem deutschen Staat eine ganze Reihe von Grenzen gesetzt. Das Grundgesetz schreibt vor, dass die Kreditaufnahme die Höhe der staatlichen *Investitionen* nicht überschreiten darf. Dahinter steht die Vorstellung, dass Investitionen einen bleibenden Wert schaffen, der als Sicherheit für die Gläubiger dient: Wenn der Staat alle seine Vermögenswerte verkaufen würde, könnte er folglich alle seine Schulden zurückzahlen.

Eine härtere Grenze ziehen die Bestimmungen des Maastricht-Vertrages von 1992. Allen Staaten, die sich an der gemeinsamen Währung Euro beteiligen wollten, wurden damals strikte Vorgaben gemacht: Die Neuverschuldung pro Jahr dürfe nicht mehr als drei Prozent des *Bruttoinlandsproduktes* (BIP) betragen und die Höhe der gesamten Staatsverschuldung 60 Prozent des BIP nicht überschreiten. In der Praxis sind diese Kriterien allerdings nicht ganz so hart: Zwischen 2002 und 2005 lag das deutsche Staatsdefizit jeweils über der Obergrenze von drei Prozent des BIP. Die Europäische Union ließ sich damals lange Zeit, bevor sie ein Sanktionsverfahren gegen Deutschland einleitete, das nach der rapiden Besserung der Staatsfinanzen seit 2006 wieder eingestellt wurde.

Steuern

Wenn es darum geht, das Geld der Bürger in die Staatskasse umzuleiten, war die Kreativität der Herrschenden schon immer unerschöpflich. Es gab Steuern auf Fenster und Bärte, auf Urin und auf Papier, auf Spatzen und auf Hunde – die Hundesteuer gibt es sogar heute noch. Und natürlich ist die Erfindung der Steuern älter als die des Geldes: Von irgendetwas mussten Könige, Fürsten und Priester ja leben.

Steuern unterscheiden sich von allen anderen Geldzahlungen dadurch, dass man für sie keine direkte Gegenleistung erhält (sonst wäre es keine Steuer, sondern eine Gebühr) und dennoch verpflichtet ist, sie zu zahlen (sonst wäre es eine Spende).

Früher waren alle Steuern direkte Steuern: Wer etwas hatte, das steuerpflichtig war, musste den dafür fälligen Betrag in bar oder in Naturalien entrichten. Heute werden viele Steuern – wie die Mehrwertsteuer, die Branntwein-, Kaffee- oder Mineralölsteuer – indirekt erhoben, sie sind also im *Preis* enthalten, den der Verbraucher zum Beispiel an der Kasse im Supermarkt oder an der Tankstelle zahlen muss. Dabei spielt es keine Rolle, wer etwas kauft: Der jeweilige Steuersatz ist für alle Kunden gleich. Bei den meisten direkten Steuern hingegen, die unter anderem auf Einkommen (Lohn-, Einkommens-, Kapitalertrags-, Körperschafts- und Gewerbesteuer), auf Immobilienbesitz (Grundsteuer) und auf Erbschaften erhoben werden, gibt es Freibeträge, die Geringverdiener entlasten. Außerdem kann der Steuersatz in diesen Fällen variieren: Bei der Einkommenssteuer etwa liegt er zwischen 15 und 45 Prozent. All das addiert sich zu einer ansehnlichen Summe: Der Anteil der Steuern an den gesamten Einnahmen des Staates (etwa 1000 Milliarden Euro) liegt bei knapp 90 Prozent.

+++ Fahnder sind heute bundesweit gegen mutmaßliche Steuersünder vorgegangen. Banken, Geschäftsräume und Wohnhäuser wurden durchsucht, die Beamten ermittelten unter anderem in München, Köln und Hamburg. In der Politik ist weiter umstritten, wie Steuerhinterziehung eingedämmt werden kann. Während einige schärfere Strafen fordern, wollen andere Steueroasen austrocknen. (Tagesschau-Meldung vom 18. Februar 2008) +++

Weil man für die gezahlten Steuern keine direkten Gegenleistungen erhält, ist von jeher bei den Steuerpflichtigen der Versuch weit verbreitet, dem Staat so viel wie möglich von dem vorzuenthalten, was ihm zusteht. Doch außer dem illegalen Mittel der Steuerhinterziehung gibt es ganz legale Möglichkeiten, den Betrag, den man ans Finanzamt zahlen muss, zu reduzieren. Oft schaffen die Politiker sie bewusst, um die Bürger zu einem politisch gewollten Verhalten zu verleiten: Als zum Beispiel Anfang der neunziger Jahre Wohnungsbau-*Investitionen* in Ostdeutschland massiv steuerlich begünstigt wurden, löste das einen gewaltigen *Boom* im Baugewerbe aus.

Strukturwandel

Nichts bleibt, wie es ist. Der Erste, dem diese Erkenntnis zugeschrieben wird, ist der griechische Philosoph Heraklit. «Man kann nicht zweimal in denselben Fluss steigen», schrieb er vor 2500 Jahren. Seitdem haben die Menschen immer wieder das Gefühl, dass sie selbst in besonders aufregenden Zeiten leben und dass früher das Leben viel ruhiger und einfacher war. Vermutlich wird es zukünftigen Generationen auch so gehen.

Früher waren Kriege, Revolutionen und Naturkatastrophen die Verursacher der größten Veränderungen, seit etwa zwei Jahrhunderten ist es die Wirtschaft; Dampfmaschine, Eisenbahn, Automobil, Kunststoffe, Computer, Internet haben die Welt radikaler verwandelt als Kriege und Naturkatastrophen: Die Lebenserwartung hat sich verdreifacht, die Weltbevölkerung verzehnfacht, die Zahl der Millionenstädte verhundertfacht, es gibt immer weniger Bauern in Deutschland und immer mehr deutsche Autos in der Welt, die Hälfte des Kaufhaus-Warenangebots kommt aus Asien, Informationen und *Kapital* bewegen sich mit Lichtgeschwindigkeit um die Welt. Alle diese Veränderungen haben Gewinner und Verlierer hervorgebracht. Ganze Branchen und Berufsgruppen sind verschwunden, andere neu entstanden. Regionen wie das Ruhrgebiet oder Oberschlesien wurden im 19. Jahrhundert zu Zentren der wirtschaftlichen Entwicklung und sind heute eher Verlierer des Strukturwandels von der Industrie- zur Dienstleistungsgesellschaft; ehemals rückständige Regionen wie Schwaben und Oberbayern wurden hingegen zu Wachstumsmotoren.

Die Wirtschaft treibt den Strukturwandel voran – die Politik versucht, ihn sozial verträglich zu gestalten. Der spätere Bundeskanzler Gerhard Schröder begründete im Wahlkampf

1998, warum das in Deutschland notwendig sei: «Wir garantieren den Menschen, dass ihre existenzielle Lebensgrundlage nicht bedroht wird. Nur in einem ‹Korridor der Verlässlichkeit› können alte Positionen geräumt und neue Wagnisse eingegangen werden.» Beobachtern aus anderen Ländern kommt eine solche soziale Abfederung oft eher wie der Versuch vor, einen Strukturwandel zu verhindern: In den USA, aber auch in Aufholländern wie China, Indien und Brasilien werden den Bürgern wesentlich größere Wandlungsgeschwindigkeiten zugemutet. Dafür ist der Einzelne dort aber auch größeren Risiken ausgesetzt.

Subvention

Wenn ein Unternehmen dem Staat etwas zahlt, ohne eine direkte Gegenleistung dafür zu erhalten, handelt es sich um *Steuern*. Wenn der Staat einem Unternehmen etwas zahlt, ohne eine direkte Gegenleistung dafür zu erhalten, handelt es sich um Subventionen. Und da der Staat nicht einfach Geld verschenkt, hat er für jede dieser Subventionen seine Gründe. Der Steinkohlebergbau wird in Deutschland seit Jahrzehnten subventioniert, allein zwischen 1997 und 2006 mit fast 35 Milliarden Euro, um die nationale Energieversorgung zu sichern, den Abbau der Arbeitsplätze für die Betroffenen erträglich zu gestalten, die Weiterentwicklung der Bergbautechnologie zu ermöglichen, die industrielle Basis im Ruhrgebiet und im Saarland zu erhalten und weil andere Länder ihren Bergbau ebenfalls subventionieren. Für die Subventionierung der Landwirtschaft, mit mehr als neun Milliarden Euro pro Jahr der größte Empfänger öffentlicher Hilfsgelder in Deutschland, gibt es vermutlich noch mehr Argumente.

+++ In Brüssel gibt es schon wieder Streit um die Landwirtschaft in der EU. Diesmal geht es um die Förderung für großflächige Betriebe, also vor allem die ehemaligen Landwirtschaftlichen Produktionsgenossenschaften im Osten Deutschlands. EU-Agrarkommissarin Fischer Boel will die direkte Förderung für große Agrarbetriebe kürzen, wenn sie bereits mehr als 100 000 Euro jährlich erhalten. Der deutsche Landwirtschaftsminister Seehofer protestiert. Er fürchtet den Verlust von Arbeitsplätzen. (Tagesschau-Meldung vom 21. Januar 2008) +++

Viele Ökonomen halten staatliche Subventionen für verfehlt: Dadurch würden unwirtschaftliche Branchen und Unternehmen gestützt, das Marktgleichgewicht werde gestört, und die nicht subventionierten Wettbewerber im In- und Ausland würden benachteiligt. Mit dem Geld, das für den Erhalt von nicht mehr konkurrenzfähigen Arbeitsplätzen ausgegeben werde, ließen sich wesentlich effektiver zukunftsorientierte Arbeitsplätze und Unternehmen fördern – oder die Steuern senken, wovon alle übrigen Unternehmen profitieren könnten.

Doch auch die Förderung zukunftsorientierter Branchen ist unter Ökonomen und Politikern umstritten. In Deutschland wird beispielsweise seit dem Jahr 2000 durch das «Erneuerbare-Energien-Gesetz» die Investition in regenerative Energiequellen wie Wind, Sonne und Biomasse stark subventioniert. Das erzielt zwar den erwünschten Effekt, eine starke Zunahme der regenerativen Energieerzeugung, aber auch eine ganze Reihe von unerwünschten Nebeneffekten: eine spürbare Verteuerung der Strompreise, eine «Verspargelung» der Landschaft durch Windräder und eine deutliche Verteuerung von Lebensmitteln, da immer mehr Bauern Getreide nicht mehr auf den Markt, sondern ins Biomassekraftwerk liefern – der Weizenpreis beispielsweise hat sich im Verlauf des Jahres 2007 mehr als verdoppelt. Immerhin: Durch die höheren Preise für Agrarprodukte müssen weniger Subventionen an die Landwirte gezahlt werden.

Wachstum

Menschen wachsen, bis sie ungefähr 18 Jahre alt sind. Danach werden sie nicht mehr größer; nur das Gewicht nimmt in der Regel noch ein wenig zu. (Fast) alle anderen Lebewesen wachsen ebenfalls nicht weiter, sobald sie ihr «normales»

Maß erreicht haben. Gibt es auch in der Wirtschaft solche Wachstumsgrenzen?

Für einige Bereiche kann man uneingeschränkt mit «Ja» antworten. Unternehmen etwa können nicht ewig wachsen: Je größer sie werden, desto größer wird der Kontrollaufwand, desto schwerfälliger die bürokratische Struktur, und die Größe schützt auch nicht vor Angriffen von außen, sei es durch ein Erstarken der Konkurrenz oder durch feindliche Übernahmen. So wie die Dinosaurier schließlich zu groß geworden sind, um in einer sich rasch verändernden Umwelt überleben zu können, so ist es bisher noch jedem Großkonzern gegangen, wenn er die Schwelle zum zu großen *Konzern* überschritt.

+++ Das Umweltbundesamt geht davon aus, dass sich das Klimaschutzprogramm der Bundesregierung langfristig rechnet. Umweltminister Gabriel stellte heute in Berlin einen Zwischenbericht vor. Danach sind die Kosteneinsparungen bei Kohle, Öl und Gas höher als die Ausgaben für neue Technik. Unterm Strich wird für 2020 ein Plus von fünf Milliarden Euro erwartet. (Tagesschau-Meldung vom 31. Oktober 2007) +++

Ebenso gibt es Grenzen des Wachstums beim Ressourcenverbrauch: Seit dem Beginn der industriellen Revolution hat er in geradezu unvorstellbarem Maße zugenommen. Aber die *Rohstoff*vorkommen der Erde sind begrenzt. Das gilt insbesondere für die fossilen Energieträger, für Öl, Gas und Kohle. Ob die Vorräte noch 20, 50 oder 200 Jahre reichen, eine nachhaltige Produktionsweise muss diesen Raubbau beenden.

Umstritten ist, ob es Grenzen für das Wachstum der Weltbevölkerung gibt. In den Jahrzehnten nach dem Zweiten Weltkrieg galt die rasante Bevölkerungszunahme in den Entwicklungsländern als größte Gefahr für die globale wirtschaftliche Entwicklung. 15 Milliarden Menschen wurden noch in den siebziger Jahren für Mitte des 21. Jahrhunderts vorhergesagt – wie sollte man sie alle ernähren können? Nun hat sich die Weltbevölkerung zwar in den vergangenen 45 Jahren mehr als verdoppelt – 1960 lebten etwa 3 Milliarden Menschen auf der Erde, 1974 waren es bereits 4 Milliarden, 1987 stieg die Zahl auf 5 Milliarden, und um die Jahrtausendwende waren es 6 Milliarden –, aber das befürchtete Ausmaß hat die Bevölkerungsexplosion nicht angenommen: Die Vereinten Nationen erwarten für 2050 «nur» noch etwas mehr als neun Milliarden Menschen auf der Welt, und danach eine Stabilisierung bei diesem Wert. Die Frage, ob auch 15 Milliarden ernährt werden könnten, wird man also in diesem Jahrhundert nicht mehr beantworten müssen.

Und dann bleibt da noch die Frage, ob es für die Weltwirtschaft als ganze Grenzen des Wachstums gibt. Da noch immer Jahr für Jahr ungefähr acht Millionen Menschen verhungern, etwa genauso viele Kinder unter fünf Jahren jedes Jahr sterben, eine Milliarde Menschen weder lesen noch schreiben können und etwa 1,1 Milliarden Menschen keinen ausreichenden Zugang zu sauberem Trinkwasser haben, wird man auch sie hoffentlich noch lange nicht beantworten müssen.

Wirtschaftswunder

Für die katholische Kirche sind Wunder etwas ganz Normales. Schließlich kann noch heute nur jemand selig- oder heiliggesprochen werden, wenn er oder sie nachweislich mindestens ein Wunder vollbracht hat. Meist handelt es sich um die spontane, mit medizinischen Mitteln nicht erklärbare Heilung eines Kranken.

Wie eine Wunderheilung muss den Menschen vor fünf Jahrzehnten auch der Zustand der deutschen Volkswirtschaft erschienen sein. Ein geteiltes, im Krieg stark zerstörtes Land, in dem einzig der Schwarzmarkt funktionierte, war 15 Jahre nach Kriegsende zum Wachstumsmotor Europas geworden: Die Bundesrepublik war wirtschaftlich stärker als die «Siegermächte» Großbritannien und Frankreich, so stark, dass man sogar «Gastarbeiter» aus dem Ausland an-

werben musste, um alle offenen Stellen zu besetzen – ein Wirtschaftswunder eben.

Ökonomen jedoch glauben nicht an Wunder. Eine Wirtschaft wächst nicht durch magische oder gar göttliche Hilfe, sondern weil die Rahmenbedingungen dafür vorhanden sind. Und wenn sie derart rasant wächst wie die deutsche in den fünfziger Jahren, dann müssen eben ideale Voraussetzungen dafür geherrscht haben. So war es in der Tat: Die Reformen des Wirtschaftsministers Ludwig Erhard befreiten die Unternehmen von staatlicher Gängelung, schufen freie Märkte und funktionierenden Wettbewerb; die Siegermacht USA unterstützte das Wiedererstarken Deutschlands, unter anderem mit mehr als zehn Milliarden Dollar im Rahmen des Marshallplans; der Wiederaufbau der im Krieg zerstörten Fabriken sorgte dafür, dass die deutsche Industrie über wesentlich modernere Produktionsanlagen als die meisten internationalen Konkurrenten verfügte. Und sobald die Deutschen sich die Produkte der schönen neuen Warenwelt leisten konnten, kauften sie sie auch; die privaten *Konsum*ausgaben stiegen teilweise um mehr als zehn Prozent pro Jahr. Sowohl auf der *Angebot*s- als auch auf der *Nachfrage*seite gab es also ideale Bedingungen für ein starkes und lange anhaltendes *Wachstum*, und der politische Rahmen stimmte ebenfalls.

Dass es sich beim deutschen Wirtschaftswunder um kein Wunder, sondern um ein ökonomisch erklärbares Phänomen handelte, zeigt sich auch daran, dass andere Länder mit ähnlicher Ausgangslage eine ähnliche Entwicklung erlebten. Die asiatische Verlierermacht des Zweiten Weltkriegs, Japan, wurde wie Deutschland zu einer der stärksten Wirtschaftsnationen der Welt, und das aktuelle rasante Wachstum in China und Indien mag auf die daran Beteiligten ebenfalls wirken wie ein Wunder.

5. Arbeit · Einleitung

+++ Der Streik der Lokführer hat den Nahverkehr der Bahn in einigen Regionen fast komplett zum Erliegen gebracht. An dem Ausstand beteiligten sich laut Bahn etwa 2100 Lokführer, knapp die Hälfte davon in den östlichen Bundesländern. Insgesamt fiel bundesweit durchschnittlich die Hälfte der Züge im Nahverkehr aus.
(Tagesschau-Meldung vom 26. Oktober 2007) +++

Das zerrte schon an den Nerven. Bahnstreik hü!, Bahnstreik hott!, mal war der Regionalverkehr betroffen, mal der Güter-, mal der Fernverkehr, mal nur der Osten, mal ganz Deutschland, mal fuhren die Züge wieder planmäßig, weil der Streik vom Gericht verboten oder weil er ausgesetzt wurde, um ein greifbar nahes Verhandlungsergebnis nicht zu gefährden. Und man saß auf dem Bahnhof oder stand im Stau, seufzte oder fluchte und fragte sich: Können die sich denn nicht endlich mal einigen?

Meistens schon, in diesem Fall aber nicht: weil es nicht nur ums Geld, sondern auch ums Prinzip ging. Die kleine, bis vor kurzem völlig unbekannte *Gewerkschaft* der Lokführer (GDL) wollte nicht nur mehr Lohn, viel mehr Lohn für ihre Mitglieder, sie wollte auch einen eigenen *Tarifvertrag*, damit sie nicht ständig als Anhängsel der viel größeren Eisenbahnergewerkschaft Transnet gesehen und behandelt wird. Und wenn es nicht so sehr darum geht, ein paar Millionen Euro mehr oder weniger aus der Firmenkasse auf die Gehaltskonten der Mitarbeiter zu überweisen, sondern ums Prinzip, wird die Einigung immer schwierig. Wäre die GDL eine starke Gewerkschaft, wäre der *Streik* schnell zu Ende gewesen; wäre sie eine schwache Gewerkschaft, wäre es gar nicht erst zu einem Streik gekommen. Aber sie ist eben eine mittelstarke Gewerkschaft, und so begann ein schier endloses Tauziehen, wie wir es in Deutschland nicht gewohnt sind.

Durchaus gewohnt sind wir jedoch, dass es zwischen Arbeitgebern und Gewerkschaften zu einem Tauziehen kommt. Kaum ein Wirtschaftsthema findet so oft den Weg in die «Tagesschau» wie Tarifauseinandersetzungen, also der Konflikt um Löhne und Arbeitsbedingungen. Und das nicht nur, weil es da zum Streit kommt, sondern auch, weil dieser Streit viele Menschen betrifft. Denn in den großen Branchen, in der Metall- und Elektroindustrie, im öffentlichen Dienst oder im Einzelhandel, wird immer gleich für ein paar Millionen Beschäftigte der Lohn neu verhandelt.

+++ Im Tarifkonflikt des öffentlichen Dienstes sind heute wieder in mehreren Bundesländern Warnstreiks geplant. Die Dienstleistungsgewerkschaft ver.di rief unter anderem Beschäftigte in Rheinland-Pfalz und Bayern auf, die Arbeit vorübergehend niederzulegen. Betroffen sind vor allem Kindertagesstätten. Ver.di fordert acht Prozent mehr Geld. Bund und Kommunen bieten fünf Prozent – verteilt auf zwei Jahre, bei längerer Wochenarbeitszeit. (Tagesschau-Meldung vom 20. Februar 2008) +++

Verhandelt? Oder erkämpft? Tausende von Gewerkschaftern mit Trillerpfeifen und Transparenten vor einem Werkstor machen einen ziemlich kämpferischen Eindruck. Ein Dutzend Gewerkschafter in Anzug und Krawatte an einem Tisch mit den Arbeitgebervertretern – das sieht eher nach einem ganz normalen Arbeitstreffen aus. Und wenn sich beide Seiten gerade eben noch erbittert um 0,5 Prozent mehr oder weniger Lohnerhöhung gestritten haben, die einen auf ihrer Forderung von 3,4 Prozent, die anderen auf ihrem Angebot von 2,9 Prozent beharrten, geben sie eine Nachtsitzung später friedlich vereint eine Pressekonferenz und erläutern, warum 3,2 Prozent mit 14 Monaten Laufzeit plus 170 Euro Einmalzahlung ein Ergebnis ist, bei dem jede Seite das Bestmögliche für ihre Mitglieder herausgeholt hat.

Tatsächlich ist die Auseinandersetzung zwischen Arbeitgebern und Gewerkschaften sowohl ein Kampf als auch eine

Verhandlung. Kampf, weil es ums Verteilen von Geld geht und keiner dem anderen freiwillig etwas von dem überlassen will, was seiner Meinung nach ihm selbst zusteht. Aber eben kein Kampf auf Biegen und Brechen: weil alle wissen, dass sie sich am Ende auf einen Kompromiss einigen werden (oft wissen sie am Anfang sogar schon, wie er ungefähr aussehen könnte). Und weil trotz unterschiedlicher Interessen beide Seiten letztlich ein gemeinsames Ziel haben, nämlich nachhaltig starke Unternehmen, die nicht nur heute, sondern auch morgen noch erfolgreich sind und gute Löhne zahlen können. Außerdem wird man sich im nächsten Jahr, bei der nächsten Tarifrunde, wieder gegenübersitzen. Wer heute Tiefschläge austeilt und zu miesen Tricks greift, wird das in der nächsten Runde doppelt zurückbekommen.

Es handelt sich also um eine höchst komplexe, über Generationen gewachsene Beziehung zwischen zwei Verbänden, die Jahr für Jahr miteinander streiten, um dabei am Ende einen möglichst fairen Preis für die Arbeitskraft der in Deutschland beschäftigten Menschen auszuhandeln. Ein weiter Weg, den beide Seiten da in den vergangenen 150 Jahren zurückgelegt haben. Denn im 19. Jahrhundert waren noch ganze Weltanschauungen auf der Überzeugung aufgebaut, dass es zwischen Proletariern und Kapitalisten (wie damals Arbeitnehmer und Arbeitgeber hießen) gar keine Einigung geben könne. Dass die Arbeiter «nichts zu verlieren haben außer ihren Ketten» und dass sie eines Tages ihre Unterdrücker, die Kapitalisten, gewaltsam stürzen würden. Das war die Überzeugung des deutschen Philosophen Karl Marx, und wenn er auch zu Lebzeiten nicht viele Anhänger hatte, so doch umso mehr im 20. Jahrhundert, 50 Jahre nach seinem Tod – ziemlich genau zu dem Zeitpunkt, als eine zentrale Grundannahme seines Gedankengebäudes von der Wirklichkeit widerlegt wurde.

Über Jahrtausende hinweg war die Arbeit für die Menschen eine Strafe, bestenfalls ein lästiges Übel: «Im Schweiße seines Angesichts» musste der biblische Adam nach der Vertreibung aus dem Paradies sein Brot verdienen, und bei den alten Römern schlug die Abneigung gegen die Arbeit bis in die Sprache durch. Auf Latein heißt Arbeit *negotium*, man verstand sie also als das Gegenteil von Muße, *otium*, und Müßiggang war die einzige akzeptable Lebensweise für einen römischen Bürger. Die Arbeit erledigten seine Sklaven.

Nach dem Fall des Römischen Reiches gab es im mittelalterlichen Europa zwar keine Sklaven mehr, aber dafür Leibeigene und Frondienste. Für die damalige Oberschicht, für Adlige und Priester, war es noch immer verpönt, mit Arbeit den Lebensunterhalt zu verdienen. Einzig einige Mönchsorden sahen das anders: Benedikt von Nursias «ora et labora», bete und arbeite, war der Kernsatz des von ihm im Jahr 529 gegründeten Benediktinerordens. Während in anderen Religionen, etwa Buddhismus oder Hinduismus, die Mönche sich auf Meditation und Kontemplation konzentrieren, hat sich dadurch im Christentum eine eigene Arbeitsethik entwickelt. Oder eigentlich eher zwei Arbeitsethiken. Denn nach der Spaltung der Kirche in Katholiken und Protestanten im 16. Jahrhundert entstand in einigen protestantischen Glaubensrichtungen eine noch intensivere Verbindung von Glauben und Arbeiten – je mehr jemand auf Erden leistet, desto besser sind danach seine Chancen, ins Paradies zu kommen.

Das war genau jene Arbeitsethik, die seit dem 18. Jahrhundert zur industriellen Revolution und zum Siegeszug des Kapitalismus beitrug. Wenn die Früchte irdischer Arbeit gottgefällig sind, wird der fleißige *Unternehmer* besser geachtet als der müßige Adlige. So war es sicherlich kein Zufall, dass die industrielle Revolution nicht im katholischen Spanien begann (zu Beginn der Neuzeit das reichste Land Europas) und

nicht im moslemischen Indien der Großmoguln (damals das reichste Land der Welt), sondern im vergleichsweise armen, aber zähen und durch und durch protestantischen England.

Inzwischen hat sich die Auffassung von der Erwerbsarbeit als zentralem Lebensinhalt weit über die Kreise strenggläubiger Protestanten hinaus erweitert. Allerdings nicht immer freiwillig. Seit der industriellen Revolution, die vor etwa 200 Jahren begann, ist es nur noch einem geringen Anteil der Menschen möglich, ihren Lebensunterhalt durch ihrer Hände Arbeit auf dem eigenen Stück Ackerland zu sichern. Wer überleben wollte, musste durch Erwerbsarbeit Geld verdienen. Deshalb wird seit ebenjenen 200 Jahren der Konflikt zwischen Kapital und Arbeit ausgetragen, zwischen denen, die Arbeitsleistung nachfragen, und denen, die sie anbieten.

In den ersten Jahrzehnten war der Kampf sehr ungleich: Zu Hunderttausenden strömten hungrige, ungelernte Arbeitskräfte vom Land in die explosionsartig wachsenden Städte und suchten dort eine Anstellung in den Fabriken. London, seit 1810 Millionenstadt, war schon 1850 mit 2,6 Millionen Einwohnern die größte Stadt der Welt, die Bevölkerungszahl Berlins stieg von 50 000 Anfang des 18. Jahrhunderts auf eine Million im Jahr 1875. Für jeden Beschäftigten, der mit den Arbeitsbedingungen nicht einverstanden war, konnte der Fabrikant sofort zehn andere einstellen; die Bedienung der Maschinen erforderte keine besondere Qualifikation. Deshalb zahlte er im wahrsten Sinne des Wortes Hungerlöhne, und wo es ging, beschäftigte er Kinder, die waren noch billiger. Gearbeitet wurde mindestens sechs Tage die Woche und jeweils mindestens 12 Stunden täglich, auch 16-Stunden-Arbeitstage kamen vor. Wer sich dabei verletzte oder krank wurde, hatte Pech gehabt, denn es gab weder *Sozialversicherungen* noch Arbeitsschutzgesetze.

Die Zustände in den Arbeitervierteln der großen Städte unterschieden sich kaum von den heutigen Elendsquartieren am Rande der chinesischen Metropolen. In ihnen entwickelte sich eine explosive Stimmung, und es entstanden verschiedene Formen des Widerstands: Gruppierungen, die für eine grundlegende Reform des Systems eintraten – aus ihnen gingen die sozialdemokratischen Parteien hervor. Gruppierungen, die für höhere Löhne und bessere Arbeitsbedingungen kämpften – die Vorläufer der heutigen Gewerkschaften. Und Gruppierungen, die den Umsturz der herrschenden Ordnung herbeiführen wollten – die Keimzellen der späteren kommunistischen Parteien.

Karl Marx war für alle der wichtigste Vordenker. Denn er hatte nicht nur den Sieg der Arbeiter über die Kapitalisten gefordert, er hatte auch bewiesen, dass es dazu kommen musste. Sein zentrales Argument: Weil die Arbeiter von den Besitzern der Fabriken gerade so viel Lohn erhalten, wie sie zum Überleben brauchen, werden sie nicht an den von ihnen geschaffenen Werten beteiligt. Die Kluft zwischen produziertem Reichtum und der Armut der Arbeiter werde dadurch immer größer, bis schließlich die Weltrevolution kommen und den Kapitalismus stürzen werde.

Doch die Weltrevolution blieb aus, weshalb in der Beweisführung von Karl Marx mindestens ein Fehler stecken muss. Tatsächlich waren es mindestens vier. Erstens: Die Kluft zwischen dem Reichtum der Unternehmer und der Armut der Arbeiter wurde nicht größer, sondern kleiner, weil der

Staat sein soziales Gewissen entdeckte. Zweitens: Die Unternehmer können durchaus Löhne zahlen, die weit über dem absoluten Existenzminimum liegen. Drittens: Für qualifizierte, nicht beliebig austauschbare Arbeitskräfte müssen sie das sogar tun. Und viertens: Wer mehr als seine Ketten zu verlieren hat, ist für eine Revolution nicht mehr so leicht zu begeistern. Aber der Reihe nach.

+++ Neun Monate nach dem Start der neuen Versicherungspflicht hat sich die Zahl der nicht Krankenversicherten halbiert; dennoch sind immer noch etwa 100 000 Menschen in Deutschland nicht in einer Krankenkasse. (Tagesschau-Meldung vom 7. Februar 2008) +++

In den siebziger Jahren des 19. Jahrhunderts sorgte erstmals ein Staat dafür, dass die elementarsten Lebensrisiken für den Einzelnen nicht zur ökonomischen Katastrophe werden. Dieser Staat hieß Deutschland, und es war Reichskanzler Otto von Bismarck, der obligatorische Versicherungssysteme für die vier größten damaligen (und heutigen) Risiken einführte: Ausfall des Erwerbseinkommens wegen Alter, Krankheit, *Arbeitslosigkeit*, Erwerbsunfähigkeit. Zur Finanzierung dieses Systems nahm er sowohl die Arbeitgeber als auch die Arbeitnehmer in die Pflicht. Zwar hatte Bismarck seine Sozialgesetze nicht eingeführt, um den Arbeitern etwas Gutes zu tun, sondern um sie davon abzuhalten, sich den Sozialisten anzuschließen. Trotzdem legte er damit das Fundament für das, was wir heute als Sozialstaat kennen: Auch wenn weiterhin jeder für sich selbst verantwortlich ist, sorgen der Staat und/oder die Solidargemeinschaft dafür, dass keiner unverschuldet seine Existenzgrundlage verliert.

Dass Unternehmer ihren Arbeitern mehr als nur Hungerlöhne zahlen können, bewies am 6. Januar 1914 ein Amerikaner. Denn genau an diesem Tag verkündete Henry Ford, in seinen Fabriken werde ab sofort der Lohn auf fünf Dollar pro Tag verdoppelt – und das bei um eine Stunde reduzierter Arbeitszeit. Er hatte einen direkten ökonomischen Grund dafür: Die im Vorjahr eingeführte Fließbandarbeit war so anstrengend und monoton, dass die Arbeiter reihenweise kündigten. Mit der Lohnerhöhung wollte Ford erfahrene Kräfte halten und sich die Einarbeitungskosten für neue Arbeiter sparen, und da durch die neue Form der *Arbeitsteilung* die *Produktivität* enorm gestiegen war, konnte er es sich leisten, die Arbeiter stärker an den erwirtschafteten Erträgen zu beteiligen. Außerdem hatte Ford einen indirekten Grund: Die Arbeiter, die bei ihm Autos zusammenschraubten, sollten in der Lage sein, diese Autos von ihrem Lohn zu kaufen. Das Fließband ermöglichte die Massenproduktion, aber wenn sie rentabel sein sollte, musste es auch Massen von Käufern geben. So erfand Henry Ford ganz nebenbei die Massenkaufkraft und revolutionierte die Industriegesellschaft wesentlich gründlicher, als es Marx je geahnt hätte.

Und damit brach gleich der nächste Glaubenssatz des Marxismus zusammen. Die Arbeiter merkten, dass sie bei einem gewaltsamen Umsturz des Systems nicht nur gewinnen, sondern auch verlieren konnten: einen Wohlstand und eine Lebensqualität, die zwar wesentlich bescheidener waren als die der Unternehmer, aber wesentlich höher als bei früheren Arbeitergenerationen. Also suchten sie eher nach Wegen, ihre Lage zu verbessern, die ohne eine riskante Revolution auskamen.

Es gab und gibt einen Weg, den jeder persönlich beschreiten kann: Aus- und Weiterbildung. Ein Facharbeiter verdient mehr als ein ungelernter Arbeiter, und in den Fabriken fielen immer häufiger komplexe Tätigkeiten an, für die Wissen und Erfahrung benötigt werden. Wer vom Arbeitgeber gebraucht wird und nicht so leicht ersetzbar ist, kann sein Gehalt nach oben treiben. Ähnliches gilt für Angestellte, denn in den heutigen Konzernen werden wesentlich mehr Führungskräfte benötigt als in den patriarchalisch geführten Betrieben des 19. Jahrhunderts, in denen der Unternehmer alles allein entschied.

Und es gab und gibt einen Weg, den die Arbeiter gemeinsam beschreiten können: die Organisation in Gewerkschaften. Überall in den Industriestaaten setzte sich die Erfahrung durch, dass höhere Löhne und bessere Arbeitsbedingungen in direkten Verhandlungen mit den Unternehmen erzielt werden konnten. Nicht immer: Manchmal wurden Streiks und Demonstrationen blutig unterdrückt, und in der Zeit des Nationalsozialismus wurden viele Gewerkschaftsführer verhaftet und in Konzentrationslager gesteckt. Aber inzwischen sind in allen demokratischen Staaten Gewerkschaften als die legitimen Interessenvertreter der abhängig Beschäftigten anerkannt.

In den Jahrzehnten nach dem Zweiten Weltkrieg sah es dann in der westlichen Welt eine Zeit lang geradezu so aus, als würde der Traum des Schwiegersohns von Karl Marx Wirklichkeit. Er hieß Paul Lafargue und hatte 1880 ein Buch mit dem Titel «Das Recht auf Faulheit» veröffentlicht, in dem er von einer Rückkehr der Zustände des alten Griechenlands träumte: «Den Sklaven allein war es gestattet zu arbeiten, der freie Mann kannte nur körperliche Übungen und Spiele des Geistes.» Anders als bei den alten Griechen sollten jetzt aber alle Menschen an den Spielen des Geistes teilhaben und von den Mühen der Arbeit befreit werden: «Um die Kapitalisten zu zwingen, ihre Maschinen aus Holz und Eisen zu vervollkommnen, muss man die Löhne der Maschinen aus Fleisch und Blut erhöhen und die Arbeitszeit derselben verringern.»

Als Lafargue das schrieb, waren in Europa Wochenarbeitszeiten von siebzig, ja bis zu neunzig Stunden die Regel. Gemessen daran, müsste ihm das Leben in der heutigen Zeit fast wie eine Erfüllung seines Traums vorkommen. 1984 hatte die IG Metall in Westdeutschland den Einstieg in die 35-Stunden-Woche bei vollem Lohnausgleich durchgesetzt,

Philosophen wie der Franzose André Gorz machten sich für ein sogenanntes bedingungsloses Grundeinkommen stark: Wenn die Menschen nicht mehr gezwungen seien, durch Arbeit Geld zu verdienen, beginne das Reich der Freiheit. Am nächsten kam dieser Forderung das Unternehmen VW – aber gerade nicht, um die Menschen von der Lohnarbeit zu befreien, sondern um ihnen den Arbeitsplatz zu erhalten. 1994 steckte Deutschland mitten in einer Wirtschaftskrise, erstmals seit der Nachkriegszeit lag die Arbeitslosenquote über 10 Prozent, und VW hätte eigentlich 30000 Arbeitsplätze abbauen müssen. Um das zu verhindern, wurde eine 4-Tage-Woche mit 28,8 Arbeitsstunden eingeführt: Wenn alle etwas weniger arbeiten (und verdienen), dann müsste dadurch genug Arbeit für alle übrig bleiben.

So wie mit der marxistischen Weltrevolution ist es auch mit dem Gorz'schen Reich der Freiheit nichts geworden. Das liegt vor allem daran, dass nur verteilt werden kann, was erwirtschaftet wird: Wenn nicht sprudelnde Ölquellen oder andere Einnahmequellen dafür sorgen, dass der Staat jedem Bürger ein bedingungsloses Grundeinkommen zahlen kann, muss es von denen aufgebracht werden, die auch weiterhin arbeiten. Allerdings sind in den vergangenen Jahrzehnten verschiedene Modelle entwickelt und teilweise auch eingesetzt worden, um dieses Problem zu lösen. Diese Modelle, ob sie «negative Einkommensteuer», «soziale Grundsicherung» oder *«Hartz IV»* heißen, sollen jedoch die Möglichkeit schaffen, dass die Empfänger nicht weniger arbeiten können, sondern mehr. Wer im Monat 1000 Euro zum Leben braucht und 600 Euro Grundeinkommen hat, wird auch bereit sein, einen Job anzunehmen, der pro Monat nur 500 Euro einbringt. Lohnkostenzuschüssen oder Kombilöhnen liegt eine ähnliche Überlegung zugrunde.

+++ Der Bundestag brachte heute zwei Projekte gegen die Arbeitslosigkeit auf den Weg. Mit den Stimmen der Koalition verabschiedete das Parlament neue Kombilohngesetze für Langzeitarbeitslose und jugendliche Erwerbslose. Sie sollen durch staatlich bezuschusste Einkommen neue Chancen auf eine Beschäftigung erhalten. (Tagesschau-Meldung vom 6. Juli 2007) +++

Gegen solche Billigjobs leisteten die Gewerkschaften

lange Zeit erbitterten Widerstand, der allerdings in den vergangenen 15 Jahren stark bröckelte: Der zunehmende Konkurrenzdruck, der sich durch die Öffnung Osteuropas und die Globalisierung der Märkte ergab, setzte überall in den Industriestaaten die Sozialsysteme und den Arbeitsmarkt unter Druck. Immer mehr einheimische Arbeitsplätze wurden durch die Verlagerung ins kostengünstigere Ausland gefährdet oder abgebaut. Die Arbeitslosenquote in Deutschland stieg allein zwischen 2001 und 2005 von 10,4 auf 13,0 Prozent, die hohen Ausgaben für Sozialleistungen schraubten die Lohnkosten noch weiter in die Höhe.

Die damalige rot-grüne Regierung reagierte darauf mit den Hartz-Gesetzen und der Agenda 2010, die zu einer Anpassung des Sozialsystems an den Druck und die härteren Wettbewerbsbedingungen führten. Für *Hartz-IV*-Empfänger ist es beispielsweise einfacher, sich zur staatlichen Unterstützung etwas hinzuzuverdienen als früher für die Empfänger von Arbeitslosenhilfe – dafür werden ihnen die staatlichen Leistungen empfindlich gekürzt, wenn sie nicht bereit sind, gemeinnützige Billigarbeit zu leisten, die sogenannten 1-Euro-Jobs.

+++ Bei VW stehen deutliche Änderungen an: Die Beschäftigten müssen sich auf längere Arbeitszeiten einstellen, und zwar ohne Lohnausgleich. Außerdem werden im kommenden Jahr Löhne und Gehälter nicht erhöht. Das ist der Kompromiss, auf den sich die IG Metall und der Konzern bei ihren Sanierungsgesprächen verständigt haben. VW machte im Gegenzug konkrete Zusagen für die Produktion in allen sechs westdeutschen Werken. (Tagesschau-Meldung vom 29. September 2006) +++

Auch die Ära der Arbeitszeitverkürzungen ging zu Ende: 2003 scheiterte die IG Metall mit einem Streik, durch den auch in Ostdeutschland die 35-Stunden-Woche durchgesetzt werden sollte. Im selben Jahr stimmte sie nach harten Verhandlungen mit dem Siemens-Management der Rückkehr zur 40-Stunden-Woche in zwei westdeutschen Siemens-Werken zu – die Konzernleitung hatte damit gedroht, die Fabriken, in denen Handys gefertigt wurden, stillzulegen und die Produktion ins Ausland zu verlagern. Die Handy-Produktion in den ehemaligen Siemens-Werken wurde im Jahr 2007 dennoch eingestellt, nur eben nicht mehr von Siemens, sondern vom zwischenzeitlichen Eigentümer BenQ.

Doch in den vergangenen zwei Jahren ist es tatsächlich gelungen, erstmals seit langem wieder die Arbeitslosigkeit rapide abzubauen. Im Jahr 2007 gab es durchschnittlich 711 000 Arbeitslose weniger als im Vorjahr, die Zahl der Erwerbstätigen lag mit 39,7 Millionen so hoch wie nie seit der Wiedervereinigung 1990.

Wie immer, wenn etwas in der Politik rund läuft, versuchen sowohl die aktuelle als auch die vorherige Regierung, den Erfolg für sich zu reklamieren. Und wie so oft haben beide irgendwie recht und keiner so richtig. Die Große Koalition unter Führung von Angela Merkel kann vor allem für sich verbuchen, dass sie die Lohnnebenkosten gesenkt und das richtige Timing geschafft hat: Die Erhöhung der Mehrwertsteuer von 16 auf 19 Prozent zum 1. Januar 2007 hat in den Monaten davor zu einem wahren Konsumrausch geführt – wer mit dem Gedanken spielte, sich zum Beispiel ein neues Auto zu kaufen, hatte das schnell, schnell noch im Jahr 2006 getan und damit die Konjunktur in Fahrt gebracht. Nach der Mehrwertsteuererhöhung ging zwar der *Konsum* wieder zurück, aber dafür wurde der Beitrag zur Arbeitslosenversicherung so stark gesenkt, dass es fühlbar billiger wurde, neue Mitarbeiter einzustellen. Was denn auch geschah.

Aber dieses Jobwunder von 2006 und 2007 wäre nicht möglich gewesen, hätte nicht die Vorgänger-Regierung unter Gerhard Schröder mit der Agenda 2010 und den Hartz-Gesetzen einen der tiefsten Einschnitte in die deutsche Sozialstaatstradition durchgesetzt.

Damit ist, ohne dass wir es so richtig bemerkt hätten, genau das eingetreten, was der damalige Bundespräsident Roman Herzog in seiner berühmten Rede von 1997 gefordert hatte: «Durch Deutschland muss ein Ruck gehen!» Damals machte der Bundespräsident uns durchaus Mut, dass das gelingen könne: «Überall in der Welt – nur nicht bei uns selbst – ist man überzeugt, dass ‹die Deutschen› es schaffen werden.»

Arbeitslosigkeit

Wann immer Meinungsforscher die Deutschen nach den drängendsten politischen Problemen fragen, die Arbeitslosigkeit liegt mit Sicherheit auf einem der vordersten Plätze. Auch wenn seit 2006 die Zahl der Arbeitslosen in Deutschland stark zurückgegangen ist, sind nach wie vor weit über drei Millionen Menschen bei der Bundesagentur für Arbeit als arbeitslos gemeldet. Und noch gar nicht mitgezählt sind dabei jene freundlich «stille Reserve» genannten Menschen, die es aufgegeben haben, nach bezahlter Arbeit zu suchen und deshalb nicht mehr als arbeitslos registriert werden.

Ganz vermeiden lässt sich Arbeitslosigkeit in einer Marktwirtschaft nicht. Das liegt an der sogenannten friktionellen Arbeitslosigkeit. Sie betrifft Menschen, die zwischen zwei Jobs kurzfristig ohne Beschäftigung sind, oder Menschen, die kurz vor dem Rentenbeginn stehen und sich daher um keinen neuen Job bemühen. Solche Fälle summieren sich an jedem Stichtag der Arbeitslosenstatistik zu etwa zwei Prozent der Erwerbstätigen, weshalb die Statistiker bei einer Arbeitslosenquote von zwei Prozent von Vollbeschäftigung sprächen, wenn wir auch nur ansatzweise in ihre Nähe kämen. Zwischen 1960 und 1973 lag die Arbeitslosenquote in der Bundesrepublik tatsächlich unter zwei Prozent – das waren die Jahre, in denen Arbeitskräftemangel herrschte und im Ausland Arbeitskräfte angeworben wurden.

+++ Die Arbeitslosigkeit in Deutschland ist in diesem Monat zurückgegangen, anders als das sonst im Winter üblich ist. Gründe dafür sind nach Einschätzung der Bundesagentur für Arbeit die gute Konjunktur und das bisher milde Wetter. Die Arbeitslosenquote sank auf 8,6 Prozent. (Tagesschau-Meldung vom 28. Februar 2008) +++

Zur friktionellen kommt die saisonale Arbeitslosigkeit, vor allem auf dem Bau und in der Landwirtschaft, sowie die konjunkturelle Arbeitslosigkeit: Den Unternehmen geht es

nicht gut genug, um neue Mitarbeiter einzustellen. Wenn die Konjunktur sich bessert, wie in den Jahren 2006 und 2007, reduziert sich diese Arbeitslosigkeit.

Auch die beste Konjunktur hilft aber nichts gegen die strukturelle Arbeitslosigkeit: Die Fähigkeiten, die die hiervon betroffenen Arbeitslosen haben, werden auf dem Arbeitsmarkt schlicht nicht mehr nachgefragt. Im Laufe der Zeit hat der technische Fortschritt immer wieder ganze Berufsgruppen und die entsprechenden Qualifikationen praktisch überflüssig gemacht, von Pferdekutschern über Schriftsetzer bis zu Stenographen. In Deutschland betrifft die strukturelle Arbeitslosigkeit allerdings nicht so sehr Menschen mit der falschen Qualifikation, sondern Menschen ohne Qualifikation: Innerhalb der Gruppe von Erwerbsfähigen ohne Berufsausbildung hat etwa jeder Vierte keinen Job. Aus- und Weiterbildung ist deshalb eine der wichtigsten Maßnahmen im Kampf gegen Arbeitslosigkeit – sowohl für den Einzelnen als auch für die Gesellschaft.

In den früheren sozialistischen Staaten gab es offiziell keine Arbeitslosigkeit. In der Verfassung der DDR war das Recht auf Arbeit festgeschrieben; genau wie die Pflicht zur Arbeit. Allerdings bestand dort in großem Ausmaß sogenannte verdeckte Arbeitslosigkeit: Menschen galten formal als beschäftigt und wurden auch entlohnt, obwohl sie eigentlich nichts zu tun hatten. Zudem hatten die Arbeitsplätze dort eine sehr geringe *Produktivität*, weil die Betriebe über veraltete Maschinen verfügten und oft die Produktion stillstand, da irgendwelche *Rohstoffe* oder Vorprodukte nicht rechtzeitig geliefert worden waren. Als die DDR-Wirtschaft nach der Währungsunion am 1. Juli 1990 dann von einem Tag auf den anderen mit ihren Produkten auf dem Weltmarkt bestehen musste, brachen fast alle dortigen Unternehmen zusammen. Auch wenn seither viele neue Unternehmen gegründet und Arbeitsplätze geschaffen wurden, liegt die Arbeitslosenquote in Ostdeutschland bis heute deutlich über der in den alten Bundesländern.

Arbeitsteilung

Der größte liberale und der größte sozialistische Ökonom aller Zeiten waren von der wundertätigen Wirkung der Arbeitsteilung gleichermaßen begeistert. Der Liberale, Adam Smith, erklärte sie 1776 am berühmt gewordenen Beispiel der Produktion von Nadeln: Wenn ein Arbeiter alle Arbeitsschritte dieser Produktion selbst durchführen würde, käme er auf nicht mehr als 24 Nadeln pro Tag. Wird jedoch die Herstellung in 18 einzelne Schritte zerlegt und auf jeden dieser Produktionsschritte spezialisiert sich jeweils ein Arbeiter, ergebe sich eine tägliche Produktionsmenge von rund 4800 Nadeln je Arbeiter, also das 200-fache. Knapp 70 Jahre später wendete der Sozialist Karl Marx dieses eher betriebswirtschaftliche Argument auf die volkswirtschaftliche Ebene an: «Wie weit die Produktionskräfte einer Nation entwickelt sind, zeigt am augenscheinlichsten der Grad, bis zu dem die Teilung der Arbeit entwickelt ist», schrieb er, je mehr Arbeitsteilung, desto größer die Leistungsfähigkeit einer Volkswirtschaft.

Aber weder der eine noch der andere hätte sich vorstellen können, wie weit wiederum knapp 70 Jahre später der Gedanke der Arbeitsteilung durch die Einführung des Fließbands fortentwickelt werden konnte. 1913 installierte Henry Ford es erstmals in seiner Autofabrik in Detroit. Nun ließ sich der Produktionsablauf in immer kleinere Einzelschritte zerlegen und damit die *Produktivität* steigern. 1922 schrieb Henry Ford stolz, dass die letzte Zählung in seiner Fabrik genau 7882 unterschiedliche Arten von Verrichtungen ergeben habe. Und weil die Ford Motor Company damals das mit Abstand erfolgreichste Unternehmen der Welt war, beeilte sich erst die direkte Konkurrenz, sein Erfolgsrezept zu kopieren, und dann übernahmen es auch die Unternehmen in anderen Branchen: Das Fließband wurde zum Weltstandard.

In der modernen Wirtschaft wird diese extreme Form der Arbeitsteilung kaum noch praktiziert. Das liegt zum einen daran, dass ein großer Teil der früher an Fließbändern geleisteten Arbeit heute von Maschinen übernommen wird, zum anderen daran, dass in den meisten Fabriken mit Gruppenarbeit bessere Ergebnisse erzielt werden. Wenn die Beschäftigten eine Vorstellung davon haben, was sie da eigentlich produzieren, leisten sie mehr, als wenn sie tagein, tagaus den gleichen sturen Handgriff verrichten.

Stark an Bedeutung gewonnen hat in jüngster Zeit hingegen die sogenannte weltwirtschaftliche Arbeitsteilung: Einzelne Produktionsschritte werden an unterschiedlichen

Standorten erledigt, einzelne Vorprodukte aus unterschiedlichen Ländern importiert. Bei den Cayenne-Geländewagen von Porsche etwa, die in Leipzig die Fabrik verlassen, ist der größte Teil der Montage-Arbeit im slowakischen Bratislava geleistet worden.

Ausbildung

Jedes Jahr im Sommer startet in Deutschland die große Lehrstellenaktion. Einige hunderttausend Schulabsolventen suchen einen Ausbildungsplatz, einige hunderttausend Ausbildungsplätze werden in Unternehmen angeboten. Da wird an die Unternehmen appelliert, Lehrstellen anzubieten, da wird an die Schulabgänger appelliert, sich um einen Ausbildungsplatz zu kümmern, und wenn in einzelnen Regionen oder im ganzen Land kurz vor Beginn des Lehrjahres noch immer Lehrstellen fehlen, überreden die Politiker die Arbeitgeber schon mal dazu, eine überbetriebliche Ausbildungsplatzinitiative zu starten.

+++ Die Förderung zusätzlicher Ausbildungsplätze soll bereits im Sommer anlaufen. Arbeitsminister Scholz und Bildungsministerin Schavan drücken aufs Tempo. Sie wollen erreichen, dass im Juni die ersten Lehrstellen mit dem sogenannten Ausbildungsbonus eingerichtet werden. Das Ziel sind hunderttausend zusätzliche Stellen bis 2010. (Tagesschau-Meldung vom 2. Februar 2008) +++

Dies alles jemandem zu erklären, der noch nie in Deutschland gewesen ist, dürfte ziemlich schwerfallen – er kennt so etwas nämlich nicht. Denn eine zwei bis drei Jahre dauernde Lehre mit paralleler Berufsschule, das gibt es nirgendwo sonst auf der Welt. Nirgendwo sonst bilden die Unternehmen Jugendliche drei Jahre lang aus, geben ihnen die Chance, in einen Beruf hineinzufinden, Erfahrung zu sammeln, Fehler zu machen und zu verbessern. Nirgendwo sonst ist die gesamte Wirtschaft so weitsichtig, dass sie Menschen ausbildet, die sie eines Tages einmal brauchen wird.

Normal ist in der Welt, dass Unternehmen, die Arbeitskräfte brauchen, sich auf dem Arbeitsmarkt irgendjemand suchen und ihn für die benötigte Tätigkeit anlernen. In Spanien beispielsweise beträgt die Ausbildungszeit für einen Telefontechniker ganze sieben Tage, für einen Elektriker auch nur sechs Wochen.

+++ Der Mangel an Ausbildungsplätzen sorgt weiter für Diskussion. Die Unternehmen sollten auch den Jugendlichen eine Chance geben, die über keine gute Schulbildung verfügten, mahnte die IG Metall. Die Wirtschaft ihrerseits verweist auf deutlich gestiegene Zahlen bei den Ausbildungsverträgen. Im Handwerk wurden bis Ende Juli knapp 90 000 neue Verträge geschlossen – das sind 13 Prozent mehr als im Vorjahr. (Tagesschau-Meldung vom 6. August 2007) +++

Das System der sogenannten dualen Berufsausbildung mit Lehre und Berufsschule würden viele Länder gern übernehmen. Das nicht nur, weil deutsche Elektriker so viel besser qualifiziert wären als spanische (ein bisschen aber schon), sondern vor allem, weil es offenbar kein besseres System gibt, mit dem Schulabgänger in die Arbeitswelt integriert werden können. In Frankreich, Spanien, Belgien oder Schweden beispielsweise übertrifft die Arbeitslosenquote der Jugendlichen die der Erwachsenen ungefähr um das Doppelte, in Deutschland hingegen liegen beide mehr oder weniger gleichauf.

Aber auch das deutsche Ausbildungssystem ist nicht perfekt: Fünf bis zehn Prozent eines jeden Jahrgangs verlassen die Schule ohne Abschluss, die meisten davon machen danach auch keine Ausbildung.

Betriebsrat

Unternehmer mögen keinen Betriebsrat. Zumindest so lange nicht, wie es in ihrem Unternehmen keinen gibt. Denn der Betriebsrat als Interessenvertretung der Beschäftigten eines Unternehmens wird ja wohl in erster Linie versuchen, dem Chef das Leben schwer zu machen und ihm das Geld aus der Tasche zu ziehen. Einige Unternehmer setzen deshalb alles daran, die Gründung eines Betriebsrats zu verhindern: So wurde Anfang der neunziger Jahre jahrelang erbittert um die Gründung eines Betriebsrats beim Schuhhersteller Birkenstock gestritten (inzwischen gibt es ihn), und im Jahr 2006 entzweite das Thema die Belegschaft des Software-

Konzerns SAP. Manchmal ist der Ton auch lockerer. «Wenn ihr einen Betriebsrat gründet, zahlen wir nach Tarif», drohte beispielsweise vor zehn Jahren der Werbeagenturchef Sebastian Turner seinen betriebsratswilligen Angestellten, die daraufhin das Thema erst mal wieder ruhen ließen.

Unternehmer, die schon über längere Zeit mit einem Betriebsrat zusammenarbeiten, sehen das Thema in der Regel wesentlich entspannter. Betriebsräte beißen nicht, zumindest nicht ohne Grund. Sie sollen die Interessen der Beschäftigten vertreten und sind dabei gemäß Betriebsverfassungsgesetz dazu verpflichtet, vertrauensvoll mit dem Arbeitgeber zusammenzuarbeiten. Auch alle ihre übrigen Rechte und Pflichten sind in diesem Gesetz festgeschrieben. Besonders dann, wenn einem Arbeitnehmer gekündigt werden soll, kommt dem Betriebsrat eine wichtige Aufgabe zu: Über jede *Kündigung*, ob ordentlich oder außerordentlich, muss der Arbeitgeber ihn im voraus informieren und ihm die Möglichkeit geben, mündlich und schriftlich Bedenken zu äußern. Der Betriebsrat kann zwar nicht verhindern, dass die Kündigung ausgesprochen wird, verbessert aber die Erfolgschancen des Gekündigten in einem eventuellen Arbeitsgerichtsprozess.

Sobald ein Unternehmen fünf fest angestellte Arbeitnehmer hat, können diese die Einrichtung eines Betriebsrats fordern. Allerdings geschieht das in derart kleinen Unternehmen selten, da dort Probleme in der Regel im direkten Gespräch zwischen Arbeitgeber und Arbeitnehmer gelöst werden. In größeren Unternehmen jedoch, in denen kein Chef mehr den Überblick über die Interessen aller seiner Mitarbeiter hat, können Betriebsräte äußerst hilfreich sein, um innerbetriebliche Konflikte frühzeitig zu erkennen und Lösungen zu finden. Allerdings kostet das den Arbeitgeber auch etwas: Ab 200 Beschäftigten muss er nämlich einen Betriebsrat bei Weiterzahlung des Gehalts für die Betriebsratsarbeit freistellen. Bei 2000 Beschäftigten muss der Arbeitgeber bereits fünf hauptberufliche Betriebsräte finanzieren.

Besonders wichtig werden Betriebsräte, wenn es im Unternehmen zu einer schweren Krise kommt. Der Arbeitgeber ist nämlich gesetzlich verpflichtet, sich in solchen Fällen mit dem Betriebsrat über einen Sozialplan zu einigen, der die wirtschaftlichen Nachteile für die Beschäftigten abmildert. Falls das Unternehmen nachweisen kann, dass es keine bessere Alternative gibt, wird ein Betriebsrat auch äußerst schmerzhaften Einschnitten wie Werksschließungen und Massenentlassungen zustimmen, um den Rest der Arbeitsplätze zu erhalten. Will ein Unternehmen hingegen nur deshalb ein Werk schließen, weil es damit seinen Gewinn steigern kann, so wie Nokia Anfang 2008 in Bochum oder Electrolux 2006 in Nürnberg, wird der Betriebsrat alle Hebel in Bewegung setzen, um das zu verhindern.

+++ Mehrere tausend Menschen haben gegen die Schließung des Nokia-Werkes in Bochum protestiert. Dienstag will sich der Betriebsrat zu Verhandlungen mit der Konzernspitze in Finnland treffen. Der Handy-Hersteller hatte angekündigt, den Standort Bochum zu schließen. Mehr als 2000 Arbeitsplätze sind gefährdet.
(Tagesschau-Meldung vom 11. Februar 2008) +++

In großen deutschen Konzernen ist aus diesem Grund der Betriebsratsvorsitzende eine der mächtigsten Personen im Unternehmen. Da kann es dann schon mal passieren, dass, wie bei VW, das Unternehmen sich dessen Wohlwollen erkauft: Der langjährige Konzernbetriebsratsvorsitzende Klaus Volkert bekam ein Topmanager-Gehalt und seine brasilianische Geliebte sechsstellige Honorarzahlungen aus der Firmenkasse. So konnte VW jederzeit sicher sein, dass dieser Betriebsrat ganz bestimmt nicht beißen würde.

Gewerkschaften

Manchmal sind Gewerkschaften wirklich eine Plage. In den Vereinigten Staaten war jahrzehntelang die mächtige Gewerkschaft der Transportarbeiter eine Art Tarnorganisation der Mafia, und im Großbritannien der siebziger Jahre betätigten sie sich als Verhinderer jeglichen Fortschritts. *Innovationen*, die bestehende Arbeitsplätze gefährden konnten, wurden von den Gewerkschaften praktisch verboten. Der sprichwörtliche «Heizer auf der E-Lok» ist keine Erfindung, sondern wurde tatsächlich in jener Zeit von der britischen Gewerkschaft der Dampflokomotivingenieure durchgesetzt, um ihren Mitgliedern auch im Zeitalter des Elektromotors den Arbeitsplatz zu erhalten.

Aus Deutschland allerdings gibt es keine solchen Horrorgeschichten über Gewerkschaften. Sie sehen in den Arbeitgebern längst nicht mehr den Klassenfeind, sondern den Gegner im Streit um die Löhne und den Partner im Streben nach nachhaltig wettbewerbsfähigen Unternehmen. Nur vertreten sie eben die Interessen der Beschäftigten, nicht die der Aktionäre. Sie haben in den Betrieben einen starken Einfluss durch die *Betriebsräte* und durch die Arbeitnehmervertreter in den *Aufsichtsräten*, und sie haben auch auf die Volkswirtschaft starken Einfluss – über die Tarifverhandlungen, in denen sie durchsetzen wollen und sollen, dass die Arbeitnehmer einen gerechten Anteil an den Früchten ihrer Arbeit bekommen. Sie sind also mächtiger als in jedem anderen Land der Welt, vielleicht mit Ausnahme von Österreich.

Diese starke Position rührt nicht zuletzt daher, dass die Gewerkschaften mehrfach in ökonomischen wie politischen Krisen das demokratische System in Deutschland verteidigt haben: Sie haben sich 1918/19 nicht an der kommunistischen Revolution beteiligt, sondern der jungen Weimarer

Republik eine Chance gegeben. Sie haben 1920 den ersten Militärputsch gegen ebendiese Demokratie durch einen Generalstreik zum Scheitern gebracht. Sie waren eine der wenigen Organisationen in Deutschland, die nach Adolf Hitlers Machtergreifung konsequent die Zusammenarbeit mit dem Nazi-Regime verweigerten – und deshalb am 1. Mai 1933 verboten wurden.

Dem 1949 gegründeten Deutschen Gewerkschaftsbund (DGB) gehören heute acht Einzelgewerkschaften mit insgesamt mehr als sechs Millionen Mitgliedern an. Die größten sind die IG Metall und die Dienstleistungsgewerkschaft ver.di mit jeweils mehr als zwei Millionen Mitgliedern, die kleinste die Gewerkschaft der Polizei mit 180 000 Mitgliedern.

Traditionell stark vertreten sind die Gewerkschaften in Deutschland in den großen Industriebetrieben, insbesondere bei den gut ausgebildeten und verdienenden Facharbeitern. Doch je weiter man sich von diesen stärksten Bastionen wegbewegt, von der Industrie in die Dienstleistungsbranchen, vom Großkonzern zum Kleinbetrieb, desto geringer wird der Einfluss der Gewerkschaften. Da der Anteil der Industrie an der gesamten Wirtschaftsleistung in Deutschland kontinuierlich zurückgeht und der Anteil der Dienstleistungen steigt, nimmt auch der Einfluss der Gewerkschaften ab. Anfang der siebziger Jahre war noch jeder zweite Beschäftigte in Deutschland in der Industrie tätig, derzeit ist es nur noch jeder fünfte. Mehr als 75 Prozent der Beschäftigen hingegen arbeiten für Handel, Banken und Gastronomie, im öffentlichen Dienst und in anderen Dienstleistungsbranchen. Hier sind die Gewerkschaften traditionell am schwächsten vertreten: Die Dienstleistungsgewerkschaft ver.di hat zwar mehr als zwei Millionen Mitglieder, doch das entspricht nur etwa zehn Prozent aller Beschäftigten in den von ihr vertretenen Branchen.

Hartz IV

Es gab eine Zeit, in der der Name «Peter Hartz» geradezu für die Zukunft der Arbeitsgesellschaft stand: Der Personalvorstand des VW-Konzerns hatte 30 000 Kündigungen verhindert, indem er 1994 bei VW die 4-Tage-Woche einführte, und er war Vorsitzender einer von Bundeskanzler Gerhard Schröder einberufenen Kommission, die Vorschläge zur Modernisierung des deutschen Arbeitsmarktes machen sollte. Der Bericht, den sie im August 2002 vorlegte, bildete die Grundlage für eine Reihe von Gesetzen, aus denen wiederum eine Vielzahl neuer arbeitsmarktpolitischer Instrumente hervorgegangen ist. Die meisten davon, etwa der «Job-Floater» oder die «Personal-Service-Agenturen», setzten sich nicht durch, auch die ebenso bekannte wie umstrittene «Ich AG» gibt es seit 2006 nicht mehr. Aber das «vierte Gesetz für moderne Dienstleistungen am Arbeitsmarkt», kurz: Hartz IV, wurde zum zentralen Baustein beim Umbau des Sozialstaates.

Kernpunkt dieses 2005 in Kraft getretenen Gesetzes ist die Zusammenführung der früheren Arbeitslosen- und Sozialhilfe zum Arbeitslosengeld II. Es wird zudem nur gezahlt, wenn der Antragsteller über keine Vermögenswerte mehr verfügt, auf die er sonst zur Finanzierung seines Lebensunterhaltes zurückgreifen könnte. In den allgemeinen Sprachgebrauch ist der umständliche Name Arbeitslosengeld II genauso wenig eingegangen wie die Abkürzung «ALG II» – man spricht von Hartz IV und Hartz-IV-Empfängern.

Die Regelsätze für Hartz IV liegen höher als die der früheren Sozialhilfe: 347 Euro pro Monat für Alleinstehende, 680 Euro für Alleinerziehende mit einem Kleinkind, 1040 Euro für ein Ehepaar mit zwei Kindern. Dazu kommt noch die Miete, sofern diese «angemessen» ist; in Berlin zum Beispiel gelten als angemessen 360 Euro für Alleinstehende, 619 Euro für einen

4-Personen-Haushalt. Trotzdem hatten einige Hartz-IV-Empfänger, die zuvor Sozialhilfe bezogen, nach der Reform weniger Geld zur Verfügung als vorher, da es bei Hartz IV praktisch keine Beihilfen mehr für den Kauf etwa von Kleidung oder Möbeln gibt. Und für 50 Prozent derjenigen, die früher Anspruch auf Arbeitslosenhilfe hatten, verschlechterte sich durch Hartz IV die Einkommenssituation, für 43 Prozent hingegen verbesserte sie sich, so Berechnungen des Nürnberger Instituts für Arbeitsmarkt- und Berufsforschung.

Trotz dieser finanziell unterschiedlichen Auswirkungen sehen viele Kritiker Hartz IV als eine Demontage des Sozialstaates. Wesentliche Kritikpunkte sind dabei die Regel, wonach erst das Vermögen der eigenen Familie aufgebraucht sein muss, bevor die staatliche Unterstützung gezahlt wird, die sehr harten Kriterien dafür, welche Arbeiten Hartz-IV-Empfänger annehmen müssen, und die ebenfalls sehr harten Strafen, die verhängt werden, wenn sich Hartz-IV-Empfänger nicht an ihre Pflichten halten: Wer eine zumutbare Arbeit ablehnt oder eine Weiterbildungsmaßnahme abbricht, dem können beim ersten Mal die Leistungen drei Monate lang um 30 Prozent gekürzt werden, beim zweiten Mal um 60 Prozent, und beim dritten Mal werden sie sogar drei Monate lang völlig gestrichen.

+++ Die Jobcenter machen zunehmend von ihrem Recht des Forderns Gebrauch und sprechen Sanktionen gegenüber ihren Kunden aus, die sich entweder nicht melden oder Arbeit ablehnen. (Tagesschau-Meldung vom 5. Februar 2008) +++

Die Befürworter von Hartz IV verweisen hingegen darauf, dass mit solchen Maßnahmen die Betroffenen lernen, selbst die Verantwortung für die Folgen des eigenen Handelns zu übernehmen. Zudem trage Hartz IV dazu bei, dass die knapper gewordenen Finanzmittel des Staates bei denen ankommen, die die Hilfe am dringendsten benötigen. Wie viel dieses Hartz-Gesetz zum Abbau der *Arbeitslosigkeit* seit 2005 beigetragen hat, ist unter Ökonomen äußerst umstritten, die meisten gehen aber von einem positiven Effekt aus.

Der einstigen Lichtgestalt Peter Hartz hilft das kaum noch,

er hat bereits alle Strahlkraft verloren. Wegen des Skandals um Lustreisen bei VW trat er im Juli 2005 als Personalvorstand des VW-Konzerns zurück. Im Januar 2007 wurde er vom Landgericht Braunschweig wegen Untreue und Begünstigung zu zwei Jahren Gefängnis verurteilt, die aber zur Bewährung ausgesetzt wurden. Hartz IV muss er nicht beantragen: Seine Betriebsrente beträgt 16 000 Euro – pro Monat.

Humankapital

Ein höchst umstrittenes Wort. Wer das menschliche Leistungsvermögen als «Humankapital» bezeichne, degradiere dadurch die Menschen «zu nur noch ökonomisch interessanten Größen», befand die Gesellschaft für deutsche Spra-

che und wählte diesen Begriff zum «Unwort des Jahres 2004». Bezogen hatte sich die Jury dabei auf eine damals genau vierzig Jahre alte Theorie des US-Ökonomen Gary Becker. Ihr zufolge bestimmt das Humankapital die Höhe des Erwerbseinkommens, das ein Mensch zeit seines Lebens erzielen wird. Unternehmen und Staaten, so Becker, sollten ihre Investitionen in Bildung, also in Humankapital, danach bewerten, wie stark die wirtschaftliche Leistungsfähigkeit der Teilnehmer durch diese Investition steigt.

In den seither vergangenen Jahren hat sich der Begriff «Humankapital» allerdings weiterentwickelt. In einem Unternehmen etwa bezeichnet er die Summe des Wissens, der Fähigkeiten und Erfahrungen aller Mitarbeiter und damit einen der wichtigsten Faktoren, die Manager bei ihren Entscheidungen berücksichtigen müssen. Nachdem die Jury heftig kritisiert worden war, weil sie diese Entwicklung nicht berücksichtigt hatte, gestand sie selbst ein, dass ja auch durchaus positiv gemeint sein könne, wenn «mit diesem Begriff neben Sachkapital und Finanzkapital menschliche Fähigkeiten und Fertigkeiten gewürdigt werden».

In den *Bilanzen* der Unternehmen findet diese Würdigung noch nicht statt. Finanz- und Sachkapital stehen als Vermögenswerte des Unternehmens in der Bilanz, das Leistungsvermögen der für ein Unternehmen arbeitenden Menschen gilt buchhalterisch für das Unternehmen nicht als Vermögen, sondern als Kosten, nämlich als Personalkosten. Dadurch entsteht einerseits ein unrealistisches Bild der wirtschaftlichen Lage des Unternehmens, denn hochmotivierte Mitarbeiter können so manchen Wettbewerbsnachteil eines Unternehmens ausgleichen (und umgekehrt wird das Unternehmen auch mit den besten Maschinen keinen Profit machen können, wenn die Beschäftigten innerlich bereits gekündigt haben). Aber es ist andererseits wohl nicht zu ändern, denn im

Unterschied zum Finanzkapital gehört das Humankapital der Mitarbeiter ja nicht dem Unternehmen, sondern jedem Mitarbeiter selbst. Er stellt es nur für die Dauer seiner Arbeitszeit dem Unternehmen zur Verfügung.

Kündigung

Jeder Vertrag enthält eine Regelung, wie man ihn wieder auflösen kann. Beim Arbeitsvertag ist das im Prinzip nicht anders, auch in ihm sind Kündigungsfristen und die Gründe aufgeführt, aus denen er beendet werden kann. Aber selbst wenn beide Seiten den Vertrag so unterschreiben, heißt das noch lange nicht, dass diese Regelungen auch tatsächlich so gelten, denn es gibt Gesetze, die stärker sind als der Vertrag.

Falls der Arbeitnehmer das Unternehmen verlassen will, kann er das jederzeit tun; im Vertrag ist festgelegt, welche Kündigungsfristen er beachten muss. Falls der Arbeitgeber hingegen aus welchen Gründen auch immer eine Kündigung aussprechen will – weil er mit der Arbeit des Mitarbeiters nicht zufrieden ist oder weil er persönlich nicht mit ihm auskommt –, erlaubt ihm das Gesetz die Kündigung eines Arbeitsvertrags nur dann, wenn diese sozial gerechtfertigt ist. Was damit genau gemeint ist, wird häufig vor Arbeitsgerichten ausgefochten. Und da solche Prozesse in der Regel langwierig und teuer sind, einigen sich beide Seiten oft auf «freiwillige» Auflösungsvereinbarungen, denen der Arbeitnehmer nur zustimmen wird, wenn ihm dafür eine ausreichende Abfindung gezahlt wird.

Ein starker Kündigungsschutz hat positive und negative Auswirkungen für den Arbeitsmarkt. Negativ ist, dass er Neueinstellungen erschwert, weil der Arbeitgeber nur dann eine Stelle ausschreiben wird, wenn er sicher ist, dass er sie

+++ Bundeswirtschaftsminister Glos hat eine neue Diskussion über den Kündigungsschutz angestoßen. In der ‹Welt am Sonntag› spricht er sich dafür aus, die Fristen nach dem Vorbild Dänemarks deutlich zu verkürzen. Im Gegenzug sollte es mehr Arbeitslosengeld geben sowie größere Anstrengungen, Arbeitslosen wieder einen Job zu verschaffen. (Tagesschau-Meldung vom 4. November 2006) +++

auf Dauer braucht: Ist sie erst einmal besetzt, lässt sich daran so schnell nichts wieder ändern. Positiv hingegen ist der Kündigungsschutz natürlich vor allem für den, der einen festen Arbeitsplatz hat. Er ist vor Willkür geschützt, muss nicht ständig in der Angst leben, ihn plötzlich zu verlieren, und kann sein Leben entsprechend langfristig planen.

Hinzu kommt aber auch, dass gerade die stark eingeschränkten Möglichkeiten des Arbeitgebers, Arbeitnehmer wieder zu entlassen, ein enges Band zwischen ihm und Belegschaft schmieden. Weil sich die Arbeitgeber bei jeder Neueinstellung sehr gut überlegen, ob sie den neuen Mitarbeiter tatsächlich brauchen, werden sie nur jemanden einstellen, von dessen Wert für das Unternehmen sie überzeugt sind. Wenn diese Beschäftigten ihn nicht enttäuschen, ist das Ergebnis eine stabile, hoch motivierte Stammbelegschaft.

In anderen Staaten sind die Kündigungsschutzgesetze zum Teil wesentlich lockerer, zum Teil aber auch strenger als in Deutschland. Am ausgeprägtesten ist die sogenannte Hire-and-Fire-Mentalität in den USA. Ein spezieller Kündigungsschutz für Arbeitnehmer existiert nicht, es gilt schlicht das, was im jeweiligen Arbeitsvertrag vereinbart ist. Im Durchschnitt bleibt denn auch ein Arbeitnehmer in den USA nur 6,6 Jahre im selben Unternehmen, in Deutschland sind es 10,6 Jahre. In Spanien hingegen ist für unbefristete Arbeitsverhältnisse der Kündigungsschutz noch stärker als in Deutschland, weshalb dort die Unternehmen mehr als 90 Prozent aller neuen Arbeitsverträge nur befristet abschließen.

Nach langen Diskussionen um das Für und Wider des Kündigungsschutzes wurde das Gesetz im Jahr 2004 etwas gelockert: Es gilt jetzt nicht mehr für alle Betriebe mit mehr als fünf Beschäftigten, sondern nur noch für alle mit mehr als zehn Beschäftigten.

Mindestlohn

Kurz vor Weihnachten 2007 wurde der Mindestlohn zu einem heiß diskutierten Thema. Für die Post-Branche hatte der Bundestag einen Mindestlohn von 9,80 Euro pro Stunde beschlossen, den keiner der Briefzusteller des Landes unterschreiten durfte. Der zweitgrößte von ihnen, die Pin AG, kündigte daraufhin Massenentlassungen an und stellte im Januar 2008 Insolvenzantrag. Eigentlich sollte ein Mindestlohn menschenwürdige Beschäftigung sichern und die Arbeitnehmer vor Ausbeutung schützen. Wie konnte er zum Abbau von Arbeitsplätze führen?

In diesem Fall ist die Antwort einfach: Der Post-Mindestlohn heißt nur so, ist aber eigentlich keiner. 9,80 Euro pro Stunde ist ein Lohnniveau, das Millionen Beschäftigte in Deutschland nicht erreichen: Mehr als 4,5 Millionen verdienen weniger als 7,50 Euro pro Stunde, etwa 1,5 Millionen sogar weniger als 5,00 Euro. Wenn es darum gegangen wäre, einen Mindestlohn für alle Beschäftigten in Deutschland einzuführen, hätte er in derselben Größenordnung wie in den Niederlanden liegen müssen; dort beträgt er 8,08 Euro. Aber der Post-«Mindestlohn» sollte in erster Linie die Konkurrenten des Marktführers, der Post eben, treffen, die pünktlich zum gesetzlichen Ende des Briefmonopols am 1. Januar 2008 der Post Marktanteile abnehmen wollten. Die 9,80 Euro Stundenlohn zerstörten ihre Kalkulation, und die Post bekam dadurch faktisch ihr Monopol zurück.

An dieser Auseinandersetzung in der Adventszeit war deutlich zu merken, dass es in Deutschland nur sehr wenig Erfahrungen mit dem Instrument des Mindestlohns gibt. In 90 Prozent aller Länder ist das anders, auch innerhalb der Europäischen Union haben 20 der 27 Mitgliedsstaaten einen gesetzlich festgelegten Mindestlohn für alle abhängig Beschäf-

+++ Die Pflegebranche fordert für ihre Mitarbeiter dringend einen Mindestlohn. In Mecklenburg-Vorpommern verdienen Fachkräfte nach Angaben des Berufsverbandes DBFK teils nur 4 Euro oder 4,50 Euro brutto die Stunde. Bundesgeschäftsführer Wagner sagte dem Magazin ‹Focus›, sein Verband strebe 7,50 Euro an. Bei hoher Belastung müsse es deutlich mehr sein. Derzeit gibt es, laut Wagner, rund eine Million ausgebildete Pflegekräfte. (Tagesschau-Meldung vom 27. Januar 2008) +++

tigten. Seine Höhe reicht von 0,53 Euro pro Arbeitsstunde in Bulgarien bis 9,02 Euro in Luxemburg. So unterschiedlich diese Zahlen sind, der Mindestlohn liegt in den einzelnen Ländern zwischen einem Drittel und der Hälfte dessen, was jeweils als durchschnittlicher Stundenlohn gezahlt wird; in Luxemburg sind das 18,30 Euro und in Bulgarien 1,29 Euro.

+++ Union und SPD streiten weiter über das Thema Mindestlöhne. Heute endet die Meldefrist für alle Branchen, um in das sogenannte Entsendegesetz aufgenommen zu werden, eine Voraussetzung für verbindliche Lohnuntergrenzen. Nach Medienberichten ist die Resonanz geringer, als von der SPD erwartet. Die Union sieht das Projekt bereits als gescheitert an. Gewerkschaften und Teile der SPD fordern dagegen einen generellen gesetzlichen Mindestlohn. (Tagesschau-Meldung vom 31. März 2008) +++

Und warum gibt es in Deutschland keinen gesetzlichen Mindestlohn? Weil die Gewerkschaften so stark sind. Für die meisten Beschäftigten in Deutschland gelten nämlich die von den Gewerkschaften und den Arbeitgebern ausgehandelten Tarifverträge. Für einzelne Branchen (beispielsweise auf dem Bau sowie in der Gebäudereinigung), in denen viele ausländische Arbeiter beschäftigt werden, die oft niedrigere Löhne als ihre deutschen Kollegen akzeptieren, sind allerdings auch in Deutschland Mindestlöhne festgelegt worden, und zwar auf dem Umweg über ein sogenanntes Arbeitnehmer-Entsendegesetz. Doch auch hier gibt es nicht einen Mindestlohn, sondern mehrere, je nach Region und Tätigkeit: Bei Gebäudereinigern reicht die Spanne von 6,36 bis 7,87 Euro pro Stunde, bei Bauarbeitern von 8,50 bis 12,50 Euro.

Mitbestimmung

Viel konservativer als Konrad Adenauer kann ein Politiker kaum sein. Der erste deutsche Bundeskanzler war ein erzkatholisches rheinisches Schlitzohr und hegte den oppositionellen Sozialdemokraten und auch den Gewerkschaften gegenüber eine intensive Abneigung. Umso erstaunlicher ist es, dass in seiner Amtszeit, am 21. Mai 1951, ein Gesetz verabschiedet wurde, das konservative Politiker überall auf der Welt als den Versuch einer kommunistischen Machtübernahme deuten würden: das «Gesetz über die Mitbestimmung der Arbeitnehmer in den Aufsichtsräten und Vorständen der Unternehmen des Bergbaus und der Eisen- und Stahlerzeugenden Industrie», kurz: Montan-Mitbestimmungsgesetz. Die Hälfte aller Sitze im Aufsichtsrat sollten von den Beschäftigten übernommen werden. Und auch im Vorstand der Konzerne sollten die Beschäftigten das Vorschlagsrecht für ein Mitglied, nämlich den Arbeitsdirektor, haben. Das konnte doch nicht gut gehen!

Es ging gut: Für Adenauer ging es gut, weil er auf diese Weise all jene, auch in der eigenen CDU, zum Schweigen gebracht hatte, die eine Verstaatlichung der Montanindustrie gefordert hatten, weil deren Eigentümer Hitler zur Macht verholfen und für den Zweiten Weltkrieg aufgerüstet hatten. Wenn die Arbeiter in allen entscheidenden Gremien Sitz und Stimme hätten, würde sich das nicht wiederholen können – auch ohne Verstaatlichung.

Und für die Unternehmen ging es ebenfalls gut. Die Arbeitnehmervertreter im Aufsichtsrat agierten verantwortungsvoll und versuchten, das Interesse der Unternehmen mit den Interessen der Beschäftigten in Einklang zu bringen. Sonst hätte die SPD-FDP-Bundesregierung 1976 wohl kaum durchsetzen können, dass die Mitbestimmung weit über die Bergbau- und Stahlbranchen hinaus ausgedehnt wurde. Seither gilt für alle Kapitalgesellschaften mit mehr als 2000 Beschäftigten, dass ihr *Aufsichtsrat* zur Hälfte mit Arbeitnehmervertretern besetzt sein muss.

+++ Der europäische Gerichtshof hat das VW-Gesetz bereits gekippt, nun unterliegt der VW-Betriebsrat vor dem Arbeitsgericht Stuttgart. Der Betriebsrat wollte mehr Mitsprache nach einer Übernahme durch Porsche erreichen. VW und Porsche schicken gleich viele Unternehmervertreter in den gemeinsamen Aufsichtsrat, obwohl VW deutlich mehr Beschäftigte hat. Das Gericht wies die Einwände zurück. (Tagesschau-Meldung vom 19. Oktober 2007) +++

Mobbing

Mobbing klingt englisch, englischer geht's nicht. Aber auf Englisch heißt Mobbing gar nicht «Mobbing», sondern «Bullying», und erfunden hat das Wort auch kein Engländer, sondern ein Österreicher: der Verhaltensforscher Konrad Lorenz – der mit den Gänsen. Er verwendete diesen Begriff erstmals 1963 für einen Angriff einer Gruppe von Tieren auf einen überlegenen Gegner, etwa von mehreren Gänsen gegen einen Fuchs. Seit damals hat das Wort seine Bedeutung mehrfach verändert. Heute ist damit in der Regel gemeint, dass jemand an seinem Arbeitsplatz unter fortgesetzten und systematischen Angriffen oder Sticheleien seiner Kollegen oder Vorgesetzten leidet. Da werden Gerüchte oder Unwahrheiten verbreitet, die Leistungen des Opfers werden gezielt falsch beurteilt, es wird als unfähig dargestellt, bei der Arbeit behindert, oder man enthält ihm wichtige Informationen vor.

Wie viele Menschen von Mobbing betroffen sind, ist bei den Forschern umstritten. Unterschiedliche Studien kommen hier auf Werte zwischen zwei und zwölf Prozent aller Erwerbstätigen in Deutschland. Unumstritten ist dagegen, dass Mobbing zu physischen und psychischen Problemen führt. Fast alle befragten Mobbing-Opfer geben an, dass sie aufgrund der psychischen Belastung weniger an ihrem Arbeitsplatz leisten als zuvor, die Hälfte von ihnen wird wegen der Angriffe so krank, dass sie einmal oder mehrfach nicht zur Arbeit gehen können, 20 Prozent fallen sogar länger als sechs Wochen aus, ein Viertel aller Betroffenen sieht als einzigen Ausweg die Kündigung. Der finanzielle Schaden, den Mobbing verursacht, wird auf mehrere Milliarden Euro pro Jahr geschätzt.

Und was tut man am besten, wenn man von Mobbing betroffen ist? Am besten: sich wehren. Frühzeitig stopp sagen. Wer damit keinen Erfolg hat, sollte andere um Hilfe bitten, etwa den Betriebsrat oder eine Beratungsstelle. In der Regel nicht empfehlenswert ist es, den Täter wegen übler Nachrede oder Beleidigung zu verklagen. Denn bis das Gericht entschieden hat, ist das Leben längst zur Hölle geworden.

Produktivität

Produktivität als wirtschaftliche Kennziffer gibt nicht an, ob jemand faul oder fleißig ist. Und auch nicht, wie viele Produkte jemand herstellt. Sondern wie viel Umsatz damit gemacht wird. Wenn ein Friseur im Schnitt drei Kunden pro Stunde bedient und von jedem 10 Euro kassiert, liegt seine Produktivität bei 30 Euro pro Stunde. Bedient er nur einen Kunden pro Stunde, kassiert von dem aber 60 Euro, ist er, rein ökonomisch, doppelt so produktiv wie sein Kollege, auch wenn der dreimal so schnell arbeitet.

Nun können nur ein paar Prominentenfriseure solche Honorare verlangen, weshalb die Produktivitätsunterschiede bei Friseuren normalerweise wesentlich geringer sind. Ganz anders sieht das in der Industrie aus. Da kann eine bessere technische Ausstattung von Fabrik A und eine bessere Marktposition der dort hergestellten Produkte tatsächlich zu gewaltigen Unterschieden in der Produktivität führen, obwohl die einzelnen Beschäftigten in Fabrik B nicht weniger leisten als ihre Kollegen in Fabrik A. Wenn dort mit der gleichen

Zahl von Beschäftigten zehn Prozent mehr Getränkedosen gefüllt werden und alle Dosen zum gleichen Preis verkauft werden, sind die Arbeiter von Fabrik A zehn Prozent produktiver als die von Fabrik B. Können die effektiver abgefüllten Dosen auch noch teurer verkauft werden, steigt der Produktivitätsunterschied weiter an.

Für die Beschäftigten in Fabrik B kann das zweierlei Konsequenzen haben: Entweder sie bekommen weniger Lohn als die von Fabrik A, oder sie bestehen auf dem gleichen Lohn – dann wird Fabrik B weniger Gewinn als A machen oder auch Verlust, und Fabriken, die Verlust machen, werden früher oder später geschlossen.

+++ Der Autobauer BMW baut mehr als 8000 Stellen ab. Das Unternehmen will nach eigenen Angaben so die Produktivität in den Werken deutlich steigern. Bereits kurz vor Weihnachten waren die Kürzungspläne bekannt geworden. Konkrete Zahlen wurden aber nicht genannt. Die teilte das Unternehmen heute mit. (Tagesschau-Meldung vom 27. Februar 2008) +++

Beide Konsequenzen waren nach der Währungsunion von 1990 in den ostdeutschen Unternehmen zu spüren. Der – sehr verständliche – Wunsch der Beschäftigten, sich bei den Löhnen möglichst schnell an das Westniveau anzunähern, überforderte die Leistungsfähigkeit der Betriebe, deren Produktivität wesentlich niedriger war als die der Konkurrenz aus dem Westen.

In einer Branche allerdings hatten die Ostbetriebe die westliche Konkurrenz schon bald überflügelt: in der Landwirtschaft. Die Produktivität der Nachfolgebetriebe der ehemaligen LPGs ist höher als die von westdeutschen Landwirten, da die ostdeutschen Betriebe über deutlich größere Anbauflächen verfügen und deshalb viel effizienter Maschinen einsetzen können.

Sozialversicherung

«Mein Haus, mein Auto, mein Boot», trumpft der Held der Sparkassen-Werbung auf – zack, zack, zack! Und auch vor 120 Jahren, als Reichskanzler Otto von Bismarck zum Helden des

Sozialstaats wurde, ging es Schlag auf Schlag: Krankenversicherung 1883, Unfallversicherung 1884, Rentenversicherung 1889, innerhalb von sechs Jahren war das Fundament des modernen Sozialstaates gelegt. Zwei weitere der heutigen Sozialversicherungen kamen im 20. Jahrhundert noch dazu: die Arbeitslosenversicherung im Jahr 1927 und die Pflegeversicherung 1995.

Ihnen allen gemeinsam ist der Gedanke, dass die elementaren Lebensrisiken nicht vom Einzelnen, sondern von der Allgemeinheit getragen werden. Der Staat sollte sich, so Bismarck, «als soziale Einrichtung erweisen, die der arbeitenden Klassen wegen besteht und für ihr Wohl sorgen möchte». Das Problem, das Bismarck mit dem Grundgedanken der Sozialversicherung löste, stellt sich in ähnlicher Form jedem Land, das sich im Übergang vom Agrar- zum Industriestaat befindet und in dem die traditionellen sozialen Netze von Dorf und Familie sich auflösen.

Bei der Finanzierung der Sozialversicherung hielt Bismarck den Staat allerdings vornehm zurück. Er wählte das Modell einer gemeinsamen Finanzierung durch Arbeitgeber und Arbeitnehmer, das im Prinzip noch heute gilt: Der Staat genehmigt als Aufsichtsbehörde der Versicherungs-Einrichtung die Höhe des Pflichtbeitrags, und der wird dann jeweils zur Hälfte vom Arbeitslohn abgezogen und vom Arbeitgeber direkt gezahlt. Lediglich bei der Arbeitslosen- und Rentenversicherung leistet der Staat einen direkten Beitrag zur Finanzierung der Sozialkassen für sogenannte «versicherungsfremde Leistungen», etwa die Anrechnung von Kindererziehungszeiten bei der Rente oder die Finanzierung von Weiterbildungsmaßnahmen für Arbeitslose.

In jüngster Zeit gab es erste Ansätze, die jeweils hälftige Finanzierung durch Arbeitgeber und Arbeitnehmer zu verlassen. So zahlen im gesamten Bundesgebiet beide Seiten je

0,85 Prozent des Lohns in die Pflegeversicherung ein – nur in Sachsen zahlen die Arbeitnehmer 1,35 Prozent und die Arbeitgeber 0,35 Prozent. Dafür ist dort der Buß- und Bettag weiter ein Feiertag; im restlichen Bundesgebiet wurde der nämlich 1995 zur Finanzierung der Pflegeversicherung gestrichen.

Arbeitnehmer- und Arbeitgeberanteil zusammengenommen, bilden die Beiträge zur Sozialversicherung einen Aufschlag von rund 40 Prozent auf das für die Beschäftigten verfügbare Einkommen. Der größte Posten davon, ungefähr die Hälfte, geht in die Rentenversicherung. Diese Beiträge machen den Löwenanteil der sogenannten Lohnnebenkosten aus, die dazu führen, dass die Arbeitskosten in Deutschland im internationalen Vergleich relativ hoch sind. Deshalb wurden inzwischen etliche Umbaumaßnahmen eingeleitet, mit denen die Sozialversicherungsbeiträge gesenkt und in der Folge mehr Arbeitsplätze geschaffen werden sollten: Sowohl die unter Gerhard Schröder eingeführte Ökosteuer als auch die Mehrwertsteuererhöhung unter Angela Merkel dienten dazu, bisher von Arbeitnehmern und Arbeitgebern gezahlte Beiträge durch Steuergelder zu ersetzen.

+++ Noch nie war es in Deutschland so teuer wie jetzt, in der gesetzlichen Krankenversicherung zu sein. Das berichtet die ‹Bild›-Zeitung unter Berufung auf Berechnungen des Berliner Dienstes für Gesellschaftspolitik. Der durchschnittliche Beitragssatz liege bei 13,9 Prozent des Bruttolohnes. Dazu komme der Sonderbeitrag in Höhe von 0,9 Prozent. (Tagesschau-Meldung vom 8. Oktober 2007) +++

Streik

Die stärkste Waffe, die Arbeitnehmer haben, um ihre Interessen durchzusetzen, ist es, nicht zu arbeiten. Aber nicht jeder für sich, sondern alle zusammen – im Streik. «Alle Räder stehen still, wenn dein starker Arm es will», dichtete Georg Herwegh 1863 für den Allgemeinen Deutschen Arbeiterverein, einen der Vorläufer der heutigen *Gewerkschaften*. Der einfache Gedanke dahinter: Wenn keiner zur Arbeit kommt, kann nichts produziert werden. Wenn nichts produziert werden kann, macht der Unternehmer Verluste. Das hält er zwar eine Weile aus, aber nicht sehr lange – also wird er am Ende den Forderungen der Arbeiter zustimmen.

In der Praxis ist das allerdings wesentlich komplexer. Erstens verdienen ja während des Streiks auch die Arbeiter nichts. Dafür springt dann die Gewerkschaft ein, die ihren Mitgliedern für die Dauer der Arbeitsniederlegung Streikgeld bezahlt. Zweitens machen nicht immer alle Arbeiter bei einem Streik mit: Wer zur Arbeit gehen will, den können die Streikenden nicht daran hindern. Und drittens haben auch die Unternehmer ihre Methoden, mit denen sie die Gewerkschaftsstrategie durchkreuzen können: Sie können Arbeiter aus anderen Branchen oder Ländern als Ersatz beschäftigen, sie können ihrerseits Betriebe schließen, die sogenannte Aussperrung, um damit die Streikkasse der Gewerkschaften schneller zu leeren, und sie können vor allem um die öffentliche Meinung kämpfen, etwa indem sie den Streikenden Verantwortungslosigkeit oder Erpressung vorwerfen.

Zwei der erbittertsten Streiks in der Nachkriegsgeschichte hat die größte deutsche Gewerkschaft, die IG Metall, siegreich beendet: 1957 wurde nach 114 Tagen Streik die Lohnfortzahlung im Krankheitsfall eingeführt, 1984 erkämpfte sie den Einstieg in die 35-Stunden-Woche. 2003 allerdings scheiterte sie mit dem Versuch, diese auch in der ostdeutschen Metall- und Elektroindustrie durchzusetzen.

Gerade weil ein Streik für alle Betroffenen sehr teuer ist, haben sowohl der Gesetzgeber als auch die Tarifpartner, also Arbeitgeber und Gewerkschaften, strenge Regeln vereinbart, wann und unter welchen Bedingungen gestreikt werden darf. Solange ein Tarifvertrag gilt, herrscht Friedenspflicht; sie endet erst, nachdem die Verhandlungen über einen neuen Vertrag gescheitert sind. Bevor jedoch ein Streik begonnen werden kann, muss in den betroffenen Unternehmen eine Urabstimmung unter den Gewerkschaftsmitgliedern durch-

+++ Mitarbeiter der Post entscheiden seit heute in einer Urabstimmung darüber, ob sie unbefristet in den Streik treten wollen. Die Gewerkschaft ver.di erwartet, dass die notwendige Mehrheit von 75 Prozent deutlich erreicht wird.

(Tagesschau-Meldung vom 24. April 2008) +++

geführt werden, bei der mehr als 75 Prozent sich dafür aussprechen. Wenn während des Streiks ein neuer Tarifvertrag ausgehandelt wurde, wird eine erneute Urabstimmung angesetzt. Nehmen dabei mindestens 25 Prozent der Mitglieder den Vertragsentwurf an, ist der Streik beendet.

Im europäischen Vergleich ist Deutschland ein äußerst streikarmes Land. Zwischen 1995 und 2005 kamen in der Bundesrepublik 2,4 Streiktage pro Jahr auf 1000 Beschäftigte, sogar in der Schweiz wurde in diesem Zeitraum mehr gestreikt. Der Spitzenreiter Spanien brachte es dagegen auf 145 Streiktage je 1000 Beschäftigte und Jahr, gefolgt von Italien mit 86,8 Tagen und Frankreich mit 71,5 Tagen.

Tarifvertrag

Die Vielfalt ist schier unüberschaubar. In ganz Deutschland gibt es Zehntausende Tarifverträge: Lohn-, Gehalts- und Entgelttarifverträge, Mantel- und Rahmentarifverträge sowie sonstige tarifliche Regelungen, und das alles für eine Vielzahl von Wirtschaftszweigen, manchmal auch für einzelne Unternehmen. Bisweilen ist es gar nicht so einfach festzustellen, welcher Tarifvertrag für wen gilt: Für einen Bäcker etwa, der in einem Kaufhaus arbeitet, gilt nicht der Tarifvertrag der Brot- und Backwarenindustrie, sondern der des Einzelhandels. Und was ist mit dem Stahlarbeiter, der in Rheinland-Pfalz wohnt und in Nordrhein-Westfalen bei einem Konzern arbeitet, der in Baden-Württemberg seinen Hauptsitz hat? Immerhin: Ein paar Leute wenigstens kennen sich mit diesem ganzen Vertragswerk aus, nämlich die, die es abgeschlossen haben – die Vertreter der Arbeitgeberverbände und Gewerkschaften.

In einem solchen Tarifvertrag werden die wichtigsten Regeln für alle Beschäftigten in einer Branche und einem Tarifbezirk festgelegt. Zunächst einmal ist da natürlich der Lohn: Die Unternehmen, die Mitglied im jeweiligen Arbeitgeberverband sind, akzeptieren den Tariflohn als Untergrenze dessen, was sie ihren Beschäftigten zahlen dürfen. In Ländern mit weniger starken Gewerkschaften übernimmt meist der Staat diese Aufgabe, indem er einen Mindestlohn festlegt. Die Arbeitgeber schimpfen zwar häufig über die Zwangsjacke, als welche sie die Tarifbindung bezeichnen, andererseits haben sie dadurch den Vorteil, dass der Streit ums Geld von Tarif- und Verhandlungsspezialisten auf zentraler Ebene ausgetragen wird und nicht im eigenen Unternehmen, was das Betriebsklima vergiften würde.

Das ist auch das stärkste Argument, das Unternehmen davon abhält, einfach aus dem Arbeitgeberverband und damit aus der Tarifbindung auszusteigen. Wenn es sich um wirtschaftlich starke Unternehmen handelt, die einfach nur Geld sparen wollen, wird die Gewerkschaft die sogenannte «Häuserkampf-Strategie» anwenden und jedes einzelne abtrünnige Unternehmen dazu zwingen, Löhne zu zahlen, die über dem Niveau des Tarifvertrags liegen. Wo die Gewerkschaft glaubwürdig damit drohen kann, bleiben die Unternehmen im Arbeitgeberverband, wo nicht, verlassen sie ihn häufig. In Ostdeutschland beispielsweise arbeitet in der Metall- und Elektroindustrie gerade noch jeder fünfte Beschäftigte in einem tarifgebundenen Unternehmen.

+++ In Düsseldorf haben die Tarifverhandlungen für Ärzte an kommunalen Krankenhäusern begonnen. Die Mediziner fordern im Durchschnitt 10,2 Prozent mehr Geld. Außerdem sollen die Gehälter im Osten auf Westniveau steigen. Die Arbeitgeber legten noch kein Angebot vor und stellten auch für das nächste Treffen in zwei Wochen kein Angebot in Aussicht. Vor zwei Jahren hatten die Klinik-Ärzte einen eigenen Tarifvertrag erstritten. (Tagesschau-Meldung vom 15. Januar 2008) +++

6. Weltwirtschaft · Einleitung

+++ Unter dem Motto «Globalisierung anders denken» hat in Rostock der sogenannte Alternativgipfel zum G8-Treffen begonnen. Zu den Organisatoren zählen unter anderem Attac, Oxfam, Pro Asyl, Brot für die Welt, der BUND und Misereor. Bis Donnerstag diskutieren die 1000 Teilnehmer aus aller Welt in zahlreichen Workshops über Alternativen zur «herrschenden Politik der G8-Staaten». Ihr Ziel: Gegenmodelle aufzuzeigen. (Tagesschau-Meldung vom 5. Juni 2007) +++

Wenn wir CDU und SPD zusammen eine «Große Koalition» nennen: Wie nennen wir das, was sich im Lager der Globalisierungsgegner zusammengefunden hat? Kirchliche und gewerkschaftliche Organisationen, konservative Naturschützer und gewaltbereite autonome Gruppen vereint in der Veranstaltung eines «Alternativgipfels» der «globalisierungskritischen Bewegung». Zuletzt gab es in Deutschland ein ähnlich breites Bündnis vor ziemlich genau einem Vierteljahrhundert. Damals ging es darum, gegen die Stationierung amerikanischer Mittelstreckenraketen auf deutschem Boden zu protestieren.

Die Auslöser des Protestes von damals und von heute könnten allerdings kaum unähnlicher sein. Atomraketen sind ein durch und durch reales Produkt, an bestimmten Orten in bestimmter Menge stationiert, mit potenziell verheerender Wirkung, aber erst, wenn sie abgefeuert werden. Ihre Stationierung kann von den dafür zuständigen Institutionen beschlossen und wieder rückgängig gemacht werden – wie es auch geschah. In der Kaserne in Schwäbisch Gmünd, in der die Soldaten einquartiert waren, die einst die Raketen im Depot Mutlangen bewachten, ist heute das baden-württembergische Landesgymnasium für Hochbegabte untergebracht. Die Globalisierung hingegen ist ein komplizierter Prozess, der sich schwer greifen lässt. Sie findet jederzeit und überall statt und entfaltet ständig alle möglichen Wirkungen, doch es hat sie niemand beschlossen, und es kann auch niemand beschließen, sie wieder rückgängig zu machen.

Dass viele Menschen Angst vor Raketen haben und dagegen protestieren, ist klar. Aber warum in den letzten Jahren der Protest gegen die Globalisierung so massiv geworden ist, erschließt sich nicht so einfach. Denn die Demonstranten treibt nicht so sehr die Angst davor, die Globalisierung könne sie persönlich bedrohen. Attac, ein internationales Bündnis von Globalisierungsgegnern, macht sie vielmehr verantwortlich für die Zunahme der Armut in der Dritten Welt und in den Industrieländern, für die Zerstörung der natürlichen Lebensgrundlagen und die Einebnung der kulturellen Vielfalt. «Die neoliberale Globalisierung hat sehr viele Verlierer und nur wenige Gewinner hervorgebracht», sagt Attac.

+++ Papst Benedikt XI. hat während einer Messe im Petersdom zum Fest der Heiligen Drei Könige Globalisierung und Luxusdenken scharf kritisiert. Die Kämpfe um wirtschaftliche Vorherrschaft und um Energie-, Wasser- und Rohstoffressourcen machten denjenigen das Leben schwer, die versuchten, eine gerechte und solidarische Welt aufzubauen, betonte das katholische Kirchenoberhaupt. (Tagesschau-Meldung vom 6. Januar 2008) +++

Attac wurde am 3. Juni 2008 zehn Jahre alt. Ihr Gegner, die global verflochtene Wirtschaft, ist schon ein paar Jahrtausende älter. Bereits in der Bronzezeit vor mehr als 3000 Jahren wurde im gesamten Mittelmeerraum Zinn aus dem britischen Cornwall gehandelt, und auch auf der Seidenstraße waren bereits Händler zwischen Ostasien und dem Mittelmeer unterwegs. Seither bewegen sich sowohl Waren als auch Menschen in allen Richtungen zwischen den Kulturen hin und her. Und die knappestmögliche Charakterisierung der Globalökonomie, die der Satiriker Kurt Tucholsky 1931 formulierte, galt damals so, wie sie heute gilt: «Was die Weltwirtschaft angeht, so ist sie verflochten.»

Aber noch nie war die Weltwirtschaft so verflochten wie heute. Polnische Arbeiter pflücken spanische Erdbeeren, die in Deutschland verkauft werden, Büsumer Krabben werden in Marokko gepult, das trendigste Salz in deutschen Küchen kommt aus dem Himalaya, Spielzeug aus China, die Chips im Computer aus Taiwan, und bei den Konzernen ist die Verflechtung ohnehin kaum mehr zu überschauen. Nehmen wir als Beispiel einen der spektakulärsten Unternehmenskäufe des Jahres 2006: Die von einem Inder gegründete und geleitete Mittal Steel Company mit offiziellem Sitz in Rotterdam und Konzernzentrale in London übernahm den in Luxemburg ansässigen Stahlkonzern Arcelor, der erst 2002 aus der Fusion eines spanischen, eines französischen und eines Luxemburger Unternehmens entstand. Das Arcelor-Management hatte zuvor vergeblich versucht, stattdessen eine *Fusion* mit dem russischen Severstal-Konzern durchzusetzen. Mittal wiederum hatte der deutschen Thyssen-Krupp versprochen, ihr im Fall einer erfolgreichen Arcelor-Übernahme deren Anteile am kanadischen Stahlkonzern Dofasco zu verkaufen, um Probleme mit den US-Kartellbehörden zu vermeiden, doch scheiterte dieser Verkauf am niederländischen Stiftungsrecht.

Das wirkt alles so, als würden in der Wirtschaft Grenzen keine Rolle mehr spielen; als würden Güter und Dienstleistungen aus aller Welt in aller Welt verkauft und von den Anbietern rund um den Globus immer genau dahin gebracht, wo sich gerade der meiste Profit erzielen lässt. Das stimmt zwar nicht ganz: Für viele Produkte gibt es weiterhin Handelsbeschränkungen, viele Staaten kassieren weiterhin *Zölle* oder lassen sich andere Maßnahmen einfallen, um den *Import* ausländischer Produkte zu behindern. Aber es stimmt mehr als jemals zuvor: Laut einem Bericht der Weltentwicklungsorganisation UNCTAD ist das Welthandelsvolumen

+++ Nach monatelangem Tauziehen steht der Chemiekonzern BASF kurz vor einer Übernahme des US-Katalysatorenbauers Engelhard. Das US-Unternehmen habe ein Angebot von mehr als fünf Milliarden Dollar akzeptiert, teilte BASF mit. Durch die größte Übernahme in der Firmengeschichte würde BASF Weltmarktführer für Auto-Katalysatoren. (Tagesschau-Meldung vom 30. Mai 2006) +++

von 1948 bis 2004 um das 27-fache gestiegen, während sich die Güterproduktion im selben Zeitraum «nur» verachtfacht hat.

Insbesondere die Staaten Ostasiens, allen voran China, haben dabei zuletzt die größten Zuwachsraten erzielt. Betrug der Anteil des bevölkerungsreichsten Staates der Erde am Weltexport im Jahr 1976 nur 0,8 Prozent, so waren es im Jahr 2006 schon 8,0 Prozent, zehnmal so viel. Im Jahr 2008 wird China wahrscheinlich Deutschland den Titel des Exportweltmeisters abnehmen und ihn bis auf weiteres nicht mehr abgeben, immerhin gibt es etwa 15-mal mehr Chinesen als Deutsche, und ihre Wirtschaft wächst in so rasantem Tempo wie die deutsche vor 50 Jahren in der Zeit des *Wirtschaftswunders*.

«Das kann ja nur auf unsere Kosten gehen», ist einer der häufigsten Kritikpunkte an der Globalisierung. Wenn etwas in Bangladesch oder Vietnam produziert wird, kann es ja nicht mehr in Deutschland hergestellt werden, also gehen hier Arbeitsplätze verloren. Aber das sehen die Ökonomen anders. Seit ziemlich genau zweihundert Jahren haben sie nämlich schon eine Theorie, die zeigt, dass der Handel zwischen zwei Staaten beiden nützt. Sie heißt «Theorie der komparativen Kostenvorteile», stammt von David Ricardo und weist mathematisch nach, dass Länder am besten damit fahren, wenn sie nicht alles selber produzieren, was sie brauchen, sondern sich auf die Bereiche konzentrieren, in denen sie die relativ beste Wettbewerbsposition haben, und den Rest importieren.

+++ Der krisengeschüttelte Flugzeugbauer Airbus hat zwei Großaufträge an Land gezogen. China bestellt 150 Maschinen vom Typ A 320. Für die Endmontage baut Airbus ein neues Werk in Nordchina. Konzern-Chef Gallois sagte in Peking, das Geschäft komme sowohl China als auch Europa zugute. (Tagesschau-Meldung vom 26. Oktober 2006) +++

Ein Rechenbeispiel mit fiktiven Zahlen: Sowohl in China als auch in Deutschland können Hosen genäht und Mähdrescher gebaut werden. Nehmen wir an, es werden insgesamt 100 000 Hosen und 10 Mähdrescher gebraucht, jeweils ein Zehntel der Gesamtmenge in Deutschland, der Rest in

China. Dort kostet das Nähen 1 Euro pro Stück, in Deutschland 5 Euro. Einen Mähdrescher in China zu bauen kostet 5000 Euro, in Deutschland 10000 Euro. Stellt jeder das her, was er braucht, kostet das in Deutschland 50000 (für Hosen) plus 10000 (für Mähdrescher) gleich 60000 Euro. Auf China entfallen 90000 (Hosen) plus 45000 (Mähdrescher) gleich 135000 Euro. In beiden Ländern zusammen müssen 195000 Euro ausgegeben werden.

Jetzt kommt die Globalisierung ins Spiel: Die Chinesen nähen alle Hosen für die Deutschen gleich mit, verkaufen sie für 2,50 Euro pro Stück und von den 15000 Euro Gewinn kaufen sie einen deutschen Mähdrescher. Wie sieht die Rechnung jetzt aus? In beiden Ländern stehen am Ende die gleichen Güter zur Verfügung wie in der vorherigen Variante. In Deutschland wurden zwei Mähdrescher, aber keine Hosen produziert, in China acht Mähdrescher und 100000 Hosen. In Deutschland fallen an: 20000 Euro Produktionskosten,

25 000 Euro Ausgaben für den Hosen-Import, 15 000 Euro Einnahmen für Mähdrescher-Export; unter dem Strich wurden also 30 000 Euro bezahlt. In China sieht die Rechnung so aus: 140 000 Euro Produktionskosten, 15 000 Euro Mähdrescher-Import, 25 000 Euro Hosen-Export, also wurden insgesamt 130 000 Euro bezahlt. Beide Seiten haben also für die gleiche Gütermenge weniger Geld ausgegeben. Vom Außenhandel, so Ricardos Theorie, profitieren alle daran Beteiligten.

Und dieser sogenannte Wohlfahrtseffekt steht nicht nur auf dem Papier, er ist auch in der Praxis deutlich spürbar. Armut und Hunger auf der Welt sind so stark zurückgedrängt worden wie niemals zuvor in der Weltgeschichte. Lebten 1981 noch 1,5 Milliarden Menschen (mehr als 40 Prozent der Weltbevölkerung) in Haushalten, die mit weniger als 1 US-Dollar pro Tag auskommen mussten, so waren es schon im Jahr 2002 nur noch 1,1 Milliarden – der Anteil dieser extrem armen Menschen an der Weltbevölkerung hatte sich auf weniger als 20 Prozent halbiert. Obwohl die Weltbevölkerung weiter steigt, sinkt die Zahl der unterernährten und hungernden Menschen stetig, ebenso wie die Kindersterblichkeit. Besonders groß waren die Fortschritte auf all diesen Gebieten in Süd- und in Ostasien, vor allem in Indien und China.

Auf einem Kontinent allerdings hat die Armut in den vergangenen Jahrzehnten noch deutlich zugenommen: in Afrika, also dem Erdteil, der von der Globalisierung bisher am wenigsten erfasst wurde. Eine ganze Menge von Faktoren führt dazu, dass *multinationale Konzerne* sich dort mit *Investitionen* zurückhalten: Bürgerkriege und soziale Unruhen, schlechte Straßen, schlechte Schulen, unzuverlässige Stromversorgung und andere Infrastrukturmängel, die Gefahr durch tropische Krankheiten sowie das in großen Teilen

Afrikas weit verbreitete Aids-Virus. Ein Unternehmen, das vor der Wahl steht, sich für eine Investition in Burundi und eine in Bangladesch zu entscheiden, wird deshalb im Zweifel für Bangladesch votieren.

So fällt auch das Fazit aus, das im Jahr 2000 der damalige UN-Generalsekretär Kofi Annan zog: «Die großen Verlierer auf der sehr ungleichen Welt von heute sind nicht die, die der Globalisierung zu sehr ausgesetzt sind. Es sind jene, die davon ausgeschlossen sind.» Auch eine aktuelle Studie der *Weltbank* belegt, dass Globalisierung die beste *Entwicklungshilfe* ist: Die Länder, die sich vom Welthandel abschotten, weisen im Schnitt die niedrigsten Wachstumsraten auf, die Länder, die sich am weitesten in den Welthandel integriert haben, schneiden besonders gut ab. Sie könnten noch besser dastehen, wenn die reichen Länder, die die Segnungen des freien Welthandels betonen, auch selbst ihre Märkte, etwa die für Agrarprodukte, öffnen würden. Durch die Zollschranken der Industrieländer, so die globalisierungskritische Organisation Oxfam, «entgehen den armen Länder jährlich 100 Milliarden Dollar – das Doppelte dessen, was sie an Entwicklungshilfe erhalten».

+++ Die Europäische Union und die afrikanischen Staaten haben sich beim EU-Afrika-Gipfel in Lissabon auf eine strategische Partnerschaft geeinigt. Zugleich gab es aber einen Rückschlag in wichtigen Handelsfragen. Die Afrikaner lehnten von der EU angestrebte Wirtschafts-Partnerschafts-Abkommen ab. (Tagesschau-Meldung vom 10. Dezember 2007) +++

Und wie schneidet Deutschland bei der Globalisierung ab? Was bedeutet sie für die hiesigen Unternehmen und Arbeitsplätze? Kehren wir dafür noch einmal zurück zu unserem Rechenbeispiel von eben. Wenn Deutschland alle Hosen in China einkauft, muss hier die Textilfabrik schließen, ihre Arbeiter demonstrieren vor dem Werkstor gegen die Globalisierung. Der deutsche Mähdrescher-Produzent hingegen freut sich über eine Verdopplung seines Absatzes. Er kann neue Arbeiter einstellen (allerdings nicht so viele, wie durch die Schließung der Textilbetriebe arbeitslos werden), seinem Management eine Erfolgsprämie zahlen und in der Fachzeitschrift für Mähdrescher-Marketing erzählen, wie Produktinnovation und eine neue Vertriebsstrategie zum Einstieg in neue Märkte geführt haben. Wenn überhaupt, dann nur ganz leise wird er hingegen sagen, dass erst die Globalisierung ihm diesen Erfolg ermöglicht hat.

So wie diesem fiktiven Mähdrescher-Fabrikanten geht es vielen deutschen Unternehmen. Denn kein Industrieland profitiert so sehr vom Wachstum der Weltwirtschaft wie Deutschland. Hier hängen überdurchschnittlich viele Arbeitsplätze vom *Export* ab, und die deutsche Industrie ist besonders gut aufgestellt bei Produkten, die in Ländern nachgefragt werden, die an der Schwelle vom Entwicklungs- zum Industrieland stehen, den sogenannten Aufholländern. Das betrifft vor allem die deutsche Paradebranche schlechthin, den Maschinenbau. Wo immer eine neue Fabrik gebaut wird, werden Maschinen gebraucht, und wo immer es um Maschinen geht, sind deutsche Unternehmen Weltmarktführer. Dass diese Branche seit Jahren einen *Boom* erlebt, verdankt sie nicht zuletzt den Aufträgen aus Ländern wie China, Indien, Russland oder Brasilien.

+++ Dem deutschen Maschinenbau kann die internationale Finanzkrise offenbar nicht viel anhaben. «Die Welt liebt deutsche Maschinen», heißt es vom Verband Deutscher Maschinen- und Anlagenbau. Laut Präsident Wittenstein schwimmt die Branche derzeit auf einer Erfolgswelle. (Tagesschau-Meldung vom 21. April 2008) +++

Trotzdem sagen die hiesigen Unternehmen nicht allzu laut, dass die Globalisierung gut fürs Geschäft ist. Viele von ihnen versuchten nämlich ihren Belegschaften klarzumachen, dass diese niedrigere Löhne in Kauf nehmen müssten, weil sonst die Produktion in Billiglohnländer in Ostasien oder Osteuropa verlagert würde. Siemens beispielsweise drohte im Jahr 2004 damit, 2000 Arbeitsplätze in Deutschland abzubauen und seine Handy-Produktion nach Ungarn zu verlegen, wenn es nicht gelänge, die Arbeitskosten in den betroffenen Werken um 30 Prozent zu senken. Und ein Jahr später akzeptierte der VW-*Betriebsrat*, dass die Arbeiter, die in Wolfsburg den Klein-Geländewagen Tiguan montieren sollten, 20 Prozent weniger Lohn bekamen, als der Haus-Tarifvertrag vorsah. Hätte der Betriebsrat das abgelehnt, wäre das Auto in Portugal gebaut worden. Überall dort, wo große Konzerne über Werke in verschiedenen Ländern verfügen, wurde die Globalisierung als Argument eingesetzt, um die Produktionskosten zu senken.

Solche Auseinandersetzungen nährten vielerorts die Befürchtung, in Deutschland würden die Löhne nun bis auf portugiesisches, rumänisches oder gar chinesisches Niveau sinken. Aber das ist nicht Wirklichkeit geworden und wird es auch nicht mehr werden. Fünf Jahre lang haben die deutschen *Gewerkschaften* tatsächlich deutliche Lohnzurückhaltung geübt. Die Tariflöhne wurden kaum stärker als die Inflationsrate angehoben, in einzelnen Fällen wie bei VW oder Siemens ließen sich sogar Lohnkürzungen aushandeln, immer im Tausch gegen langfristige Schaffung oder Sicherung von Arbeitsplätzen. Und durch diese fünf Jahre Lohnzurückhaltung hat sich im internationalen Vergleich die Wettbewerbsfähigkeit der deutschen Industrie so stark verbessert, dass jetzt in relativ großem Ausmaß wieder Produktionskapazitäten zurück nach Deutschland verlagert werden. Im Jahr 2006, so der Deutsche Industrie- und Handelskammertag, wurden auf diese Weise erstmals mehr neue Industriearbeitsplätze in Deutschland geschaffen als ins Ausland verlagert wurden. Zwar liegen die deutschen Löhne immer noch weit über dem, was in Osteuropa oder Ostasien gezahlt wird. Aber die höhere *Produktivität* in deutschen Fabriken gleicht diese Differenz aus. Und weil in den Aufholländern wiederum die Löhne steigen, gleichen sich die Einkommen weiter an. Auf höherem Niveau.

Außerdem gibt es in Deutschland eine ganze Menge findiger Unternehmer, die sogar in Branchen noch Profite mit heimischer Produktion machen können, in denen der Globalisierungsdruck besonders hoch ist. In der fast komplett an die Aufholländer verlorenen Textilbranche ist das beispielsweise Wolfgang Grupp, Inhaber des T-Shirt-Herstellers Trigema aus Burladingen in Baden-Württemberg. Er lässt seit Jahren im Fernsehen einen Affen damit werben, dass die gesamte Produktion mit 1200 Beschäftigten in Deutschland angesiedelt ist. Was Plastikspielzeug angeht, bietet im fränkischen Zirndorf Horst Brandstätters Firma Geobra den Billigproduzenten Paroli. Sein Erfolgsprodukt heißt Playmobil, und die kleinen, ewig lächelnden Figuren werden aus-

schließlich in *Europa* produziert: in Tschechien, Malta, Spanien und in Deutschland.

Sogar ein so einfaches, milliardenfach benötigtes Billigprodukt wie Schrauben wird noch immer im Hochlohnland Deutschland hergestellt. Noch immer? Immer öfter! Es gibt gleich ein paar Dutzend Schraubenproduzenten in Deutschland – so viele, dass sie sich sogar einen eigenen Interessenverband leisten können. Der hat berechnet, dass im Jahr 2006 deutsche Schrauben mit einem Gesamtgewicht von 474 000 Tonnen und einem Verkaufswert von 2,16 Milliarden Euro exportiert wurden, eine Steigerung von satten 20 Prozent gegenüber dem Vorjahr.

Rein ökonomisch betrachtet, besteht also in Deutschland kein Grund, sich vor der Globalisierung zu fürchten, ganz im Gegenteil. «Deutschland profitiert von der Globalisierung», sagen die Präsidenten der großen Wirtschaftsverbände BDI und DIHK, aber auch der Bundesvorstand der SPD. Doch die Kritiker am rasanten Wachstum des Welthandels und der Weltwirtschaft führen auch keine rein wirtschaftlichen Argumente an, sondern verweisen auf die sozialen sowie die ökologischen Probleme in den sich entwickelnden Ländern, die durch die Globalisierung noch verstärkt würden.

Und hier gibt es in der Tat gravierende Probleme. Die Umweltschutzgesetze in den asiatischen oder lateinamerikanischen Ländern sind wesentlich laxer als die in Deutschland und werden dennoch längst nicht immer eingehalten. Auch die Arbeitsbedingungen und die Arbeitsschutzgesetze in diesen Staaten erreichen bei weitem keinen westlichen Standard. Bei vielen Produzenten in Aufholländern beruht ein Teil ihres Kostenvorteils darauf, dass sie ihre Abwässer ungeklärt in den Fluss einleiten, dass die Luft in den Fabriken mit Schadstoffen belastet ist, die von den dort Beschäftigten eingeatmet werden, oder dass sie Kinder arbeiten lassen,

+++ China mit seiner Milliardenbevölkerung bekommt die Umweltverschmutzung nicht in den Griff. Das geht aus dem heute vorgestellten Weißbuch der Regierung in Peking hervor. Es ist der erste große Umweltbericht Chinas seit zehn Jahren. Darin heißt es, der Konflikt zwischen der rasanten Wirtschaftsentwicklung und dem Umweltschutz werde immer deutlicher. Die Umweltbehörde schätzt die jährlichen Schäden auf 200 Milliarden US-Dollar. (Tagesschau-Meldung vom 5. Juni 2006) +++

deren Eltern es sich nicht leisten können, sie zur Schule zu schicken.

Deshalb gibt es in den reichen Ländern eine ganze Reihe von Initiativen, die versuchen, zumindest die schlimmsten Auswüchse zu beseitigen, indem sie die Konsumenten auf solche Zustände aufmerksam machen. Vor allem Hersteller von *Marken*produkten können sehr empfindlich getroffen werden, wenn ihnen nachgewiesen werden kann, dass ihre bunt beworbenen Produkte am anderen Ende der Welt von Kindersklaven hergestellt werden. Zuletzt bekam das der Modekonzern Gap im Jahr 2007 zu spüren: Ein Zulieferunternehmen im indischen Neu-Delhi hatte zehnjährige Kinder beschäftigt, die von ihren Eltern aus ärmsten Verhältnissen an den Fabrikanten verkauft worden waren. Gap zog daraufhin sofort Zehntausende von Kleidungsstücken aus dem Verkauf zurück und kündigte alle Verträge mit diesem Lieferanten.

Diesem Thema hat sich auch die «Xertifix»-Initiative verschrieben. Sie kämpft gegen Kinderarbeit in indischen Steinbrüchen, die inzwischen der größte Lieferant für deutsche – Grabsteine geworden sind. Die ersten Steingroßhändler und Bestattungsunternehmen haben bereits zugesichert, nur noch Grabsteine zu verwenden, die nachweislich ohne Kinderarbeit hergestellt wurden. Und die Stadt München hat eine solche Vorschrift im März 2007 sogar in ihre Friedhofssatzung aufgenommen.

Die Umweltbelastung durch die Industrien in den Aufholländern ist schon bei vielen internationalen Konferenzen diskutiert worden. Gerade beim Übergang vom Agrar- zum Industriestaat leidet die Umwelt besonders stark. Die jungen Industrieunternehmen haben andere Sorgen, das Umweltbewusstsein bei Bürgern und Politikern ist noch gering entwickelt, rauchende Schornsteine werden eher als Symbol von Wachstum und Wohlstand denn als ökologisches Problem gesehen.

Eine schnelle Lösung gibt es nicht – nicht zuletzt, weil die Vertreter der Aufholländer dann auf die Umweltsünden hinweisen, die es in Europa oder Nordamerika in den Anfangsjahren der Industrialisierung gegeben hat. Warum wollen die Europäer heute im fernen São Paolo verbieten, was sie vor 150 Jahren im eigenen Manchester nicht gestört hat? Warum sollte Ostasien nicht den gleichen Weg beschreiten wie Europa, wo der Schutz der Umwelt mit steigendem Wohlstand ebenfalls zugenommen hat?

Weil die Welt nicht nur ökonomisch, sondern auch ökologisch immer näher zusammenrückt. Die Abholzung der europäischen Wälder im 18. und 19. Jahrhundert war ein rein europäisches Umweltproblem – die Abholzung des tropischen Regenwaldes im Amazonasbecken hat nachteilige Konsequenzen für das globale Klima. Jedes Gramm an CO_2 oder anderen Treibhausgasen, die von einer Fabrik oder einem Autoauspuff ausgestoßen werden, trägt zum Treibhauseffekt bei. Wer mit dem Finger auf die anderen zeigt, um seine eigene Lebens- und Produktionsweise nicht ändern zu müssen, schadet damit am Ende auch sich selbst – der Klimawandel kümmert sich nicht um nationale Grenzen.

+++ Beim Klimaschutz macht die EU-Kommission Druck. Die Brüsseler Behörde setzte heute verbindliche Ziele für die Verringerung von Treibhausgasen in einzelnen Mitgliedsstaaten fest. Außerdem soll der Anteil erneuerbarer Energien steigen. Ziel ist es, den Ausstoß des klimaschädlichen Kohlendioxids bis 2020 um ein Fünftel gegenüber 1990 abzusenken. (Tagesschau-Meldung vom 23. Januar 2008) +++

Jeder kann die Schuld bei den anderen suchen. Ein Beispiel: Der CO_2-Ausstoß pro Kopf ist in Deutschland etwa 30-mal höher als in Kenia, allerdings braucht man in Deutschland pro Dollar *Bruttoinlandsprodukt* weniger CO_2 als in Kenia. Im

Vergleich mit China ist Deutschland sogar viermal CO_2-effizienter. Die verschiedenen Wege, die international diskutiert wurden und werden, um die Umweltbelastung durch die Fabriken in den armen Ländern zu verringern, laufen letztlich stets darauf hinaus, dass die reichen Länder sich an der Finanzierung von umweltverbessernden Investitionen beteiligen.

Ein weiterer Weg, um die Globalisierung ökologisch verträglicher zu machen, ist in jüngster Zeit ganz ohne Einschaltung der großen Politik auf den Märkten selbst entstanden. Denn das rasante Wirtschaftswachstum in Asien war einer der entscheidenden Gründe dafür, dass seit Anfang des 21. Jahrhunderts die Preise für Rohöl und für andere Energieträger noch viel rasanter gestiegen sind als in den Jahren zuvor. Im Januar 2008 wurden erstmals 100 US-Dollar für ein Barrel (159 Liter) Rohöl gezahlt – im Jahr 2002 war die gleiche Menge noch für weniger als 20 US-Dollar zu haben. Die so gekletterten Energiepreise sind nicht nur ein Anreiz für Unternehmen in aller Welt, in der Produktion weniger Energie zu verbrauchen; sie bremsen auch den Welthandel. Denn der Transport der Waren auf Containerschiffen um die halbe Welt oder in Lastwagen durch halb Europa wird empfindlich teurer – da kann es sich auch bald wieder lohnen, die Büsumer Krabben in Büsum zu pulen.

Entwicklungshilfe

Vor zwanzig Jahren erregte ein schmales Büchlein die deutschen Gemüter. Es hieß «Tödliche Hilfe» und stammte von der früheren SPD-Bundestagsabgeordneten Brigitte Erler. Nach zehn Jahren Tätigkeit im Entwicklungshilfeministerium war sie bei einer Dienstreise nach Bangladesch zu der Auffassung gelangt, dass die Entwicklungshilfe mehr schade als nutze. Sie lande in erster Linie bei den korrupten Eliten der Empfängerländer und mache dort die Reichen reicher und die Armen ärmer. Und tatsächlich sah es in den achtziger Jahren so aus, als wäre die westliche Entwicklungspolitik gescheitert: Lateinamerika und Afrika ächzten unter Schuldenkrisen und Militärdiktaturen, auf internationalen Konferenzen sprach man von einem «verlorenen Jahrzehnt» für die Entwicklungsländer.

Doch weder wurde die Entwicklungshilfe abgeschafft noch die Staaten der Dritten Welt sich selbst überlassen. Vor allem im Kampf gegen die drohende Klimakatastrophe wurde deutlich, wie sehr die Menschen in aller Welt aufeinander angewiesen sind – und dass es auch im Interesse der Bewohner der reichen Ländern ist, den Menschen in den armen Ländern zu einem menschenwürdigen Leben zu verhelfen. Das ist die Aufgabe, die sich die Entwicklungszusammenarbeit (wie die Entwicklungshilfe heute offiziell genannt wird) gestellt hat. Und um sie besser erfüllen zu können als in der Vergangenheit, verstärkten die Geberländer und die Hilfsorganisationen ihre Anstrengungen, den Fluss und die Verwendung der Gelder zu kontrollieren.

+++ Bundesentwicklungsministerin Wieczorek-Zeul hat in Berlin die ersten 50 jungen Menschen verabschiedet, die als Freiwillige in Entwicklungsländern arbeiten werden. Die Teilnehmer wirken für einige Zeit bei sozialen und ökologischen Projekten mit. Schwerpunkt des Programmes ist Afrika. Pro Jahr werden etwa 10 000 Plätze vergeben. (Tagesschau-Meldung vom 17. Januar 2008) +++

Mehr als acht Milliarden Euro geben deutsche öffentliche Stellen im Jahr für Entwicklungszusammenarbeit aus. Das sind etwa 0,36 Prozent des gesamten Bruttosozialprodukts. Die Vereinten Nationen empfehlen als Richtwert 0,7 Prozent, das wäre fast doppelt so viel, allerdings wird dieser Wert nur von wenigen Industrieländern erreicht. Der in absoluten

Zahlen größte Geber von Entwicklungshilfe, die USA mit zuletzt 23,5 Milliarden Dollar im Jahr, liegt, relativ gesehen, mit 0,18 Prozent des Sozialprodukts ganz am Ende der Tabelle.

Zu den staatlichen Geldern kommen weitere Gelder, vorwiegend aus privaten Spenden. Eine Vielzahl von Hilfsorganisationen wirbt in Deutschland um Spenden für Entwicklungsländer. Einige große, wie Brot für die Welt, Misereor oder die Welthungerhilfe, sind weltweit in den unterschiedlichsten Projekten aktiv, die übrigen konzentrieren sich auf einzelne Regionen (wie Karlheinz Böhms Äthiopienhilfe «Menschen für Menschen») oder Themen (wie das Kinderhilfswerk «Terre des Hommes» oder die Mediziner-Organisation «Ärzte ohne Grenzen»).

In aller Regel fließen Entwicklungshilfe-Gelder in klar abgegrenzte Projekte. Das können Großprojekte wie der Bau eines Staudamms sein oder kleine, etwa die Vergabe von Mikrokrediten, mit denen armen Frauen die Gelegenheit gegeben werden soll, ein Unternehmen zu gründen – indem sie eine Nähmaschine, eine Kuh oder besseres Saatgut kaufen. Die so arbeitende Grameen-Bank aus Bangladesch, deren Gründer Mohammed Yunus 2006 den Friedensnobelpreis erhielt, ist ein Beispiel für ein äußerst erfolgreiches Projekt der Entwicklungszusammenarbeit.

Im Zentrum der heutigen Entwicklungszusammenarbeit stehen Projekte, die zur Erreichung der Millenniums-Ziele der Vereinten Nationen beitragen. Sie waren im Jahr 2001 von der internationalen Staatengemeinschaft verkündet worden. Zu ihnen gehört, dass im Jahr 2015 nur noch halb so viele Menschen an Hunger leiden und in absoluter Armut leben sollen wie im Jahr 1990. Im gleichen Zeitraum soll die Kindersterblichkeit um zwei Drittel reduziert werden.

Europa

Selbst für Geographen ist die Frage, bis wohin Europa reicht, nicht einfach zu beantworten. Zumindest in einer Himmelsrichtung nicht: im Osten. Dort hat man sich darauf geeinigt, dass die Grenze vom Ural im Norden bis zum Kaukasus im Süden und dann durchs Schwarze Meer weiter zum Bosporus verläuft. Dort liegt Istanbul, die einzige Stadt, die zu zwei Kontinenten gehört. In der Politik und in der Wirtschaft ist die Grenzziehung ebenfalls nicht einfacher: Gehören die beiden Staaten, durch die Europas Ostgrenze verläuft – Russland und die Türkei –, zu Europa? In beiden Fällen gibt es viele Argumente dafür und dagegen, aber mit einem Einerseits-andererseits ist es nicht getan, wenn eines der Länder, wie die Türkei im Jahr 2005, den Antrag auf Mitgliedschaft in der Europäischen Union (EU) stellt.

Das Ergebnis ist derzeit völlig offen. Aber allein schon, dass die Zugehörigkeit zur EU für die Türkei so wichtig ist, zeigt, welch weiten und erfolgreichen Weg dieser Staatenbund seit der Gründung im Jahr 1957 zurückgelegt hat. Die damalige «Europäische Wirtschaftsgemeinschaft» war kaum mehr als eine Freihandelszone zwischen Deutschland, Frankreich, Italien und den Benelux-Staaten, aber den großen Traum von den Vereinigten Staaten von Europa, den träumten schon die Gründer. 1973 gehörten ihr neun Staaten an, 1986 waren es zwölf. Nachdem im November 1993 der «Vertrag über die Europäische Union», der sogenannte Maastricht-Vertrag, in Kraft getreten war, nahm die damit entstandene EU 1995 drei neue Mitglieder auf, im Rahmen der sogenannten Osterweiterung folgten 2004 zehn weitere Länder, und 2007 schließlich traten mit Rumänien und Bulgarien die Mitglieder 26 und 27 bei.

Die heutige EU führte nicht nur in ihrem Gründungsna-

+++ Die Europäische Union feiert die größte Erweiterung in ihrer Geschichte. Mit Beginn des heutigen Tages wurde der Beitritt von zehn ost- und südeuropäischen Ländern zur Gemeinschaft wirksam. Deutschland wird damit auch geographisch zu einem Kernland der Europäischen Union. (Tagesschau-Meldung vom 1. Mai 2004) +++

men das Wort «Wirtschaft», sie ist auch der in der Weltgeschichte wohl erste Versuch, ein großes Staatengebilde ganz ohne Kriege, nur durch Handel und wirtschaftliche Verflechtung zu schaffen. Vom freien Handel profitierte die Industrie, von den Agrarsubventionen profitierten die Bauern, und in Brüssel nahm die Europäische Kommission mehr und mehr den Charakter einer europäischen Regierung an. Den bisherigen Höhepunkt der wirtschaftlichen Integration stellte der Start der gemeinsamen Währung Euro dar, der inzwischen in 15 EU-Staaten die früheren nationalen *Währungen* ersetzt hat. Für Deutschland gehören die Staaten der Eurozone zu den wichtigsten Handelspartnern.

Doch die Entwicklung hin zu einem gemeinsamen Europa geht mitunter reichlich zäh voran und manchmal auch ein paar Schritte zurück. Schon ganz am Anfang wurde das deutlich: Die Zollunion, die mit den Römischen Verträgen von 1957 erreicht werden sollte, wurde erst elf Jahre später Wirklichkeit. Mal boykottierte Frankreich ein halbes Jahr lang alle EWG-Ratssitzungen (1965/66), mal haute die britische Premierministerin Margaret Thatcher mit der Handtasche auf den Tisch, um einen Rabatt für die EU-Beiträge zu bekommen (1984), und einmal pro Halbjahr, zum großen EU-Gipfeltreffen, ringen die Spitzenpolitiker aller EU-Staaten bis tief in die Nacht um Geld und Einfluss in Europa. Da steht dann manchmal zwar eine Grenze fest – bis um Mitternacht muss eine Einigung erzielt sein –, aber wenn die Einigung um fünf vor zwölf zwar in Sicht, aber noch nicht erreicht ist, werden eben die Uhren bis zum Morgengrauen angehalten.

Export

Als Hans-Olaf Henkel noch Präsident des Bundesverbandes der Deutschen Industrie war, behauptete er gerne, dass einer der wichtigsten Exportartikel Deutschlands die Arbeitsplätze seien: Immer mehr Produktion würde ins Ausland verlagert, immer weniger im eigenen Land investiert. Wenn das tatsächlich so gewesen wäre, hätten eigentlich aus Deutschland immer weniger Waren ins Ausland geliefert werden können – weil ja schon alles im Ausland hergestellt wird. Tatsächlich jedoch haben Jahr für Jahr die deutschen Exporte zugenommen, ganz offensichtlich findet also doch noch in großem Ausmaß Produktion in Deutschland statt.

Deutschland hat derzeit wieder einmal den inoffiziellen Titel des Exportweltmeisters inne: Der Wert der Waren, die ins Ausland exportiert werden, ist so hoch wie in keinem anderen Land der Welt. Gemessen an der gesamten Wirtschaftsleistung, sind die Deutschen unter den Industriestaaten sogar eine Klasse für sich. In Deutschland macht der Export derzeit mehr als 40 Prozent des *Bruttoinlandsprodukts* aus, in den USA sind es nur etwas mehr als 10 Prozent. Aber auch bei den Japanern, die einen ähnlichen Ruf als Exportnation haben wie die Deutschen, bringen es die Exporte nicht einmal auf 20 Prozent des BIP. Insbesondere den Weg aus der Wirtschaftskrise von 2003/04 hat Deutschland vor allem durch einen starken Anstieg der Ausfuhren gefunden.

Für die jüngsten Exporterfolge sind vor allem zwei Branchen verantwortlich: die Automobilindustrie, denn Autos made in Germany sind weltweit gefragt, und der Maschinenbau. Während Autos in Deutschland und weltweit nur von einer Handvoll großer *Konzerne* hergestellt werden, ist in der deutschen Maschinenbaubranche der *Mittelstand* führend. Hier gibt es eine Vielzahl von hoch spezialisierten Produ-

+++ In Detroit hat die Internationale Autoshow begonnen. Sie ist die größte Fahrzeugshow in den USA. Die deutschen Vertreter wollen auf dem schrumpfenden US-Markt Marktanteile gewinnen und mit Innovationen gegen den Trend vorgehen. (Tagesschau-Meldung vom 7. Januar 2007) +++

zenten, die zum Teil seit mehreren Generationen mit ihren jetzigen Kunden zusammenarbeiten – ein Getränkehersteller, der vor 20 Jahren eine Etikettiermaschine gebraucht hat, wird vermutlich auch in 20 Jahren noch eine Etikettiermaschine brauchen. Und diese Kunden sind in der Regel über die ganze Welt verteilt.

Import

Im größten Teil der Wirtschaftsgeschichte, nämlich von der Antike bis zur industriellen Revolution, führte man nur diejenigen Güter ein, die man selbst nicht herstellen konnte. Der Transport per Kogge oder Karawane dauerte so lange und kostete so viel, dass der internationale Handel auf teure und nicht verderbliche Güter beschränkt war: Metalle, Gewürze, Stoffe. Dann kamen Eisenbahn, LKW und Flugzeug und verkürzten die Transportzeit extrem: Jedes nicht allzu unförmige Produkt kann innerhalb von zwei Tagen zu fast jedem Punkt der Welt transportiert werden. Für immaterielle Produkte wie Musik, Filme oder Konstruktionszeichnungen genügt sogar ein Mausklick.

Gleichzeitig hat vor allem der Containerverkehr die Transportkosten erheblich verringert: Was auch immer von woher wohin gebracht werden muss, es passt in die gleichen Norm-Behälter: 6,096 Meter lang, 2,438 Meter breit, 2,591 Meter hoch, zulässiges Gesamtgewicht 24000 Kilogramm. Etwa 15 Millionen davon sind weltweit im Einsatz. Zu Tausenden stapeln sie sich auf speziellen Frachtschiffe, die rund um die Welt auf festen Routen fahren und im Hafen binnen weniger Stunden entladen werden. Deshalb spielen heute beim Welthandel Zeit und Geld kaum noch eine Rolle: Damit zum Beispiel eine Flasche Wein aus Australien nach Europa zu transportieren, kostet nicht mehr als 12 Cent. Deutsche Winzer müssen sich also nicht nur gegen die Konkurrenz aus Frankreich und Italien behaupten, sondern auch gegen die aus den USA, aus Chile, Südafrika und eben Australien. Und das gilt natürlich nicht nur für die Winzer: Alle heimischen Produzenten stehen im Wettbewerb mit dem, was aus dem Container in die Läden kommt, ob zu einem niedrigeren Preis, mit höherer Qualität oder besserem Service.

Das Hauptproblem mit den Importen: Man muss sie bezahlen können. Einem exportstarken Land wie Deutschland fällt das nicht schwer, bei Ländern, die nur über wenig weltmarktfähige Produkte verfügen, sieht das schon anders aus. Und damit sind nicht nur arme Länder gemeint, sondern auch die größte Volkswirtschaft der Welt, die USA. Eine Ursache für deren aktuelle Wirtschaftskrise ist der enorme Überschuss der Importe über die Exporte, der sich in der negativen *Leistungsbilanz* niederschlägt. Im Jahr 2006 haben die USA 764 Milliarden Dollar mehr für ausländische Waren ausgegeben als das Ausland für US-amerikanische, seit 1985 summiert sich der Importüberschuss auf mehr als sieben Billionen Dollar. Dafür wurden all die Jahre Schulden gemacht, die jetzt das Land und seine Bürger zu erdrücken drohen.

Internationaler Währungsfonds

Vielen Globalisierungskritikern gilt der Internationale Währungsfonds als eine Art Satan der Weltwirtschaft. Armen Ländern würden von ihm Daumenschrauben angelegt, sie müssten die Unterstützung für ihre ärmsten Mitbürger streichen und ihre Staatsbetriebe privatisieren, welche auf diese Weise in den Besitz *multinationaler Konzerne* kämen. Die Auflagen, die der Fonds an die Gewährung seiner Kredite knüpfe, würden die Schuldnerländer nur noch weiter ins Unglück stürzen.

Nicht erwähnt wird dabei in der Regel, dass es sich jeweils um Länder handelt, die sich bereits tief im Unglück befinden. Die entweder hoffnungslos überschuldet sind oder in einer akuten Zahlungsbilanzkrise stecken, weil Investoren plötzlich ihr Geld aus dem Land abziehen. Wenn keiner mehr leiht, dann gibt es den Verleiher des letzten Auswegs, den «lender of last resort», und für Staaten ist das der IWF. Die größten Kredite gab der Fonds 1983/84 Jahre an die von einer schweren Schuldenkrise gebeutelten Staaten Lateinamerikas (insgesamt knapp 30 Milliarden Dollar) sowie an Südkorea (20,9 Milliarden Dollar im Jahr 1997) und Russland (insgesamt 20,4 Milliarden Dollar 1996 und 1998). Seit fünf Jahren werden allerdings wesentlich mehr früher vergebene Kredite an den IWF zurückgezahlt, als er an neuen Krediten vergibt.

Gegründet wurde der IWF gemeinsam mit seiner Schwesterorganisation, der *Weltbank*, am 22. Juli 1944 zum Abschluss einer internationalen Konferenz über die Neuordnung der Weltwirtschaft nach dem Ende des Zweiten Weltkriegs. Während die Weltbank bald zu einer Organisation der internationalen Entwicklungshilfe wurde, entwickelte sich der IWF zur Feuerwehr der Weltwirtschaft: Wenn irgendwo eine gravierende Wirtschafts- oder Finanzkrise ausbrach, half der IWF bei den Löscharbeiten. Das Geld dafür speist sich aus den Kapitaleinlagen der derzeit 185 Mitgliedsländer. Je höher der Kapitalanteil, desto größer auch der Stimmanteil eines Landes – EU und USA zusammen verfügen über knapp die Hälfte der Stimmrechte, gegen ihren Willen kann keine Entscheidung getroffen werden. Insbesondere asiatische Staaten kritisieren, dass diese Stimmanteile den Stand der Weltwirtschaft von vor fünfzig Jahren zementieren, und fordern

+++ Sieben lateinamerikanische Staaten haben in Buenos Aires eine gemeinsame Entwicklungsbank gegründet. Sie soll die regionale Integration stärken und den wirtschaftlichen Einfluss der USA begrenzen. Die sogenannte Bank des Südens soll eine Alternative zu Weltbank und Internationalem Währungsfonds darstellen. (Tagesschau-Meldung vom 10. Dezember 2007) +++

mehr Einfluss aufgrund ihres seither stark gewachsenen wirtschaftlichen Gewichts.

Die wenigsten der Krisen, bei denen der IWF eingreift, kommen aus heiterem Himmel. Meistens haben die an ihrer Entstehung Beteiligten schwere Fehler gemacht, aus denen die Probleme erst entstehen konnten: Schulden aufgenommen, ohne an die Rückzahlung zu denken, finanzielle Risiken unterschätzt, öffentliches Vermögen auf private Konten verschoben, staatliche Unternehmen ausgeplündert oder Ähnliches. Die Verhandlungspartner, mit denen es der IWF zu tun hatte, trugen – und tragen – in der Regel eine alles andere als weiße Weste.

Vielleicht wäre es besser gewesen, in einigen Fällen den Rücktritt der amtierenden, korrupten und verbrecherischen Regierung zur Bedingung für eine Kreditvergabe zu machen, anstatt sich mit ihr an einen Tisch zu setzen. Aber die Verantwortlichen des Währungsfonds wählten einen pragmatischeren Weg: Sie verknüpften die Kreditvergabe mit sogenannten Strukturanpassungsprogrammen; nur wer sich an deren Auflagen hält, bekommt das Geld vom IWF. Und ein IWF-Kredit war die Mindestvoraussetzung, um auch für andere Finanzinstitute wieder kreditwürdig zu sein.

Diese Strukturanpassungsprogramme sind der Hauptangriffspunkt der IWF-Kritiker. Dadurch würden die Schuldnerländer zu wirtschaftlichen Reformen gezwungen, die zum Ausverkauf des Landes führten und von denen vor allem die westlichen Banken und Konzerne profitierten. Die gemeinsamen Tagungen von IWF und Weltbank, die jedes Jahr an einem anderen Ort abgehalten werden, sind deswegen regelmäßig Schauplatz von globalisierungskritischen Demonstrationen.

Leitwährung

«Was macht der Dollar?» war in den achtziger Jahren die erste Frage, die sich Deutschlands berühmtester Spekulant André Kostolany stellte, wenn er die Lage an den *Börsen* analysierte. An der Entwicklung des Dollarkurses zeigten sich die Ziele der amerikanischen Wirtschaftspolitik wesentlich klarer als an den Äußerungen der US-Regierung, und mit dem Auf und Ab der wichtigsten Weltwährung veränderten sich die wirtschaftlichen Perspektiven der *Konzerne* in aller Welt – und damit auch die Aktienkurse.

Die wichtigste Währung der Welt ist der Dollar immer noch. Aber die globale Leitwährung, in der alle *Rohstoff*rechnungen beglichen werden, die alle Zentralbanken als Währungsreserve horten, ist er von Jahr zu Jahr weniger. Und der Euro ist es von Jahr zu Jahr mehr: Seit er im Jahr 1999 für den internationalen Zahlungsverkehr eingeführt wurde, ist der Anteil des Euro an den Währungsreserven der Welt von 17,9 auf 26,4 Prozent gestiegen; mehr als ein Viertel aller von Zentralbanken weltweit gehaltenen Fremdwährungen trägt damit das Euro-Zeichen. Der Anteil des US-Dollar fiel im gleichen Zeitraum von 70,9 auf 63,7 Prozent. Immer weniger Exportgeschäfte werden in Dollar abgerechnet, und sogar bei den weltweit in Dollar gezahlten Ölrechnungen haben die ersten Lieferländer erwogen, in Zukunft stattdessen Euro zu verlangen – so wie das brasilianische Top-Model Gisele Bündchen, deren Management seit Herbst 2007 keine Dollar-Honorare mehr akzeptiert.

Zwischen 1944, als im US-Badeort Bretton Woods das Währungssytem für die Nachkriegszeit festgelegt wurde, und 1971, als US-Präsident Richard Nixon dieses System aufkündigte, war der US-Dollar nicht nur als Leitwährung der westlichen Welt anerkannt, sondern auch tatsächlich eine berechenbare Währung: Seit die D-Mark 1948 eingeführt wurde, musste man 25 Jahre lang genau 4,20 D-Mark für einen Dollar bezahlen. Nachdem die europäischen *Währungen* die Bindung zum Dollar aufgaben und beschlossen, ihn zu «floaten», also seinen Preis Angebot und Nachfrage zu überlassen, war es mit dieser Berechenbarkeit vorbei und auch mit der unangefochtenen Führungsrolle des Dollar. Doch erst mit der Geburt des Euro ist ihm ein ernst zu nehmender Konkurrent entstanden, der die Funktion einer Leitwährung übernehmen kann: D-Mark, japanischer Yen und Schweizer Franken waren beziehungsweise sind zwar stabile Währungen, aber die hinter ihnen stehenden Volkswirtschaften waren im Vergleich mit den USA viel zu klein.

+++ Kurssprünge an US-Börse – nach einer neuen Leitzinssenkung haben an der New Yorker Börse der Eurokurs und der Ölpreis neue Rekordstände erreicht. Auch der Dow-Jones-Index legte zu. Der Dax stieg trotz der Zinssenkung zum Handelsstart nur geringfügig. (Tagesschau-Meldung vom 1. November 2007) +++

Hinter dem Euro steht nun eine wesentlich größere Wirtschaftskraft als früher hinter der D-Mark, und die Europäische Zentralbank ist wesentlich stärker auf Geldwertstabilität bedacht als die US-Notenbank Fed, die im Zweifelsfall lieber den Dollarkurs als die Aktienkurse abstürzen lässt.

Das ist etwas, was Zentralbanken an einer Reservewährung überhaupt nicht schätzen, weil auf diese Weise ihr Devisenvorrat ebenfalls an Wert verliert, sodass beide Währungen im Rennen um die Position der Leitwährung bald gleichauf liegen könnten.

Migration

Seit etwa zwei Jahren werden wir im Fernsehen von einer Flut von Auswanderersendungen überschwemmt. Als Dokumentation, als Serie, auf allen (privaten) Kanälen scheinen die Deutschen nichts Besseres zu tun zu haben, als im Ausland ihr Glück zu suchen: Schwäbische Lastwagenfahrer gehen nach Kanada, westfälische Metallbauer nach Australien, pfälzische Kneipenwirte nach Mallorca. Und tatsächlich findet die Auswanderungswelle nicht nur im Fernsehen, sondern auch in der Realität statt: Etwa 250 000 Deutsche haben sich im Jahr 2005 aus Deutschland abgemeldet, so viele wie seit 1950 nicht mehr.

Damit ist erstmals seit vielen Jahrzehnten die Auswanderung wieder ein zentrales Thema der deutschen Migrationsdebatte geworden. Seit 1945 stand nämlich stets nur die Einwanderung im Mittelpunkt: Menschen sollten, wollten oder mussten nach Deutschland ziehen. Vor allem drei große Migrationsbewegungen gab es hier in diesem Zeitraum. Die erste, von Ost nach West, begann im letzten Jahr des Zweiten Weltkriegs: Mehr als zehn Millionen Deutsche oder deutschstämmige Bürger anderer Staaten flohen vor der anrückenden sowjetischen Armee nach Westen oder wurden in den Jahren nach dem Krieg aus ihrer Heimat in Osteuropa vertrieben.

Die zweite Welle kam in den Boomjahren des Wirtschaftswunders aus dem Süden: Gastarbeiter aus Italien, Griechenland, Spanien und der Türkei wurden angeworben, um den Arbeitskräftemangel der deutschen Wirtschaft auszugleichen. Nach der Ölkrise von 1973, als aus dem Arbeitskräftemangel *Arbeitslosigkeit* wurde, gab es keine Anwerbung im großen Stil mehr. Die eben noch willkommenen «Gast»-Arbeiter wurden nun gar nicht mehr gastlich behandelt.

Die dritte Welle begann Anfang der neunziger Jahre. Diesmal ging sie wieder von Ost nach West. Nach dem Ende des Kalten Krieges in Europa und dem Fall des Eisernen Vorhangs zwischen Ost- und Westeuropa zog es nun Polen, Tschechen, Russen und andere in Richtung Westen, viele davon nach Deutschland und Österreich. Die größte einzelne Gruppe hierunter waren deutschstämmige Russen, von denen teilweise mehr als 200 000 pro Jahr nach Deutschland auswanderten. Auch diese Welle ist inzwischen abgeebbt, dennoch zieht es weiterhin mehr Osteuropäer nach Deutschland als Deutsche nach Osteuropa.

Nachdem insbesondere in den siebziger und achtziger Jahren in der deutschen Politik heiß debattiert wurde, ob Deutschland nun ein Einwanderungsland sei oder werden solle, hat sich in den neunziger Jahren die Auffassung durchgesetzt, dass es nicht so sehr um das Ob, sondern um das Wie der Zuwanderung geht. Allein schon aufgrund des Geburtenrückgangs und der schwierigen demographischen Situation in Deutschland wird das Land dauerhaft auf Zuwanderung angewiesen sein. Wem unter welchen Bedingungen und für wie lange der Aufenthalt und die Arbeit in Deutschland erlaubt ist, regelt das im Jahr 2005 in Kraft getretene Zuwanderungsgesetz.

+++ Die EU-Kommission will, dass Ingenieure, Informatiker und Techniker aus Nicht-EU-Ländern leichter angeworben werden können. Justizkommissar Frattini stellte heute in Straßburg die sogenannte ‹Blue Card› vor. Wegen des wachsenden Fachkräftemangels sollen Arbeitnehmer damit schneller eine Aufenthaltsgenehmigung bekommen. (Tagesschau-Meldung vom 23. Oktober 2007) +++

Ein großer Teil der Wanderungsbewegungen in der Welt hält sich allerdings nicht an Gesetze. Vor allem an Grenzen, die sehr reiche von sehr armen Regionen trennen, gibt es häufig eine große Zahl illegaler Einwanderer. In Amerika betrifft das die Grenze zwischen den USA und Mexiko, in Europa die gesamte Mittelmeerküste. An den Stränden Italiens und Spaniens, aber auch vor Inseln wie Malta, Lampedusa und den Kanaren kommen fast täglich hoffnungslos überladene Boote an, auf denen Afrikaner versuchen, illegal in die EU einzureisen. Manche schaffen es, manche werden von der Küstenwache entdeckt und wieder nach Afrika zurückgeschickt, manche kentern auf hoher See und reißen die Insassen in den Tod: Mehrere tausend Afrikaner starben in den vergangenen Jahren bei dem Versuch, in Europa ein neues Leben anzufangen.

Multinationale Konzerne

Wohin auch immer in der Welt wir reisen, sie sind da. Die Autos mit dem dreizackigen Stern und die Turnschuhe mit den drei Streifen, die Schnellrestaurants mit den zwei goldenen Torbögen und die Musik-Abspielgeräte mit dem angebissenen Apfel. Wie viele andere Produkte, werden sie von Unternehmen hergestellt, die in aller Welt verkaufen und meistens auch in vielen verschiedenen Ländern produzieren: den multinationalen Konzernen.

Die globalsten von ihnen sind fast so international wie die Vereinten Nationen. Siemens etwa ist in 190 Ländern vertreten, der UNO gehören nur zwei Staaten mehr an. Volkswagen verkauft Autos in mehr als 150 Ländern und hat Fabriken in 18 Ländern. Und die größten von ihnen beschäftigen mehr als 200 000 Menschen und setzen pro Jahr mehr als 100 Milliarden Euro um. Manche dieser Unternehmen haben sogar überhaupt keine Heimat mehr. Der Elektrokonzern ABB beispielsweise, der durch Fusion aus den Unternehmen Asea (Schweden) und BBC (Schweiz) entstand, ist sowohl schwedisch als auch schweizerisch, die Konzerne Unilever und Shell sind seit Jahrzehnten sowohl in Großbritannien als auch in den Niederlanden zu Hause.

So groß sie sind, so umstritten sind die multinationalen Konzerne auch. Politiker werfen ihnen vor, ihre Gewinne mit Finanztricks in Länder zu verlagern, in denen besonders niedrige Steuern fällig werden; Gewerkschafter werfen ihnen vor, höher bezahlte Arbeitsplätze in den Industrieländern zu vernichten und die Produktion in Billiglohnländer zu verlagern. Umweltschützer werfen ihnen vor, ihre Fabriken dort aufzubauen, wo laxe Umweltschutzgesetze gelten. Und Globalisierungsgegner werfen ihnen vor, die armen Länder auszubeuten und die Gewinne an ihre Aktionäre auszuschütten.

Hinter all diesen Vorwürfen steht die Tatsache, dass nationale Gesetze und Regelungen von global agierenden Konzernen umgangen werden können. Die Vereinten Nationen haben deshalb im Jahr 2000 eine Initiative auf den Weg gebracht, um die Unternehmen auf die weltweite Einhaltung von sozialen und ökologischen Mindeststandards zu verpflichten. Diesen «Global Compact» haben inzwischen 3700 Unternehmen aus 120 Ländern unterzeichnet.

Protektionismus

Ein gewaltiges Sauggeräusch, a «giant sucking sound», hätte man seit 1994 in den USA hören müssen, wenn der US-Unternehmer und Präsidentschaftskandidat Ross Perot mit seiner Prophezeiung von 1992 recht gehabt hätte. Durch das Freihandelsabkommen NAFTA zwischen den USA, Mexiko und Kanada würden nämlich, behauptete er, US-amerikanische Arbeitsplätze vom Billiglohnland Mexiko aufgesaugt. Die USA müssten ihre einheimischen Industrien durch höhere Handelsschranken schützen, nicht diese Schranken beseitigen. NAFTA trat trotzdem Anfang 1994 in Kraft – und bis 2001 stieg die Zahl der Arbeitsplätze in den USA um 15 Millionen.

Der Kampf um NAFTA war ein klassischer Konflikt zwischen liberaler und protektionistischer Politik. Während die Liberalen die Grenzen und die Märkte für den freien Handel öffnen wollen, wollen Protektionisten sie abschotten: Im Inland bedrohte Arbeitsplätze sollen vor der billigeren und/oder besseren Konkurrenz aus dem Ausland geschützt werden, indem *Zoll* auf *Importe* erhoben wird und andere Handelshemmnisse errichtet werden. Die Liberalen dagegen sehen jede Form von Protektionismus als teuren Irrweg. Sie argumentieren, dass von freiem Handel nicht nur der Stärkere, sondern auch der vermeintlich Schwächere profitiert, da er seine Kräfte auf die Branchen konzentrieren kann, in denen er die für ihn günstigsten Wettbewerbsbedingungen vorfindet.

In der Praxis lassen sich die Auswirkungen einer liberalen und einer protektionistischen Wirtschaftspolitik an den unterschiedlichen Entwicklungen verfolgen, die Ostasien und Südamerika in den vergangenen Jahrzehnten genommen haben. Die Staaten Lateinamerikas haben sehr stark darauf gesetzt, ihre nationale Industrie vor ausländischer Konkurrenz zu schützen, und taumelten damit aus einer Wirtschaftskrise in die nächste. Asiatische Staaten wie Südkorea, Thailand und Vietnam haben sich dagegen dem Weltmarkt geöffnet und ein wesentlich dynamischeres Wachstum erreicht.

Die Europäische Union ist zwar eigentlich ein Musterbeispiel für den ökonomischen Erfolg offener Märkte. Aber auch sie macht immer wieder die Grenzen dicht, um unerwünschte Importe nicht hineinzulassen. Vor allem zwei Branchen werden traditionell konsequent vor ausländischer Konkurrenz geschützt, die Landwirtschaft und der Bergbau. In beiden Fällen wird die Versorgungssicherheit als Argument angeführt: Wenn es zu wie auch immer gearteten globalen Krisen kommt, kann es sinnvoll sein, für das tägliche Brot und die warme Wohnung nicht auf Importe angewiesen zu sein.

+++ Die Finanzminister der Europäischen Union haben sich gegen eine Abschottung der europäischen Wirtschaft ausgesprochen. Nach ihrer Auffassung müssen sich die Mitgliedsstaaten dem weltweiten Wettbewerb der Globalisierung stellen. Bei einem Treffen in Wien sprachen sich die Minister gegen Protektionismus aus; also zum Beispiel dagegen, dass Regierungen Übernahmen einheimischer Unternehmen durch ausländische Investoren verhindern. (Tagesschau-Meldung vom 8. April 2006) +++

Rohstoffe

Im Jahr 2002 schlug der niederländische Chemie-Nobelpreisträger Paul Crutzen vor, den Beginn eines neuen geologischen Zeitalters zu definieren. Das Holozän sei zu Ende, das Anthropozän habe begonnen. Denn wenn in ein paar hunderttausend Jahren Geologen sich mit dem Zustand der dann aktuellen Gesteinsschichten beschäftigen sollten, werden sie an vielen Stellen der Erde einen deutlichen Einschnitt bemerken – nämlich den Einfluss des Menschen.

Etwa seit dem Jahr 1800 hat die Menschheit die Erde so rücksichtslos in ihren Besitz genommen, dass die Auswirkungen nicht nur auf der Welt von heute, sondern auch in den Gesteinen der Welt von morgen ihre Spuren hinterlassen: Ganze Erdschichten werden aus dem Boden geholt, etwa im Steinkohle- und Braunkohlebergbau. Ganze Berge werden abgetragen, weil sie Metallerze enthalten, und daneben als Abraumhalden wieder neu aufgetürmt, andere werden Stück für Stück gesprengt, um Material für Straßen- und Häuserbau zu liefern. Und wo die Lagerstätten erschöpft sind, bleiben allzu oft unwirtliche Mondlandschaften zurück.

Wirtschaftlich gesehen sind reiche Rohstoffvorkommen Fluch und Segen zugleich. Segen, weil sie Geld bringen und Arbeitsplätze schaffen: Ohne Öl wären die Länder der Arabischen Halbinsel bitterarme Wüstenstaaten, ohne Eisen und Kohle wäre das Ruhrgebiet eine hinterwäldlerische Talsenke. Fluch, weil der Abbau der Rohstoffe die Umwelt verheert und oft die ganze Region von einem einzigen Rohstoffkonzern abhängig ist. Gerade diesen Konzernen wird immer wieder nachgesagt, dass sie korrupte Diktatoren unterstützen, um zu niedrigen Preisen Rohstoffe abbauen zu können und dabei keinen Ärger mit Oppositionellen oder Umweltschützern zu bekommen. Mitte der neunziger Jahre wurde beispielsweise dem Shell-Konzern eine Mitschuld an der Hinrichtung des nigerianischen Bürgerrechtlers Ken Saro-Wiwa vorgeworfen, der eine Bewegung gegen die Ölförderung im Niger-Delta gegründet hatte.

+++ Acht Jahre nach dem Untergang des Öltankers ‹Erika› vor der bretonischen Küste hat das Pariser Strafgericht die angeklagten 15 Firmen und Einzelpersonen zu insgesamt 192 Millionen Euro Schadenersatz verurteilt. Die zusätzliche Strafe für den französischen Ölkonzern Total betrage 375 000 Euro. Das Gericht berücksichtigte bei seinem Urteil neben dem wirtschaftlichen Schaden erstmals auch die Verschmutzung des Meeres und der Umwelt. (Tagesschau-Meldung vom 17. Januar 2008) +++

In jüngster Zeit hat die Nachfrage nach den meisten Rohstoffen dramatisch zugenommen, was vor allem am starken industriellen Wachstum in China und Indien liegt – in China steigt derzeit der Bedarf an Stahl um mehr als 15 Prozent pro Jahr, der an Kupfer sogar um mehr als 30 Prozent. Dementsprechend rasant ziehen die Preise an: Der Ölpreis hat sich in sechs Jahren verfünffacht, der Nickelpreis vervierfacht – sogar Stahlschrott ist doppelt so teuer wie zu Anfang des Jahrhunderts. Kurzfristig wird der Preisanstieg dazu führen, dass der Mensch noch tiefere Spuren auf der Erde hinterlassen wird, um noch mehr Rohstoffe abzubauen. Auf mittlere und lange Sicht müssen andere Lösungen gefunden werden, da die Ressourcen der Erde begrenzt sind und bei einigen Rohstoffen die Fördermenge kaum noch zu steigern ist, allen voran beim Öl. Hohe Rohstoffpreise sind allerdings auch ein starker Anreiz, in rohstoffsparende Techniken und die Wiederverwertung gebrauchter Rohstoffe zu investieren.

+++ Beim Ölpreis halten Experten auch langfristig weitere Sprünge für möglich. Das Deutsche Institut für Wirtschaftsforschung geht davon aus, dass sich die Kosten bis zum Jahr 2020 verdoppeln. Grund seien die immer knapperen Vorräte, heute stieg der Preis für US-Rohöl weiter an, auf mehr als 100 Dollar pro Barrel. (Tagesschau-Meldung vom 3. Januar 2008) +++

Sanktionen

Eine Maßnahme, die den Waren- oder Kapitalverkehr mit dem Ausland beschränkt, wird normalerweise getroffen, um die Wirtschaft des eigenen Landes zu schützen; dann spricht man von *Protektionismus*. Manchmal geschieht das aber auch, um der Wirtschaft eines fremden Landes zu schaden. Solche Wirtschaftssanktionen stellen den Versuch dar, mit ökonomischen Mitteln Druck auf einen Staat auszuüben und so das Verhalten seiner Regierung zu verändern. Meist handelt es sich dabei um ein Embargo: Der Handel mit einem Land wird dabei komplett oder für bestimmte Waren, beispielsweise Waffen oder Öl, verboten.

Sanktionen werden vor allem aus zwei Gründen erlassen. Zum einen, wenn eine Regierung gravierende Verstöße gegen die Menschenrechte begeht. Das war beispielsweise der

+++ Nordkorea muss wegen seiner Atompolitik mit internationalen Strafmaßnahmen rechnen. Die Veto-Mächte des UN-Sicherheitsrates beraten in New York über Sanktionsvorschläge der USA. In der Diskussion ist unter anderem ein Waffen-Embargo. Nach dem gestern gemeldeten Atomtest Nordkoreas scheint nun auch China vom kommunistischen Nachbarland abzurücken. (Tagesschau-Meldung vom 10. Oktober 2006) +++

Fall beim Massenmorden zwischen den Volksstämmen der Hutu und Tutsi in Ruanda im Jahr 1994, und es ist der Fall bei Simbabwe, wo das Regime von Robert Mugabe weiße Farmer niedermetzelt. Neben dem Verbot von Waffenlieferungen an Simbabwe gehört dort zu den Sanktionen auch das Einfrieren von Guthaben, über die Mitglieder des Mugabe-Regimes in der EU verfügen. Und zum Zweiten werden Sanktionen verhängt, wenn ein Staat einen Nachbarstaat überfällt oder einen solchen Angriff vorbereitet oder den Bau von Massenvernichtungswaffen anstrebt. Das war der Fall nach der Invasion des Irak in Kuwait 1990, und es ist der Fall bei Nordkorea und dem Iran. Sanktionen können von den Vereinten Nationen verhängt werden wie im Fall des Irak oder auch von einzelnen Ländern wie von den USA gegen den Iran.

Die Wirksamkeit von Sanktionen ist höchst umstritten. In vielen Fällen sind die Hauptleidtragenden nicht die herrschenden Politiker, sondern die Zivilbevölkerung des betroffenen Landes. Zudem können Sanktionen bei den Regierenden zu einer Trotzreaktion führen und die Situation weiter verschlimmern. Aber die Kritiker von Wirtschaftssanktionen haben auch noch keine befriedigende Antwort gefunden, was die Staatengemeinschaft sonst tun kann, um einen blutigen Bürgerkrieg oder die Vorbereitung eines Angriffskrieges zu verhindern.

Tourismus

Früher war es das Privileg einiger weniger Adliger, Abenteurer oder Forschungsreisender, auf dem Nil zu den Pyramiden zu fahren oder Südseeinseln zu erkunden – solche Reisen waren teuer, beschwerlich und dauerten lange. Erst in der zweiten Hälfte des 20. Jahrhunderts konnten es sich allmählich

immer mehr Menschen leisten, ihre Ferien im Ausland zu verbringen, und das Flugzeug schließlich machte die Reisebranche zu einer globalen Industrie: Zwischen 1950 und 2007 stieg die Zahl der Auslandsreisen weltweit von 25 Millionen auf 898 Millionen.

Fast 30 Prozent des Welthandels im Dienstleistungsbereich entfällt auf den Tourismus, weltweit 100 Millionen Menschen arbeiten in dieser Branche. Für viele Länder ist sie der wichtigste Devisenbringer. Doch eine starke Position im Tourismusmarkt kann ein Land nur haben, wenn dort stabile politische Verhältnisse herrschen. Bürgerkriege und Terroranschläge lassen den Zustrom von Urlaubern von einem Tag auf den anderen versiegen. Ägypten hatte darunter in den vergangenen Jahren mehrfach zu leiden, und Anfang 2008 erschütterte eine Welle der Gewalt das bislang stabile Kenia und damit auch dessen Tourismusindustrie.

Weltbank

Als die Treuhandanstalt ihre Aufgabe, die ostdeutschen Unternehmen zu privatisieren, erledigt hatte, löste sie sich Ende 1994 wieder auf. Als die Weltbank ihre Aufgabe erledigt hatte, den Wiederaufbau der im Zweiten Weltkrieg zerstörten Staaten zu finanzieren, löste sie sich nicht auf, sondern suchte sich eine neue Aufgabe.

Gegründet wurde sie 1944 gemeinsam mit dem *Internationalen Währungsfonds* (IWF) auf der Konferenz von Bretton Woods. Deren Ziel war die Neuordnung des Weltwährungs- und Finanzsystems nach dem Weltkrieg, und IWF und Weltbank waren die zwei internationalen Finanzinstitutionen, die diese Ordnung stabilisieren sollten. Anteilseigner der Weltbank dürfen nur Staaten sein, derzeit sind es 185.

Je weniger noch an Wiederaufbau zu leisten war, desto mehr verlagerte sich der Fokus der Weltbank auf die Finanzierung von Entwicklungsprojekten in den ärmeren Staaten der Erde. Während jeder einzelne Staat bei seinen Ausgaben für *Entwicklungshilfe* auch immer die jeweiligen nationalen Interessen im Blick hat, etwa Aufträge für die heimische Industrie oder die Förderung politisch nahestehender Regierungen, soll die Weltbank im Interesse aller Mitgliedsländer handeln.

+++ Der neue Weltbankpräsident Zoellick ist in Washington mit Ministern von Schwellen- und Entwicklungsländern zusammengetroffen. Die Weltbank fordert in ihrem aktuellen Weltentwicklungsbericht mehr Investitionen in die Landwirtschaft armer Länder. Kurz vor Beginn der Jahrestagung des Internationalen Währungsfonds und der Weltbank haben die sieben führenden Industrieländer den IWF zu einer Neuausrichtung seiner Arbeit sowie zum Sparen aufgefordert. (Tagesschau-Meldung vom 20. Oktober 2007) +++

Da jedoch die Stimmrechte bei der Weltbank dem Kapitalanteil des jeweiligen Landes entsprechen und damit die reichen Länder über die Stimmenmehrheit verfügen, wird immer wieder die Kritik geäußert, dass die Weltbank eben nicht die Interessen der armen, sondern die der reichen Staaten vertritt. Beispielsweise gilt die Strategie, Privatisierungen in den Entwicklungsländern zu fördern, als Versuch, den *multinationalen Konzernen* die wichtigsten Vermögenswerte dieser Länder zuzuschanzen. Zudem zementiere die traditionelle Machtverteilung bei IWF und Weltbank die Verhältnisse der Nachkriegszeit: Chef der Weltbank ist seit 1944 immer ein US-Amerikaner, Chef des IWF ein Europäer, Bürger anderer Staaten haben keine Chance.

Welthandelsorganisation

Schaut man sich die Struktur der Welthandelsorganisation (WTO) an, könnte man meinen, sie sei so aufgebaut, wie man es sich von einer Weltregierung wünschen würde: Jedes Mitgliedsland, ob Tonga oder die USA, hat genau eine Stimme. Alle Entscheidungen werden im Konsens ohne Gegenstimmen gefällt. Und wenn es zu Streitigkeiten zwischen Mitgliedsländern kommt, werden sie vor einem Schlichtungsgremium diskutiert, dessen Beschlüsse für alle Beteiligten bindend sind. Ein Urteil kann nur aufgehoben werden, wenn alle WTO-Mitglieder dafür stimmen.

Die Einstimmigkeit und Verlässlichkeit sind für die Welthandelsorganisation allerdings auch überlebensnotwendig. Denn ihre Hauptaufgabe ist es, Handelskonflikte so beizulegen, dass daraus keine Handelskriege werden. Einige Dutzend solcher Fälle werden Jahr für Jahr vor die WTO gebracht – um das alles lösen zu können, sollte man strikt unparteiisch sein.

Gegründet wurde die Organisation im Jahr 1994. Ihre Hauptaufgabe besteht darin, für die Einhaltung dreier internationaler Handelsverträge zu sorgen: des allgemeinen Zoll- und Handelsabkommens (GATT) sowie der Abkommen über den Handel mit Dienstleistungen (GATS) und über den internationalen Schutz geistigen Eigentums (TRIPS). Derzeit gehören der WTO 151 Mitglieder an, darunter alle Staaten der EU, die USA, Japan, China und Indien. Wichtige Nichtmitglieder

+++ Erstmals hat die Europäische Union in einem Konflikt mit ihrem größten Handelspartner USA Strafzölle in Millionenhöhe verhängt. Seit heute gelten Aufschläge für zahlreiche US-Produkte wie Elektrogeräte, Textilien und Lebensmittel, die damit auf dem europäischen Markt teurer werden dürften. Die Welthandelsorganisation WTO hatte die Strafzölle genehmigt, der Grund dafür liegt im amerikanischen Steuerrecht. (Tagesschau-Meldung vom 1. März 2004) +++

sind Russland, Kasachstan, Iran, Irak, Libyen und Serbien. Mehr als 90 Prozent des gesamten Welthandels werden zwischen WTO-Mitgliedern durchgeführt.

Einer der Gründe, warum man sich innerhalb der WTO relativ einig sein kann, sind die strengen Auflagen, die vor einem WTO-Beitritt erfüllt werden müssen. Bevor China beispielsweise im Jahr 2001 in die WTO aufgenommen wurde, musste es acht Jahre lang mit insgesamt 37 Ländern verhandeln, Zölle abbauen und Benachteiligungen für ausländische Unternehmen in China abschaffen.

Weltwirtschaftsgipfel

Aus den sechs Staaten, die 1957 die Europäische Wirtschaftsgemeinschaft gründeten, sind bis heute 27 EU-Mitgliedsländer geworden. Die sechs Staaten, die am 15. November 1975 den ersten Weltwirtschaftsgipfel veranstalteten, haben wesentlich langsamer Zuwachs bekommen. 1976 stieß Kanada als siebtes Mitglied zu den Gründungsgipfelteilnehmern USA, Japan, Deutschland, Frankreich, Großbritannien und Italien hinzu, 1998 wurde noch Russland in den exklusiven Klub aufgenommen. Seither nennt er sich G8, und einmal pro Jahr treffen sich die Staats- und Regierungschefs dieser acht Länder zwei Tage lang zu gemeinsamen Gesprächen. Im Jahr 2007 fand dieser sogenannte Weltwirtschaftsgipfel zum bisher fünften Mal in Deutschland statt, erstmals im mecklenburgischen Seebad Heiligendamm.

+++ Bundeskanzlerin Merkel wertet den G8-Gipfel in Heiligendamm als vollen Erfolg, trotz Zugeständnissen in Detailfragen. Man habe weitreichende Beschlüsse gefasst, so die Kanzlerin zum Abschluss, etwa beim Klimaschutz. Das beherrschende Thema heute waren Finanzhilfen für Afrika. Die führenden Industrienationen versprechen Milliardenhilfen, unter anderem für die Aids-Bekämpfung. (Tagesschau-Meldung vom 8. Juni 2007) +++

Aufgabe der Gipfeltreffen soll es sein, sich über die großen internationalen Probleme auszutauschen und gemeinsame Lösungen zu finden. Je nach aktueller politischer und weltwirtschaftlicher Lage kamen dabei in der Vergangenheit Themen wie Ölkrise, Terrorismus, Klimawandel und natürlich immer wieder Wirtschafts-, Finanz- und Währungsfragen zur Sprache.

Da die G8-Länder etwa zwei Drittel des globalen *Bruttoinlandsprodukts* erwirtschaften, kann hier tatsächlich von einem Weltwirtschaftsgipfel gesprochen werden. Andererseits wohnt aber nur etwa ein Achtel der Weltbevölkerung in den G8-Staaten, weshalb seit vielen Jahren die Kritik geäußert wird, über die Köpfe der großen Mehrheit der Menschen hinweg werde hier Weltpolitik gemacht. Die Gipfeltreffen werden deshalb regelmäßig von Protesten von Globalisierungsgegnern begleitet.

Bei der Gründung im Jahr 1975 waren die damaligen G6-Staaten tatsächlich die Länder mit dem weltweit höchsten Bruttoinlandsprodukt. Das gilt für die heutigen G8-Länder nicht mehr. Spanien hat das G8-Land Kanada, was die Wirtschaftsleistung angeht, praktisch eingeholt und liegt auf jeden Fall deutlich vor Russland, dasselbe gilt für Brasilien. Vor allem aber hat China die Rangliste durcheinandergebracht: Das Reich der Mitte nimmt bereits Platz 4 unter den wirtschaftskräftigsten Nationen der Welt ein, sein Bruttoinlandsprodukt ist mehr als doppelt so hoch wie das von Kanada und sogar fast dreimal so hoch wie das russische.

+++ Die Bundesregierung bemüht sich in Krisengesprächen intensiv um eine Rettung des angeschlagenen Münchener Finanzinstituts Hypo Real Estate (HRE). Der Bund sei fest entschlossen, durch die Krise des Immobilienfinanzierers nicht das ganze Finanzsystem in eine Schieflage geraten zu lassen, sagte Bundeskanzlerin Angela Merkel in Berlin. Die Bundesregierung stellte angesichts der sich verschärfenden Bankenkrise erstmals eine Komplettgarantie für private Spareinlagen in Aussicht. (Tagesschau-Meldung vom 5. Oktober 2008) +++

Weltwirtschaftskrise

Man kennt das aus James-Bond-Filmen: Die ganze Welt ist in tödlicher Gefahr, nur noch Minuten, ach, Sekunden bleiben dem Helden, um die schreckliche Katastrophe zu verhindern – aber natürlich schafft er es im letzten Moment.

Doch manchmal passiert so etwas nicht nur im Kino, sondern auch im wirklichen Leben. So am Sonntag, den 28. September 2008, in den Räumen der Banken-Aufsichtsbehörde

Bafin in Frankfurt. Das ganze Wochenende über hatten die Chefs der größten deutschen Banken (allen voran Deutsche-Bank-Chef Josef Ackermann) mit Vertretern von Aufsichtsbehörden, Branchenverbänden und der Bundesbank über das Schicksal der Bank Hypo Real Estate (HRE) debattiert. Am Sonntagmittag schließlich war klar:

1. Die HRE würde ohne sofortige Finanzhilfe in der Nacht zum Montag Insolvenz anmelden müssen.
2. Zwei Wochen nach dem Desaster, das das Ende der US-Bank Lehman Brothers an den Finanzmärkten in aller Welt angerichtet hatte, würde eine Pleite der HRE zum Zusammenbruch des Weltfinanzsystems führen.
3. Die deutschen Banken, die Bundesbank und der Einlagensicherungsfonds waren weder einzeln noch gemeinsam in der Lage, diese Pleite zu verhindern.

Damit gab es nur noch einen Ausweg:

4. Nur der Staat, also die Bundesregierung, konnte die HRE und das globale Finanzsystem retten.

Daraufhin rief der Bundesbankchef Axel Weber, nein, nicht James Bond, sondern den Finanzminister Peer Steinbrück an. Der schickt seine rechte Hand, Finanzstaatssekretär Asmussen, nach Frankfurt. Um 18 Uhr verkündet der im Bafin-Gebäude, dass so kurzfristig am Wochenende gar nichts gehe. Die Mitglieder der Rettungsrunde, die ihm schon ein ganzes Wochenende Verhandlungen voraushaben, weisen entnervt darauf hin, dass dann der Weltuntergang bevorstehe.

Also ruft Asmussen den Finanzminister an, der wiederum telefoniert mit der Bundeskanzlerin Angela Merkel. Nach diesen Gesprächen bastelt der Staatssekretär bis 22.45 Uhr einen Rettungsplan, den die Banken bitte schön innerhalb der nächsten 20 Minuten akzeptieren müssten. Das Protokoll der Sitzung verzeichnet daraufhin den denkwürdigen Satz: «Ackermann führt aus, dass dies der Tod des deutschen Bankensystems sei.» Er verlangt Nachbesserungen, um das Verlustrisiko, das die Banken wegen der HRE zu tragen haben, auf sieben Milliarden Euro zu begrenzen.

Asmussen telefoniert wieder mit Steinbrück, um 23.30 Uhr lehnt er die geforderte Risikobegrenzung ab. Die Bankenvertreter halten das für nicht akzeptabel und verlassen den Raum. Die Verhandlungen sind gescheitert.

Wäre es dabei geblieben, hätte es am Morgen danach in ganz Deutschland so ausgesehen wie ein Jahr zuvor vor den Filialen der britischen Bank Northern Rock. Lange Schlangen von Anlegern, die ihr Geld von der Bank holen wollen. Niemand hätte mehr geglaubt, dass auf irgendeiner Bank sein Geld sicher wäre, und das völlig zu Recht. Der Einlagensicherungsfonds, der ja dafür da sein sollte, die Sparer vor einer Bankenpleite zu schützen, hätte den Zusammenbruch einer kleinen, vielleicht auch einer mittleren Bank verkraften können – aber schon die HRE wäre zu groß für ihn gewesen, von einer der wirklich großen Banken ganz zu schweigen.

Aber so kam es ja nicht. Noch tickte die Uhr. Erst zur Öffnung der Börse in Tokio, um 1.00 Uhr deutscher Zeit, musste klar sein, ob die HRE und das Finanzsystem überleben konnten. Der Showdown ging weiter.

23.57 Uhr: Ackermann kommt zurück und will weiterverhandeln. Zuvor hatte er mit Steinbrück telefoniert, der wiederum wollte nochmals mit der Kanzlerin reden. Ein neuer Kompromissvorschlag wird ausgearbeitet – und um 0.45 Uhr von der Kanzlerin abgelehnt. Finanzstaatssekretär Asmussen telefoniert erneut, und 15 Minuten später, die Zündschnur ist bis auf den letzten Zentimeter abgebrannt, legt er einen letzten Vorschlag der Bundesregierung vor. Auf den sich dann alle Beteiligten einigen konnten. Oder besser gesagt: einigen mussten.

Katastrophe abgewehrt, Welt gerettet. Doch während sich

James Bond nach einer solchen Aktion mit den schönen Dingen (und Damen) der Welt beschäftigen kann, fing für die Verantwortlichen in Politik und Wirtschaft damit die Arbeit erst an. Denn die Ursachen, die das Weltfinanzsystem an den Rand des Abgrunds geführt hatten, waren ja alle noch da: Nicht nur waren viele Haushalte und Unternehmen dramatisch überschuldet, vor allem in den USA, sondern es war vor allem überhaupt nicht klar, wer am Ende für diese Schulden aufkommen musste. Die Finanz-Jongleure der Investmentbanken hatten mit ein paar Zaubertricks solche Schulden als «Wertpapiere» verkauft. Die steckten nun in den Bilanzen von Banken und Fonds in aller Welt – aber niemand wusste, bei wem wie viel.

Das war eine tödliche Gefahr für den Kreditmarkt. Das Wort kommt nicht umsonst vom lateinischen credere = vertrauen. Wenn ich von jemand nicht weiß, ob ich ihm vertrauen kann, kann ich ihm keinen Kredit geben. Das zu beurteilen, ist normalerweise Job einer Bank. Aber wenn jede Bank in ihrer Bilanz ein paar Bomben haben könnte, die jeden Moment explodieren können, erhält sie selbst keinen Kredit mehr, und eine Bank ohne Vertrauen ist so gut wie tot.

Auf diese Weise war aus einem scheinbar kleinen Problem auf dem Markt für amerikanische Wohnungs-Hypotheken innerhalb weniger Monate eine internationale Kreditkrise geworden, die sich im Herbst 2008 zu einer Weltfinanzkrise auswuchs. Jeder misstraute jedem, keine Bank wollte einer anderen Geld leihen, nicht einmal für Stunden, und die Ökonomen machten Witze wie «Bargeld ist sicher – aber nur, wenn es nicht auf dem Bankkonto liegt».

Die Rettung konnte nicht mehr von den Banken selbst kommen. Es gab ja keine, die ohne Zögern von sich behaupten konnte, wirklich sauber zu sein. Selbst Ikonen der Finanzwelt wie die schweizerische Großbank UBS hatten Dutzende von Milliarden verzockt. Und die Deutsche Bank konnte sich eine Zeitlang noch mit ruhigem Puls sagen, dass sie sich gegen den Ausfall ihrer großen Kreditnehmer abgesichert hatte, und zwar nicht bei irgendeiner Klitsche, sondern beim größten Versicherungskonzern der Welt. Aber just dieser Versicherer, der US-Konzern AIG, stand in jenem Herbst 2008 auch am Abgrund und nur wenige Stunden von einer drohenden Insolvenz entfernt. Nein, niemand aus dieser ganzen Branche war auf der sicheren Seite, die Rettung musste von außen kommen – also von der Politik –, und das nicht nur für einzelne Banken oder Versicherungen, sondern für das gesamte Finanzsystem.

Eine Woche nach dem HRE-Showdown beschloss die Bundesregierung deshalb, alle Spareinlagen in Deutschland zu garantieren. Viele andere Staaten schlossen sich diesem Vorbild an. Und eine Woche später trafen sich in Washington Staatschefs und Finanzminister aus aller Welt, um im Rahmen der Jahrestagung der UN-Organisationen IWF und Weltbank gemeinsame Maßnahmen zur Rettung des Finanzsystems zu beraten.

Und nicht nur zu beraten, sondern auch entsprechend zu handeln: Im Oktober 2008 begannen die wichtigsten Notenbanken der Welt, die Leitzinsen drastisch nach unten zu schrauben. Banken und Unternehmen sollten durch die niedrigeren Zinsen mehr Luft zum Atmen und damit bessere Überlebenschancen bekommen. Gleichzeitig starteten alle großen Staaten massive staatliche Hilfsprogramme: In den USA legte der neugewählte Präsident Barack Obama ein Konjunkturpaket von 787 Milliarden Dollar auf, das größte, das es jemals auf der Welt gab. In Deutschland kann das sogenannte Konjunkturpaket II aus dem Frühjahr 2009 für sich in Anspruch nehmen, mit einem Volumen von 50 Milliarden Euro das größte Konjunkturprogramm in der Geschichte des

Landes zu sein. Der Internationale Währungsfonds kalkuliert den Gesamtumfang all dieser Hilfspakete weltweit auf etwa zwei Billionen Euro.

Nach einer jahrzehntelangen Periode, in der die Staaten angehalten wurden, sich so weit wie möglich aus der Wirtschaft herauszuhalten («Wirtschaft findet in der Wirtschaft statt», sagte dazu der ehemalige deutsche Wirtschaftsminister Günter Rexrodt), war das eine fulminante 180-Grad-Wende. Dass sie so einhellig von allen wichtigen Staaten vollzogen wurde, hatte vorwiegend zwei Gründe:

1. Sowohl die ökonomische Diagnose als auch die Therapie waren einfach: Die globale Finanz- und Vertrauenskrise würden binnen weniger Monate zu einem Konjunktureinbruch führen, der schnell in eine Abwärtsspirale münden könnte. Unternehmen investieren weniger, Verbraucher kaufen weniger, es wird weniger produziert, also werden Arbeitsplätze abgebaut, also kaufen die Verbraucher noch weniger, also wird noch weniger investiert und so weiter. Die einzige Möglichkeit, diese Abwärtsdynamik zu durchbrechen, waren eben massive staatliche Konjunkturspritzen.
2. Es gab ein abschreckendes Beispiel: In der Konjunkturkrise des Jahres 1929 reagierten die Staaten mit Sparprogrammen und Abschottungspolitik – jeder wollte sich selbst der Nächste sein. Das Ergebnis war die tiefste und anhaltendste Wirtschaftskrise des Jahrhunderts, die erst vier Jahre später zu Ende ging; und auch dann nur durch staatliche Konjunkturprogramme.

Eine Entwicklung wie damals, knapp 80 Jahre zuvor, sollte im Jahr 2008 unbedingt vermieden werden. Also wurde massiv staatlich investiert: in neue Schulen, Straßen, Wasserleitungen, alles das, was man schon immer gern gehabt hätte, sich aber nie leisten konnte. Insbesondere aber wurden weltweit Investitionen angestoßen, die einen effizienteren Umgang mit Rohstoffen oder die Erschließung erneuerbarer Energien förderten. Im amerikanischen Konjunkturprogramm wurden gleich 150 Milliarden Dollar für die Verbesserung der Energie-Infrastruktur reserviert. Und auch im deutschen Konjunkturpaket II lag ein deutlicher Schwerpunkt auf Maßnahmen zur Verringerung der CO_2-Emissionen: Insgesamt 10 Milliarden Euro sollten im Bereich Klimaschutz/Energieeffizienz investiert werden.

Den kurz- und mittelfristig größten Effekt erzielte aber eine Maßnahme, die bei ihrer Verabschiedung im Januar 2009 «nur» 1,5 Milliarden Euro kosten sollte: die offiziell «Umweltprämie» genannte Subvention, die von jedermann nur Abwrackprämie genannt wurde. 2500 Euro zahlte der Staat jedem Autobesitzer, der sein (mehr als neun Jahre) altes Auto verschrotten ließ und sich dafür ein neues kaufte. Halb Deutschland fuhr zum Schrott- und zum Autohändler, die Subvention wurde auf 5 Milliarden Euro aufgestockt und war trotzdem im September bereits verbraucht – mehr als 1,7 Millionen Neuwagen wurden auf diese Weise vom Staat bezuschusst. Auch in einigen anderen Staaten, etwa Frankreich und den USA, wurden ähnliche Programme durchgeführt.

Der kurzfristige Effekt der Abwrackprämie war ökonomisch: Den Autoherstellern sowie ihren Zulieferern, die sonst in einer Wirtschaftskrise immer besonders stark getroffen werden, wurden die schlimmsten Folgen der Rezession erspart. Zudem sorgten die Ausgaben für Neuwagenkäufe dafür, dass die Konsumausgaben der Privathaushalte nicht einbrachen, sondern relativ konstant blieben. Der mittelfristige Effekt hingegen ist ökologisch. Der Austausch von Altfahrzeugen gegen neue Modelle reduziert sowohl den Schadstoffausstoß als auch den Benzinverbrauch deutlich, ergab eine Studie des Umweltministeriums: 99 Prozent weniger

Rußpartikel, 74 Prozent weniger Kohlenmonoxid, 20 Prozent weniger CO_2 produzieren die Neuwagen – und verbrauchen pro Jahr 30 Millionen Liter weniger Kraftstoff.

Allerdings konnten auch die gesammelten Konjunkturprogramme aller Staaten einen Einbruch der Weltwirtschaft im Jahr 2009 nicht verhindern. In den ersten Monaten des Jahres gingen rund um den Globus Produktion, Investition, Außenhandel und Beschäftigung teilweise dramatisch zurück. Deutschland wurde mit einem Rückgang des Bruttoinlandsprodukts (BIP) um etwa fünf Prozent vergleichsweise hart getroffen: Der Investitionsstopp machte sich bei der hierzulande besonders starken Branche des Maschinenbaus heftig bemerkbar. Aber noch schlimmer traf es Länder wie Island, das nur knapp dem Staatsbankrott entging, oder Lettland, wo das BIP in einem Jahr um fast 20 Prozent absackte.

Doch das Ende 2008 befürchtete Horror-Szenario einer weltweiten Abwärtsspirale wie in der Weltwirtschaftskrise von 1929 bis 1932 konnte abgewendet werden: Im 2. Halbjahr von 2009 erholten sich die Volkswirtschaften, in manchen Staaten, unter anderem in Deutschland, konnte bereits wieder ein Rückgang in die Wachstumszone vermeldet werden. Das ist zwar noch weit von einem neuen Boom entfernt – aber eben auch kein Weltuntergang. Die von den Managern gern als unfähig beschimpften Politiker sind also ihrer so plötzlich gewachsenen Verantwortung gerecht geworden: Innerhalb weniger Wochen organisierten die zwanzig wichtigsten Staaten der Welt eine sowohl kurz- als auch mittelfristig wirksame Rettungsaktion – die allerdings ohne die dramatischen Ereignisse um Lehman, AIG oder Hypo Real Estate niemals durchsetzbar gewesen wäre. Vielleicht wird so das krachende Ende einer verantwortungslosen Finanzwirtschaft der Nährboden eines Keimes, aus dem eines Tages eine Art Welt-Staat erwachsen könnte.

Zoll

Wenn Jesus in seinen Predigten ein Beispiel für einen von seinen Zeitgenossen besonders geringgeschätzten, ja gehassten Menschen brauchte, wählte er einen Zöllner, denn das waren Juden, die im Auftrag der römischen Besatzungsmacht ihren Glaubensbrüdern Geld abknöpften: Wer seine Waren auf den Markt in der Stadt bringen wollte, musste dafür Wegezoll bezahlen.

In späteren Jahrhunderten besserte sich das Ansehen des Berufsstandes ein wenig, weil der Standort des Zöllners von der Straße an die Grenze wechselte. Wer Güter aus dem Ausland importieren wollte, musste an der Grenze den für diese Waren vorgeschriebenen Zoll entrichten. Im Normalfall wird deshalb heute der Zoll nicht mehr von den Einheimischen verlangt (als Wegezoll), sondern von Fremden (als Handelszoll).

In Zeiten wie dem Mittelalter, als bei der eigenen Bevölkerung ohnehin nicht viel an Steuern zu holen war, waren Zölle eine der Haupteinnahmequellen der Staaten. Trotz des seither unvergleichlich größeren Handelsvolumens spielen Zölle für die Staatsfinanzen heute nur noch eine Nebenrolle: Im Jahr 2006 etwa nahmen die deutschen Zollbehörden 3,9 Milliarden Euro ein – allein die Tabaksteuer bringt mehr als dreimal so viel. Zudem fließen die Zolleinnahmen nicht in die Kasse des Finanzministers, sondern an die EU.

Die meisten Ökonomen können dem Zoll nichts abgewinnen, da er den internationalen Warenverkehr behindert und damit zu Wohlfahrtsverlusten führt. Doch ein Ökonom hat mit einer zumindest teilweisen Verteidigung von Zöllen Wirtschaftsgeschichte geschrieben: Friedrich List. 1818 war er Mitgründer des Vereins Deutscher Kaufleute und Fabrikanten, der die ökonomische Kleinstaaterei in Deutschland beenden und aus den mehreren Dutzend Staaten auf deutschem Boden einen einheitlichen Binnenmarkt ohne Zollgrenzen machen wollte. An der Außengrenze dieses Binnenmarktes sollten allerdings für eine Übergangszeit Schutz- oder Erziehungszölle erhoben werden. Damit sollten die einheimischen Unternehmen die Möglichkeit bekommen, ihre Produktionsbedingungen so zu verbessern, dass sie auf dem Weltmarkt konkurrenzfähig würden und nach einer Weile nicht mehr von Zollschranken geschützt werden müssten.

Für die deutsche Industrie im 19. Jahrhundert wirkten die Schutzzölle tatsächlich erzieherisch: Innerhalb weniger Jahrzehnte hatten die Unternehmen zu denen der führenden Wirtschaftsmacht Großbritannien aufgeschlossen. Doch oft haben Schutzzölle den gegenteiligen Effekt – die einheimische Industrie verliert hinter der bequemen Zollmauer an Wettbewerbsfähigkeit.

Register

Detlef Gürtler, geboren 1964, ist Volkswirt und Politologe, war Wirtschaftsredakteur für die «Wochenpost» und «brand eins» und arbeitet seit 2000 als freier Autor und Unternehmensberater. Er veröffentlichte unter anderem «Die Dagoberts. Eine Weltgeschichte des Reichtums» (2004) und das «Schwarzbuch VW» (mit Hans-Joachim Selenz, 2005).

Aljoscha Blau, geboren 1972 in Leningrad (heute St. Petersburg), hat zahlreiche Kinder- und Jugendbücher illustriert. Sein Werk wurde mit verschiedenen nationalen und internationalen Preisen ausgezeichnet, darunter dem renommierten Bologna Ragazzi Award 2006 und dem Deutschen Jugendliteraturpreis 2003 und 2007.